Ulrich K. Preuß

Krieg, Verbrechen, Blasphemie

Ulrich K. Preuß

Krieg, Verbrechen, Blasphemie

Gedanken aus dem alten Europa

Verlag Klaus Wagenbach Berlin

Die Originalausgabe erschien 2002 unter dem Titel *Krieg, Verbrechen, Blasphemie. Zum Wandel bewaffneter Gewalt* in der *Kleinen Kulturwissenschaftlichen Bibliothek* im Verlag Klaus Wagenbach

Umschlaggestaltung: Birgit Thiel unter Verwendung eines Photos von © Ullstein Bild. Reihenkonzept: Rainer Groothuis. Das Karnickel auf Seite 1 zeichnete Horst Rudolph. Gesetzt aus der Melior. Gedruckt und gebunden bei Pustet, Regensburg.

ISBN 3 8031 2473 5

Inhalt

Zweiter Teil: Blasphemie

Prolog

Ein Mann versteht die Welt nicht mehr. Er ist fleißig, rechtschaffen, demütig, fromm, bescheiden, freigebig und dankbar für die reichen Gaben, die ihm das Schicksal gewährt hat. Niemand hat Grund, ihm wegen seines Lebensglücks übelzuwollen. Der Segen des Gottes, den er verehrt, ruht erkennbar auf ihm und seinen Nachkommen. Um so heftiger trifft ihn der Schock, als binnen eines Tages sein ganzer Reichtum zerstört, seine Söhne und Töchter vernichtet und schließlich auch noch sein Leib vom Scheitel bis zur Sohle von Geschwüren entstellt und von nicht nachlassendem Schmerz gequält wird. Vergeblich wünscht er den Tod herbei. Nie hat ein Gerechter fassungsloser eine so maßlose und ungerechte Züchtigung erlitten. Wieso muß er sich nach Jahren des verdienten Glücks und des redlich erworbenen Reichtums plötzlich in diesem Zustand wiederfinden?

Wir kennen die Geschichte des Gottesknechtes Hiob, der – wie Gott selbst versichert – fromm, rechtschaffen und gottesfürchtig ist und das Böse meidet. Wie aber konnte dann Gott dieses Unglück des Gerechten zulassen?

Nach der ersten Starre des Entsetzens über die mit unvorstellbarer Bösartigkeit verübten Verbrechen des 11. September wurden viele nachdenkliche Amerikaner von genau diesen Fragen bedrängt. Wieso mußten ausgerechnet sie Opfer eines Angriffs werden, der keinen anderen Zweck erkennen läßt als die Zufügung grausamsten Leidens für eine unabsehbare Zahl unschuldiger Menschen und die erniedrigende Demütigung einer zu Recht stolzen und selbstbewußten Nation? Wie kann man sich einen so maßlosen Haß auf eine Gesellschaft erklären, die doch wie kaum eine zweite so durchdrungen ist vom tiefen Glauben an bestimmte universelle Werte und moralische Prinzipien? Eine Gesellschaft, die die Würde und die Freiheit eines jeden Menschen unabhängig von seiner Herkunft, seiner Hautfarbe, seinem religiösen Glauben oder seiner politischen Überzeugung anerkennt. Wie können Menschen eine derart monströse Vernichtungswut auf eine Gesellschaft entwickeln, zu deren Idealen das Streben nach Wahrheit und Gerechtigkeit bei gleichzeitigem Respekt für die Verschiedenheit der Individuen und ihrer moralischen Überzeugungen gehört?

Viele Amerikaner verstehen die Welt nicht mehr. Unter den vielen Völkern dieser Erde gehören sie gewiß zu den frömmsten. Allen Herausforderungen zum Trotz haben sie im 20. Jahrhundert den Versuchungen des Totalitarismus widerstanden und ungeachtet vieler Mängel doch standfest am demokratischen Charakter ihrer Lebensweise festgehalten. Im Zweiten Weltkrieg haben sie große Opfer für die Befreiung Europas von der Geißel des Nazismus gebracht und nach dem Sieg Großzügigkeit gegenüber den ehemaligen Kriegsgegnern walten lassen. Gewiß ließen sie sich immer auch von den eigenen Interessen leiten, doch vergleicht man diese Interessenpolitik mit der der anderen Weltmacht der zweiten Hälfte des 20. Jahrhunderts – der Sowjetunion –, so erkennt man sogleich, daß sie nirgendwo und niemals, selbst nicht in ihren leider nicht ganz seltenen Bündnissen mit verächtlichsten Diktaturen in so ziemlich allen Erdteilen dieser Welt, die innere Stimme des schlechten Gewissens vollständig zum Schweigen brachten. So blieb die Chance zum Widerspruch und zur Umkehr erhalten. Niemals entwickelten sie jene gnadenlose und systematische, an der bloßen Machterhaltung orientierte Gewaltsamkeit, mit der ihr Gegenspieler in seinem Herrschaftsbereich alle Regungen politischer Freiheit jahrzehntelang niedertrampelte. Auch im 20. Jahrhundert blieb wahr, was Alexis de Tocqueville, der nach wie vor geistreichste Beobachter der amerikanischen Nation, für die erste Hälfte des

19. Jahrhunderts festgestellt hatte: »In den Vereinigten Staaten hat sich bis jetzt niemand gefunden, der als Richtschnur vorzuschlagen gewagt hätte, zum Besten der Gesellschaft sei alles erlaubt.« Hellsichtig fügt er hinzu: »Ein ruchloser Leitgedanke, der in einem Jahrhundert der Freiheit erfunden zu sein scheint, um alle künftigen Tyrannen zu rechtfertigen.«[1]

Gewiß hatten auch die Amerikaner in ihrer kurzen Geschichte ihre schlimmen politischen Entgleisungen: Verfolgungen von Kommunisten und Radikalen in den 20er Jahren des vergangenen Jahrhunderts, die grausame und paranoische Gruppeninternierung der Amerikaner japanischer Herkunft im Zweiten Weltkrieg, die Atombomben auf Hiroshima und Nagasaki, den zerstörerischen Verfolgungswahn des McCarthyismus, die selbstgerechten Angriffe auf Kuba, Vietnam, Grenada und noch einiges mehr, darunter das vielleicht schwerste Vergehen, der menschenverachtende und gesellschaftszerstörerische Rassismus gegen die Afroamerikaner. Doch irgendwie fanden die Amerikaner selbst noch im stärksten Rausch ihrer zuweilen beängstigenden patriotischen Gefühlsaufwallungen immer wieder den Weg zurück zu Nüchternheit und kritischer Selbstbeobachtung. Und es ist ja doch diese Fähigkeit zur Selbstprüfung und die Tendenz, das eigene Unrecht zu erkennen und gutzumachen, welche die amerikanische Gesellschaft kennzeichnet und auszeichnet. Nicht an ihren Irrtümern, Fehlern und selbst nicht an ihren Verbrechen erkennt man den Charakter einer Nation, sondern an der Art, wie sie mit ihren Fehlleistungen umgeht. Und wer wollte hier Amerika – und damit meine ich nicht die große Menge der konkreten Individuen amerikanischer Staatsangehörigkeit, die man ohnehin nicht über einen verallgemeinernden Kamm scheren kann, sondern die durch ihre spezifischen Institutionen, Gebräuche, kulturellen Praktiken und Wertorientierungen definierte politische Nation USA oder, wenn man so will, Amerika »als Zivilisation«[2] –, wer also wollte bestreiten, daß diese Nation sich immer wieder auch mit den schlimmen und schmerzlichen Seiten ihrer Geschichte konfrontiert hat? Man kann die Geschichte Amerikas als eine Bestätigung der Beobachtung Tocquevilles lesen, daß die demokratischen Regierungen »in gewissen Augenblicken großer Aufregung und großer Gefahren gewalttätig und grausam werden (können); diese Krisen werden jedoch selten und vorübergehend sein«[3].

Ein solcher Augenblick großer Aufregung, großer Gefahr, vor allem aber großer Demütigung für die Amerikaner war der 11. September 2001. Haben sie darauf »gewalttätig und grausam« geantwortet? Haben sie, gefangen im Stupor über das an ihnen verübte Unrecht, ihrerseits das Maß des Rechten überschritten, oder sind sie – wie Hiob seinem Gott – ihren auf Mäßigung gerichteten Grundsätzen treu geblieben? Was würden denn aber solche Grundsätze in diesem Falle gebieten?

So viele Fragen und keine klare Antwort. Auch fast ein Jahr nach dem 11. September 2001 sind Verwirrung, Verständnislosigkeit und der Schauer des erinnerten Schreckens angesichts dieses Unheils und seiner Rätselhaftigkeit von vielen Menschen immer noch nicht gewichen. Nirgendwo befreiende Erkenntnis, die das Geheimnis erhellen könnte. Auch die folgenden Reflexionen wissen keine Antwort. Allenfalls enthalten sie eine Kartographie der Begriffe und Prinzipien, mit deren Hilfe unser Denken die Orte einkreisen kann, an denen wir intensivere Untersuchungen ansetzen können in der Hoffnung, dort auf neue Erkenntnisquellen zu stoßen.

Krieg – Verbrechen – Blasphemie: Dies sind die drei Begriffsachsen, die das Feld abstecken, auf dem die Suche nach Verstehen stattfinden soll. Jede von ihnen erschließt eine eigene Sinnwelt und verweist auf eigene systematische Zusammenhänge. Deren jeweilige innere Logik beschreibt nicht nur unterschiedliche Felder individuellen und gemeinschaftlichen Handelns und aufgegebener Leidenserfahrung, sondern weist auch in unterschiedliche Tiefenschichten menschlicher Existenz. Seit der Mitte des europäischen 17. Jahrhunderts war *Krieg* ein aus der europäischen Neuordnung des Westfälischen Friedensvertrages hervorgegangenes Rechtsverhältnis zwischen Staaten. Dessen gleicherweise legitime wie disziplinierte Gewalttätigkeit war auf die Herbeiführung eines zwischenstaatlichen Interessenausgleichs gerichtet. Sein Charakter hat sich mittlerweile grundlegend verändert. Zwar ist er auch weiterhin ein Rechtszustand. Allerdings bezeichnet man heute diesen Zustand in den internationalen Rechtsdokumenten nicht mehr als Krieg, sondern etwas schönfärberisch als »bewaffneten Konflikt«. Dieser semantischen Abschaffung des Krieges entspricht seine rechtliche Diskriminierung. Der Krieg – wohlgemerkt: der Angriffskrieg – ist inzwischen durch internationales Recht zum Verbrechen erklärt geworden.

Das *Verbrechen* indessen ist kein Rechtszustand, sondern ein Zustand der Rechtsverneinung. Diese kann zuweilen eine derartige Macht über Menschen, ja auch über Staaten gewinnen und über so immense Ressourcen verfügen, daß die Grenzen zum Krieg fließend werden. So wie der (Angriffs-)Krieg zum Verbrechen gestempelt worden ist und die Staatseliten, die ihn führen, als Verbrecher strafrechtlich verfolgt werden, so kann umgekehrt der erfolgreiche und machtvolle Verbrecher in den Status eines anerkannten Partners eines internationalen Rechtsverhältnisses hineinwachsen. Das begrifflich scharfe Entweder-Oder von Krieg und Verbrechen, von Legalität und Illegalität in den internationalen Beziehungen zerfließt im Nebel diffuser Machtverhältnisse, in denen dann der internationale Terrorismus jenen Nistplatz finden konnte, der seiner moralischen und politischen Minderwertigkeit entspricht.

Mit diesen Fragen befaßt sich der erste Teil dieses

Essays. Es geht hier um eine Aufhellung des beunruhigenden Tatbestandes, daß der nach dem Ersten Weltkrieg begonnene Prozeß der Diskriminierung und Illegalisierung des Krieges nicht zu seiner Abschaffung geführt hat, sondern lediglich zu einem Formwandel organisierter politischer Gewalttätigkeit. Einstweilen fehlen uns noch die angemessenen Begriffe, diesen Wandel vollständig zu verstehen; so kreisen diese Überlegungen mit einer zuweilen geradezu verzweifelten Hartnäckigkeit um die überkommene staatszentrierte Begrifflichkeit des Krieges, der Souveränität und der völker- und staatsrechtlichen Verantwortlichkeit. Dabei haben doch die in jenen Begriffen vorausgesetzten Unterscheidungen zwischen inneren und äußeren Angelegenheiten des Staates, zwischen Krieg und Frieden, Polizei und Politik, Politik und Verbrechen und schließlich auch zwischen Krieg, Erwerbsleben und Verbrechen in der heutigen Wirklichkeit sich zunehmend entgrenzender Lebensverhältnisse schon weitgehend ihre Erklärungskraft verloren.

Das Unbegreifliche der Aktionen des 11. September liegt vielleicht aber auch in ihrer metaphysischen Qualität. Dank eines jahrhundertelangen Säkularisierungsprozesses hat die westliche Welt ihre Empfänglichkeit für diese Dimension ihrer eigenen Zivilisation fast vollkommen eingebüßt. Dieser Verlust hat dann in der Folge auch ein gewisses Unverständnis für die Lebendigkeit religiöser Bindungen und Antriebe in anderen Kulturen befördert. Es scheint so, als müßten vor allem die entwickelten Gesellschaften des Westens den Sinn für das Religiöse als Triebkraft der Politik erst wieder schärfen, um zu begreifen, was in ihnen und um sie herum geschieht. Alle Zeugnisse, die wir jedenfalls von den Tätern des 11. September haben, geben beredte Auskunft darüber, daß sie sich als bedingungslose Gottesgläubige verstanden haben. Sollten wir diese Zeugnisse nicht ebenso ernst nehmen wie ihre bösartigen Taten? Besteht zwischen dieser

Bösartigkeit und ihrem Gottesglauben möglicherweise ein Zusammenhang?

Der zweite Teil der Reflexionen befaßt sich daher mit der religiösen Deutung des 11. September. Es geht dabei natürlich nicht um theologische Erörterungen, zu denen mir jegliche Voraussetzung fehlt. Ebensowenig wird der Leser jene häufig zu hörenden Anklagen aus bestimmten westlichen wie muslimischen intellektuellen politischen Zirkeln finden, denen zufolge es dem Westen schon immer an Verständnis für die kulturelle Eigenart des Islam und seiner vielfältigen Spielarten gefehlt habe. Mehr noch, der Kolonialismus der europäischen Mächte habe die islamischen Gesellschaften in der Vergangenheit an ihrer wirtschaftlichen, politischen und kulturellen Entwicklung gehindert, so daß letztlich der Westen Schuld an ihren heutigen beklagenswerten wirtschaftlichen und politischen Zuständen trage. Nicht, daß diese Kritik rundum unberechtigt wäre. Doch es lohnt nicht, in dem hier erörterten Zusammenhang im einzelnen darauf einzugehen. Denn es ist leider so, daß das – natürlich vollkommen zu Recht eingeforderte – Ernst-Nehmen des Islam nicht die Lösung, sondern das Problem unserer heutigen Weltsituation darstellt. Das Problem ist die Gleichzeitigkeit des Ungleichzeitigen. Ihm begegnet man nicht mit Schuldbekenntnissen.

Das Zusammenwachsen unserer Welt infolge des Schrumpfens von Raum und Zeit hat vollkommen neue zeitliche und örtliche Nachbarschaften bewirkt. Der Islam, eine der drei großen monotheistischen Religionen mit einer reichen kulturellen Erbschaft insbesondere aus dem frühen und hohen Mittelalter, hat außer in kleinen intellektuellen Zirkeln nirgendwo den Schritt in die vor allem durch die europäische Aufklärung geprägte Moderne vollzogen. In diesem vormodernen Zustand prägt er das Bewußtsein breiter Massen in vielen Gesellschaften des Vorderen Orients, Afrikas und Asiens. Aber diese Gesellschaften existieren in der Gegenwart: Technik, Wirtschaft, Kommunikation und Siedlungsformen sind die des beginnenden 21. Jahrhunderts, und sie stoßen vielfach auf die moralische und soziokulturelle Infrastruktur des 13. Jahrhunderts. Die heute den Machteliten selbst noch der unterentwickeltsten Gesellschaften verfügbaren Mittel technischer, militärischer und wirtschaftlicher Art stehen in einem schreienden Gegensatz zur Rückständigkeit der in ihren Gesellschaften vorherrschenden kulturellen Normen, welche jenen Eliten die Bedeutung ihrer Macht und den von ihnen beherrschten Massen den Sinn ihrer meist gedrückten Existenz und ihrer beschwerlichen Lebensverhältnisse erklären könnten. Der Mullah, der mit allen Zeichen eines gesättigten Gerechtigkeitshungers durch das Mobiltelefon seinem Hunderte von Kilometern entfernten Gesprächspartner einen Augenzeugenbericht davon gibt, wie vor seinen Augen eine nach islamischem Recht wegen Ehebruchs verurteilte Frau nach den Regeln der Scharia gesteinigt wird, könnte Sinnbild für diese Art der Gleichzeitigkeit des Ungleichzeitigen sein.

Wenn wir heute also das Handeln der fanatisch-gläubigen Muslime verstehen wollen, die am 11. September 2001 die Welt erschütterten, dann müssen wir es immerhin für möglich halten, daß sie sich von einem Verständnis ihrer Religion haben leiten lassen, das in vieler Hinsicht mit dem in den westlichen Gesellschaften herrschenden Weltverständnis unvereinbar ist. Welche religiösen Ideen mögen ihnen durch den Kopf gegangen sein? Welche Ideen vom jenseitigen Leben könnten sie verführt haben? Wo sind platt-sinnliche Vorstellungen von den göttlichen Belohnungen in einen blasphemischen Handel umgeschlagen? Mehr als Spekulationen können zu diesen Fragen natürlich nicht angestellt werden. Aber sie sind deswegen nicht müßig. Denn sie können unsere Aufmerksamkeit für die uns fremd gewordenen religiösen Triebkräfte menschlichen Handelns schärfen.

Wir erleben keinen »Zusammenprall der Kulturen«. Dies schon allein deswegen nicht, weil Kulturen keine geschlossenen ideologischen Gebäude sind, geschweige denn wie disziplinierte militärische Formationen funktionieren, die aufeinander losgelassen werden. Aber es gibt zweifellos Kulturkonflikte. Unter den vielen Gegensätzen und Spannungen innerhalb der heute zur Weltgesellschaft zusammengewachsenen Menschheit rühren sie an die tiefsten Schichten der davon betroffenen Gemeinschaften. Es stoßen hier gewissermaßen unterschiedliche moralische Entwicklungsstadien der menschlichen Gattung aufeinander – hierin liegt im Kern die Gleichzeitigkeit des Ungleichzeitigen. Kann man dieser Frage mehr als einen melancholischen Epilog widmen?

Erster Teil

Vom Krieg zum Verbrechen

I. Warum die Menschen zwar die Sklaverei und das Duell, nicht aber den Krieg abgeschafft haben

Am Ende des 20. Jahrhunderts schien der Menschheitstraum von der Abschaffung des Krieges kurz vor seiner Verwirklichung zu stehen. Viel fehlte nicht mehr, und an die Stelle des Krieges würde das internationale Verbrechen, an die Stelle des Militärs die internationale Polizei und an die Stelle der Geschichte als endgültiges Weltgericht würden internationale Strafgerichtshöfe zur Aburteilung von Kriegsverbrechern treten. Am 11. September 2001 tauchte dann der Krieg mit tückischer Plötzlichkeit wieder auf. Seit diesem Tage wird von den USA und anderen Staaten Verbrechern der Krieg erklärt.

Ist nicht aber zuvor von diesen Verbrechern den USA der Krieg erklärt worden? Bedeuten die Anschläge des 11. September einen »Krieg gegen die USA«, wie wir zwei Tage danach in der Schlagzeile einer großen deutschen Wochenzeitung lesen konnten, oder war es ein »monströser Massenmord«, wie die Unterzeile dazu lautete, ein »Mammut-Verbrechen«, wie es der ehemalige Bundeskanzler Schmidt auf derselben Seite der Zeitung nannte? Können Verbrecher denn überhaupt einen Krieg erklären? Waren etwa die Attentäter des 11. September gar keine Verbrecher? Die US-Regierung selbst schien jedenfalls in den ersten Tagen nach dem Schock der Ereignisse nicht sicher zu sein, ob mehrere tausend ihrer Bürger Opfer eines in der Tat monströsen und tückischen Verbrechens oder ob das Land Zielscheibe eines kriegerischen Angriffs geworden war.

Je nach der Antwort auf diese Frage sind die Reaktionen zu bemessen. Auf einen kriegerischen Angriff kann ein Staat kraft seines naturgegebenen Verteidigungsrechtes mit Krieg reagieren, schwerlich auf ein Verbrechen. Dieses wird durch eine – nationale oder internationale – Strafgerichtsbarkeit geahndet. In der Verwirrung der ersten Tage gab es bei der US-Regierung einige Unklarheiten. Einerseits qualifizierte sie die Anschläge des 11. September als einen Krieg gegen die USA und die gesamte Zivilisation, versicherte andererseits aber, daß sie die Täter der Gerechtigkeit zuführen werde, was sich wohl nur auf gerichtliche Verfahren gegen mutmaßliche Straftäter beziehen konnte. Man las aber auch bereits in den ersten Tagen nach dem Schockereignis von der Äußerung eines hohen Beamten des Verteidigungsministeriums, daß man bei den geplanten militärischen Schlägen auch größere Kollateralschäden (in Gestalt einer größeren Zahl von Todesopfern unter Unbeteiligten) in Kauf nehmen müsse. Genau dies geschah dann auch mit der Anfang Oktober einsetzenden Bombardierung von Zielen in Afghanistan.

Hier hatte man sich also eindeutig für die Semantik und die Handlung des Krieges entschlossen. Des Krieges gegen wen? Die Unklarheiten blieben. Seit dem Beginn des neuen Jahres, als die USA gefangengenommene oder sonst in ihre Gewalt gelangte, von ihnen als Taliban- und Al-Qaida-Kämpfer qualifizierte Personen auf ihrem kubanischen Militärstützpunkt Guantánamo internierten, hat sich die Frage zugespitzt: Sind diese Männer Kriegsgefangene oder Verbrecher? Kommen sie vor militärische oder zivile Strafgerichte, obwohl sie, wenn sie militärische Kombattanten wären, nach dem Genfer Abkommen vom 12. August 1949 über die Behandlung von Kriegsgefangenen für die bloße Beteiligung am militärischen Kampf nicht bestraft werden dürften? Andererseits: Waren sie, wie das Genfer Abkommen ebenfalls fordert, bei ihrer Gefangennahme durch Uniform, Abzeichen oder dergleichen und durch offenes Waffentragen als Kombattanten erkennbar? Mehrdeutig sprach Präsident Bush in seiner Rede vom 20. September vor dem Kongreß, seiner ersten offiziellen Erklärung nach den Angriffen vom 11. September, vom »Krieg gegen den Terror«, der nicht beendet sein werde, bevor nicht »jede terroristische Gruppe mit globalem Wirkungskreis gefunden, beendet und geschlagen worden ist«.

Daß der Begriff des Krieges in dieser Rhetorik nicht nur metaphorisch gemeint ist, sondern in einem realen rechtsverbindlichen Sinne, zeigt die Tatsache, daß die NATO und die Regierungen ihrer Mitgliedsstaaten den Bündnisfall des Artikels 5 des NATO-Vertrages als gegeben ansahen, nachdem sie ihren Verdacht bestätigt fanden, daß die Angriffe vom 11. September ihren Ursprung außerhalb des Bündnisgebietes hatten. Artikel 5 verpflichtet die Mitgliedsstaaten, einen bewaffneten Angriff auf eines der Mitglieder als Angriff auf alle Verbündeten anzusehen, ohne damit übrigens einen Automatismus des militärischen Beistandes festzulegen. Im Sinne der herkömmlichen völkerrechtlichen Ordnung setzt dies einen bewaffneten Angriff durch die Streitkräfte eines anderen Staates voraus. Gewarnt durch die Erfahrungen der ersten zehn Jahre nach dem Zusammenbruch der bipolaren Ordnung des Kalten Krieges, hatte allerdings die NATO in ihrer Washingtoner Erklärung vom Frühjahr 1999 eine Erweiterung ihres Bündnis- und Schutzauftrages – und damit des Anwendungsbereichs des Artikels 5 – beschlossen. Er erstreckt sich nunmehr auch auf »irreguläre« Formen der Gefährdung der Sicherheit ihrer Mitglieder: Terror- und Sabotageakte und Formen des organisierten Verbrechens.

Optimisten sahen in dieser Änderung des Auftrags der NATO ein Indiz für eine grundlegende Verbesserung unserer Weltordnung. Endlich, am Ausgang des 20. Jahrhunderts, schien der Krieg – als ein reguläres Mittel der internationalen Politik ohnehin seit längerem obsolet und nur noch als Restkategorie des staatlichen Verteidigungskrieges fortlebend – nun endgültig durch die polizeiliche Aktion ersetzt zu sein. Die Verwandlung der internationalen Politik in Weltinnenpolitik verhieß einen bedeutsamen Fortschritt zur Zivilisierung der sich abzeichnenden Weltgesellschaft. Wie den innerstaatlichen Frieden, der nach einer langen Phase blutiger Bürgerkriege schließlich durch die Errichtung des staatlichen Gewaltmonopols und dessen Unterwerfung unter das Recht errungen worden war, sahen viele den ewigen Frieden einer Weltbürgergesellschaft, vorgedacht von Kant vor gut zweihundert Jahren, zum Greifen nahe.

Eingefroren im Eise des bipolaren Kalten Krieges bis zur großen Weltenwende des Jahres 1989/90, hatte seine Idee des ewigen Friedens zwischen selbständigen Staaten jahrzehntelang als bloßer Idealismus philosophischer Gelehrter ein fast vergessenes Schattendasein gefristet. Doch die letzten zehn Jahre schienen die historisch einmalige Chance zu eröffnen, daß die Wirklichkeit endlich zur Idee dränge. Die ideologische Spaltung der Welt war überwunden. Die zunehmende wirtschaftliche Verflechtung und Interdependenz der Staaten, das historisch beispiellose Anschwellen grenzüberschreitender Bewegungen von Menschen und deren Arbeitskraft, von Gütern, Kapital, Ideen und kulturellen Symbolen haben die Welt aus einem Pluriversum souveräner Staaten zunehmend in das Universum einer Weltgesellschaft verwandelt, in der Staaten und ihre Souveränität nur noch einen unter einer Vielzahl von Ordnungsparametern darstellen.

Nicht, daß es in dieser sich herausbildenden Welt keine organisierte Gewaltsamkeit in der Sphäre der Politik mehr gegeben hätte oder geben würde; doch findet sie immer weniger zwischen Staaten, sondern mehr innerhalb von Staaten statt. Von Somalia über Tschetschenien und Ruanda bis hin zu Sri Lanka, Nordirland, Serbien und Mazedonien – die Konflikte, mit denen sich die UN in den letzten zehn Jahren beschäftigen mußten, waren nach der herkömmlichen Ordnungslogik der Welt als eines Systems souveräner Staaten eigentlich innerstaatliche Auseinandersetzungen; sie waren Bürgerkriege, keine Kriege. Aber sie waren und sind gleichwohl internationale Konflikte.

Die aktive Rolle, die die UN bei der Konfliktschlichtung, der Friedenswahrung oder im äußersten Fall auch der militärischen Friedenserzwingung in vielen dieser Fälle übernommen haben, spiegelt unmißverständlich diese Tendenz zur Internationalisierung innerstaatlicher Konflikte. Der Begriff der inneren Angelegenheiten gerät zunehmend außer Gebrauch. Immer häufiger kommt es vor, daß Staaten trotz aller Insignien völkerrechtlicher Souveränität nicht einmal zur Wahrung innerstaatlichen Friedens und eines Minimums von Rechtsordnung in der Lage sind und am Tropf der internationalen Gemeinschaft hängen oder unter deren Protektorat stehen – in der Regel trifft beides zu.

Mit dieser Entwicklung geht eine andere einher, nämlich die der Unterwerfung ehedem unter ausschließlich innerstaatlicher Jurisdiktion stehender Handlungen der staatlichen Akteure unter internationale rechtsethische Maßstäbe und in letzter Konsequenz unter eine internationale Strafgerichtsbarkeit. Ihre Vorläufer reichen in die 20er Jahr des vorigen Jahrhunderts zurück, als die ersten Schritte zur Ächtung des Angriffskrieges getan wurden, die ihre folgerichtige Fortsetzung in den Strafprozessen von Nürnberg und Tokio gegen die Hauptschuldigen des Zweiten Weltkrieges fanden. Die Sieger erklärten den Angriffskrieg zum internationalen Verbrechen und die dafür verantwortlichen politischen Führer zu Verbrechern am Frieden als dem gemeinsamen Rechtsgut der Menschheit.

Versuche, diesen bedeutsamen Schritt in der Entwicklung der menschlichen Zivilisation als Siegerjustiz und als Verstoß gegen das strafrechtliche Rückwirkungsverbot zu brandmarken, prallten zu Recht an der beispiellosen, ins Wahnhafte gesteigerten verbrecherischen Energie des im Naziregime zur Herrschaft gelangten Bodensatzes ab. Als ob ein denkendes und fühlendes menschliches Wesen ohne vorherige Belehrung durch ein geschriebenes Gesetz nicht wissen konnte, daß die organisierte Tötung von Millionen von Menschen nicht Rechtens ist! Und als ob der Aufstieg eines moralischen Monsters in die Machtpositionen des Staates es von den Bindungen menschlicher Gesittung befreien könnte! Nein, der Souveränitätspanzer des Staates sollte diesen Verbrechern in der Verkleidung von Staatsmännern nicht länger Immunität gewähren, die sie bisher selbst noch gegen die entsetzlichsten und zynischsten Verletzungen des internationalen Rechts genossen hatten.

Nach Nürnberg und Tokio fror zwar auch dieser Prozeß für fast ein halbes Jahrhundert ein, aber selbst in der Zeit des Kalten Krieges entwickelte sich ein bemerkenswert umfangreicher und differenzierter Kodex internationaler Rechtsnormen, die sowohl das internationale wie das innerstaatliche Handeln der Staaten und ihrer Führer rechtsethischen Maßstäben und damit der legitimen Kritik einer internationalen Öffentlichkeit unterwarfen. Für die große Wende des Jahres 1989 spielte bekanntlich die Präsenz dieser internationalen Öffentlichkeit und ihre Kritik im Namen universaler Rechtsprinzipien eine bedeutende Rolle.

In den letzten zehn Jahren setzte nun eine beispiellose Beschleunigung und Fortentwicklung der Prinzipien von Nürnberg und Tokio ein. Die damals und in der Folgezeit des Kalten Krieges etablierten rechtsethischen und positiv-rechtlichen Standards zur Bewertung staatlicher Akteure und Aktionen im Felde der internationalen Politik erhielten Schritt für Schritt die zu ihrer Durchsetzung erforderlichen Instrumente. Von den Vereinten Nationen eingesetzt, existieren inzwischen die internationalen Tribunale zur Bestrafung der Verantwortlichen für die Massenmorde in Ruanda und für die Kriegsverbrechen und die Verbrechen gegen die Menschheit in Jugoslawien. Als ein Durchbruch von wahrhaft historischen Ausmaßen könnte sich der nach langwierigen und quälenden Verhandlungen am 17. Juli 1998 in Rom von 120 Staaten angenommene internationale Vertrag über die dauerhafte Einrichtung eines Internationalen Strafgerichtshofs erweisen, der für die strafrechtliche Sanktionierung der dort erstmals definierten, besonders verwerflichen und mit der Autorität und den Machtmitteln des Staates begangenen Formen der Gewaltsamkeit zuständig sein soll: Völkermord, Verbrechen gegen die Menschheit, Kriegsverbrechen und, vorbehaltlich einer noch erforderlichen Präzisierung, das Verbrechen der Aggression.

Ob dieses permanente Internationale Strafgericht sich allerdings tatsächlich zu einer effektiven Institution der Zivilisierung und rechtlichen Hebung internationaler Konflikte entwickeln wird, ist noch eine offene Frage, da zwei so mächtige Staaten wie die USA und China in der Schlußabstimmung von Rom gegen das Statut stimmten beziehungsweise – in bezug auf China gibt es widersprüchliche Berichte – sich der Stimme enthielten. Beide Länder – neben Israel, Irak, Jemen, Katar und Libyen – werden wohl den entsprechenden völkerrechtlichen Vertrag in absehbarer Zeit kaum unterzeichnen und ratifizieren. Immerhin, die bloße Tatsache, daß sich mit wenigen Ausnahmen alle internationalen – staatlichen wie nichtstaatlichen – Akteure einig sind, die Pol Pots, Pinochets, Miloševićs und ihresgleichen in Zukunft für ihre Taten vor der Weltgemeinschaft strafrechtlich zur Verantwortung zu ziehen, zeigt in sich selbst eine grundlegende Umwälzung der internationalen Beziehungen an: Die Idee des Staates begründet nicht länger eine jenseits der Lebenswelt der Individuen liegende amoralische Logik des Politischen, in der Schuld, Sühne und persönliche Verantwortlichkeit keine Rolle spielen. Das Politische befreit die ruchlosen Handlungen und Unterlassungen der Staatenlenker nicht länger vom Schwefelgeruch des Verbrechens.

Wir waren also, so scheint es, bis zum 11. September 2001 auf dem besten Wege zu einer höheren Stufe der menschlichen Zivilisation. Im *annus mirabilis* 1989 schrieb ein Experte auf dem Felde der internationalen Sicherheit, daß die Menschheit im Begriff sei, den Krieg aus ihrem Arsenal der Konfliktbewältigung zu eliminieren, so wie sie es auch gelernt habe, die Sklaverei oder das Duell abzuschaffen. Es war wohl diese Gewißheit, welche viele Beobachter in den verschiedensten Teilen der Welt unabhängig voneinander intuitiv die Formel finden ließ, die unbegreiflich rohe Untat des 11. September sei nicht nur ein Angriff auf die USA, sondern auf die menschliche Zivilisation schlechthin.

Man kann die Dinge so sehen. Das Gemüt neigt dazu, sich durch den Schreck der Plötzlichkeit hinreißen zu lassen und das unerwartet und unvorstellbar Schreckliche auch als das gänzlich Neue, Beispiellose und Einmalige aufzufassen. Der Verstand und die Vernunft lassen sich weniger beeindrucken und nehmen auch Dinge wahr, die sich zwar vor unser aller Augen, doch unauffällig und unscheinbar entwickeln, allenfalls eine leichte und fast unbewußte Irritation auslösen, aber jedenfalls die Bedeutung, die ihnen innewohnt, nicht auf ihrer Stirne tragen. Läßt sich das Ereignis des 11. September auch in dieser ernüchterten Weise betrachten? Könnte es sein, daß es unter seiner gräßlich-spektakulären Außenansicht in seiner inneren politischen, moralischen und militärischen Bedeutung keineswegs so einzigartig ist? Ist es vielleicht nur eine – gewiß markante – Station auf einem Entwicklungspfad, der die häßliche Seite des so gefeierten Zivilisierungsprozesses zum Ausdruck bringt, gleichsam seine moralisch-politischen Kollateralschäden?

Im euro-atlantischen Raum hatten wir uns daran gewöhnt, nach dem Trauma der Vernichtungskriege und totalitären Massenverbrechen der ersten Hälfte des 20. Jahrhunderts dessen zweite Hälfte mit Erleichterung als die längste Friedensperiode in der Geschichte Europas zu betrachten. Das ist auch durchaus richtig, und nicht zuletzt aus dieser glücklichen Erfahrung dürfte sich jener Optimismus nähren, der die Menschheit insgesamt auf dem Wege zur Abschaffung des Krieges sah. Tatsächlich aber hat es in dem Zeitraum zwischen 1945 und 1995 außerhalb Europas weltweit nicht weniger als 164 »bewaffnete Konflikte«, sprich: Kriege gegeben, wobei antikoloniale Befreiungskriege hierbei noch nicht einmal mitgezählt worden sind[4]. Dabei hat es Millionen Todesopfer in den beteiligten Streitkräften und unter der Zivilbevölkerung gegeben. Darüber hinaus haben diese Kriege nicht weniger als 38 Millionen Menschen zu Flüchtlingen gemacht[5]. Man kann gewiß nicht sagen, daß alle diese Kriege in Europa unbemerkt geblieben wären. Die Kriege in Korea, Vietnam, Afghanistan, Biafra, Iran-Irak und noch einige mehr sind uns zumindest dem Namen nach geläufig; seltener sind und waren wir uns indessen des Elends bewußt, das sie über die Betroffenen gebracht haben.

Auch beginnt es uns erst allmählich zu dämmern, daß die meisten dieser Kriege einen gänzlich neuen Charakter angenommen haben. Die Erinnerung an die Schrecken der beiden Weltkriege in der ersten Hälfte des 20. Jahrhunderts und der Alptraum eines möglichen atomaren Schlagabtauschs der beiden Supermächte hielten die Vorstellungskraft der meisten Menschen derart gefangen, daß ihnen das Neuartige jener Kriege entging, von denen ihnen immerhin einige über das Fernsehen buchstäblich nahegebracht wurden. Analytiker der internationalen Beziehungen sprechen von »neuen Kriegen«, um deutlich zu machen, daß die zum Teil bereits im Schatten des Gleichgewichts des Schreckens der Supermächte, vor allem aber nach 1989 ausgebrochenen Kriege eine neue Qualität angenommen haben. Wahrscheinlich haben viele Fernsehzuschauer bei den ihnen vorgesetzten Informationsfetzen auch gar nicht so genau unterscheiden können, ob es sich bei den Ereignissen insbesondere aus Afrika – Biafra, Äthiopien, Ruanda, Somalia, Zaire – eigentlich um Kriege oder um Katastrophen, also um Hungersnöte, Dürreperioden oder Epidemien, handelte. Tatsächlich bilden Gewalt, Flucht, Hunger und Krankheit in vielen der »neuen Kriege« eine ununterscheidbare Gemengelage, zu deren Bezeichnung man sich mit Umschreibungen wie »komplexe humanitäre Katastrophe« oder »komplexe politische Katastrophe« zu behelfen sucht, die immerhin eine Ahnung von dem Grauen vermitteln, das sich dahinter verbirgt. Als Kriege im herkömmlichen Sinne lassen sich diese Katastrophen jedenfalls nicht begreifen.

II. Warum man für Kriege Staaten braucht

Aber was heißt schon herkömmlich? Unser »herkömmlicher« Begriff des Krieges ist nicht älter als 350 Jahre – eine kurze Periode in der Geschichte der Menschheit, in der Konflikte in der Form organisierter Gewalttätigkeit ausgetragen wurden. Zugleich ist der Krieg auch ein genuin europäisches Konzept. Krieg ist ein Rechtszustand zwischen Staaten, und die Geburt des modernen Staates datieren wir bekanntlich auf den Friedensschluß von Münster und Osnabrück vom Oktober 1648. Hier wurde erstmals in der Geschichte menschlicher Verbände das Prinzip einer souveränen, das heißt höchsten, ungeteilten und ausschließlichen Herrschaft über ein geographisch demarkiertes Territorium festgelegt und damit das System einer Mehrzahl scharf gegeneinander abgegrenzter europäischer Staaten errichtet. Souveränität erforderte das innerstaatliche Gewaltmonopol, durch das konkurrierende Machtaspiranten wie Stände, Städte und Kirchen zum Gehorsam gezwungen werden konnten. Durch den Aufbau stehender Heere machten sich die souveränen Fürsten der europäischen Staatenwelt des 17. und insbesondere des 18. Jahrhunderts unabhängig von unzuverlässigen und, wie im Falle Wallensteins, auch politisch gefährlichen Söldnerheeren und deren Gewaltunternehmern und konsolidierten damit zugleich ihre Herrschaft. Nach außen aber, im Verhältnis zu den anderen Staaten, bedeutete die ausschließliche Herrschaft über das staatliche Territorium nicht nur das selbstverständliche Monopol des Souveräns, die Interessen des Staates zu vertreten, sondern diese gegebenenfalls auch mit bewaffneter Gewalt durchzusetzen. Niemand als der souveräne Fürst allein durfte Krieg führen, da die Duldung von Gewaltanwendung durch Dritte in ihrem eigenen Namen und auf eigene Rechnung unweigerlich das binnenstaatliche Gewaltmonopol des Souveräns untergraben hätte.

Im lateinischen Text des Vertrages von Münster und Osnabrück, dem *Instrumentum Pacis Osnabrugense (IPO)* wurde das neue Recht der Fürsten als das *ius territoriale* bezeichnet, das die Franzosen für sich als *droit de souveraineté* übersetzten. Beide Elemente – Territorialität und Souveränität – ergänzen sich zu jenem singulären Strukturtypus politischer Herrschaft, der als moderner Staat das Weltgeschehen der nächsten dreieinhalb Jahrhunderte bestimmen sollte. Der Staat ist es gewesen, der die jahrtausendelang geübte, insbesondere auch das europäische Mittelalter beherrschende marodierende, räuberische und maßlose Gewalt habgieriger bewaffneter Haufen im Namen rivalisierender Feudalherren in die rationalisierte Form rechenhaft organisierter und disziplinierter Gewalttätigkeit überführt hat. Daraus hat sich dann der moderne Begriff des Krieges als eine rechtlich geordnete soziale Institution entwickelt.

Es ist wichtig, daß wir uns den Zusammenhang zwischen Territorialität, Souveränität und modernem Krieg klarmachen. Wie wir sehen werden, sind die heute weltweit dominierenden »neuen Kriege« im wesentlichen dem Umstand geschuldet, daß in den betroffenen Staaten eine souveräne Gebietsherrschaft nicht existiert. Sie konnte entweder, wie in einer großen Zahl postkolonialer Staaten, niemals errichtet werden, oder sie ist, wie in vielen Nachfolgestaaten der Sowjetunion, wieder zerfallen. Territorialität bedeutet die Herrschaft einer Person oder einer Personengruppe kraft höchster, ungeteilter und ausschließlicher Kontrolle über ein abgegrenztes Territorium und die darin lebenden Menschen, unabhängig von den Beziehungen, die diese Menschen untereinander haben. Herrschaft kraft Territorialität ist unpersönliche Herrschaft aufgrund einer abstrakten und generellen Unterordnung aller Gebietsbewohner unter die Befehle des Herrschers. In Europa hat diese Herrschaftsform ihre entwickelte Gestalt in der Mitte des 17. Jahrhunderts ausgebildet. Damit konstituierte sich zugleich die Frühform eines neuen Typus von Gesellschaft: der anstaltsförmige Untertanenverband. Als dieser gut einhundertfünfzig Jahre später erwachsen wird, werden wir in ihm die egalitäre demokratische staatsbürgerliche Gesellschaft als politische Nation erkennen.

Innerstaatlich ist mit der nicht gerade friedvollen Errichtung des Untertanenverbandes der Friede gesichert. Der Staat hat das Gewalt- und Rechtssetzungsmonopol, mittels dessen alle Konflikte von ihm entschieden werden. Wer den Frieden bricht, verfällt der Strafe durch die überlegene Zwangsgewalt des Souveräns. Niemand hat eindringlicher den Fluch einer periodisch von räuberischer Gewalttätigkeit, Zerstörung und ständiger Angst vor immer neuen Einbrüchen der Gewalt belagerten Gesellschaft beschrieben als der englische Philosoph, Jurist und

Naturwissenschaftler Thomas Hobbes in seiner 1651 veröffentlichten epochemachenden Abhandlung »Leviathan oder Stoff, Form und Gewalt eines kirchlichen und bürgerlichen Staates«. Beredt erklärt er den zivilisationsfeindlichen Charakter eines friedlosen Zustandes, wie er für viele Weltgegenden unserer heutigen Zeit kaum suggestiver geschildert werden könnte:

> »In einer solchen Lage ist für Fleiß kein Raum, da man sich seiner Früchte nicht sicher sein kann; und folglich gibt es keinen Ackerbau, keine Schiffahrt, keine Waren, die auf dem Seeweg eingeführt werden können, keine bequemen Gebäude, keine Geräte, um Dinge, deren Fortbewegung viel Kraft erfordert, hin- und herzubewegen, keine Kenntnis von der Erdoberfläche, keine Zeitrechnung, keine Künste, keine Literatur, keine gesellschaftlichen Beziehungen, und es herrscht, was das Schlimmste von allem ist, beständige Furcht und Gefahr eines gewaltsamen Todes – das menschliche Leben ist einsam, armselig, ekelhaft, tierisch und kurz«.

Hobbes schrieb gegen den (religiösen) Bürgerkrieg; er betrachtete den souveränen absolutistischen Staat als die einzige Rettung vor dieser Geißel des 17. Jahrhunderts. Nachdem dieser sich jedenfalls auf dem Kontinent durchgesetzt hatte, zeigte sich indessen sehr bald, daß die Konsolidierung einer nach innen befriedeten, weil effektiv beherrschten Staatsgesellschaft den Krieg nicht etwa ein für alle Mal abgeschafft, sondern paradoxerweise überhaupt erst als eine reguläre soziale Institution möglich gemacht hatte. Souveräne Staatlichkeit trägt entgegen dem ersten Anschein machtvoller und unüberwindbarer Stärke eine sehr empfindsame und leicht zerbrechliche Eigenschaft in sich, nämlich die innere Notwendigkeit – fast möchte man es den inneren »Trieb« nennen –, eifersüchtig und mißtrauisch über die Integrität des Territoriums und die Exklusivität der darüber ausgeübten Herrschaftsmacht zu wachen. Der Grund dafür liegt darin, daß diese beiden Elemente den Staat definieren. Sie begründen gewissermaßen seine Identität, die dann in einer symbolischen Aufladung aller zum Staat gehörenden Bestandteile greifbar und erfahrbar gemacht wird.

Das Territorium ist daher nicht (nur) ein geographisch bestimmter Teil der Erdoberfläche, sondern *Staatsgebiet*; jeder Quadratzentimeter ist Träger der Existentialität und Unverfügbarkeit des gesamten Staates. Die überlegene Zwangsgewalt des souveränen Herrschers, Gerichte, Bürokratie, Polizei und Armee sind nicht materielle Instrumente effektiver Herrschaft, sondern *Staatsgewalt*; noch in der trivialsten Verkehrsanordnung des Straßenpolizisten ist die ganze Würde der Staatsgewalt präsent. Und schließlich ist auch der rangniedrigste Untertan nicht einfach nur der mehr oder weniger ausgepreßte Bewohner eines von einem Souverän beherrschten Landstriches, sondern Glied des *Staatsvolkes*, und auch er verkörpert im buchstäblichen Sinne des Wortes den Staat und seine Hoheit. Der Verlust eines materiell völlig wertlosen Stückchen Ödlandes an den benachbarten Staat ist eine Verletzung der territorialen Integrität des Staates; die Festnahme eines über die Grenze geflüchteten und von den Verfolgern des Nachbarstaates in ihrem Jagdeifer zehn Meter hinter der Demarkation ergriffenen und sogleich wieder zurückgeschleppten Straftäters ist ein schwerer Angriff auf die Ausschließlichkeit und Unteilbarkeit der Staatsgewalt; und auch die Mißhandlung selbst noch des letzten Untertans, den die Staatsgewalt im eigenen Lande nimmer müde wird, auf alle erdenkliche Weise zu schikanieren, durch einen fremden Staat ist eine Beleidigung der Hoheit und Würde des Staatsvolkes.

Der Symbolcharakter des Staates verwandelt diese je für sich völlig bedeutungslosen Ereignisse regelmäßig in eine Art »narzißtische Kränkung«, die seinem »Selbst« angetan wird. Ja, zuweilen kann man den Eindruck haben, als benötige das Abstraktum Staat geradezu diese kränkenden Herausforderungen, um in der Reaktion darauf seinem »Selbst« eine erlebbare Bedeutung zuzuführen. Während in der Entwicklungsgeschichte der Natur deren »Weisheit« darin besteht, daß Tier und Pflanze in ihrer Morphologie möglichst wenig Angriffsflächen gegenüber ihren natürlichen Feinden bieten, scheint die Logik des Staates in die gegenteilige Richtung zu weisen: Das Prinzip der Staatlichkeit drängt geradezu dahin, den Bereich seiner Verletzlichkeit und Schmerzempfindlichkeit derart aufzublasen, daß ihm ja keine feindseligen Absichten entgehen mögen.

Es wäre wohl ein klassisches Dilemma, wenn der moderne Staat seine durch Selbstsymbolisierung erzeugte Verletzlichkeit benötigte, um als effektiver Herrschaftsverband überhaupt existieren zu können. Wie anders als durch das Konzept der symbolisch vermittelten Einheit von Staatsgebiet, Staatsgewalt und Staatsvolk sollte er aber in der Lage sein, die ausschließliche Kontrolle über ein Territorium in eine dauerhafte Verbandsherrschaft zu überführen und von den Untertanen verläßlich Steuern, militärischen Dienst und unbedingten Gehorsam zu erhalten? Gäbe es diese Einheit nicht, so würde Herrschaft wieder in das Neben- und Durcheinander persönlicher Loyalitäts- und dezentraler Gewaltverhältnisse mittelalterlicher Provenienz zurückfallen. Und sie muß symbolische Formen annehmen, um Einheit zu sein: Der Staat ist kein Haufen von Grundstücken, Dienstleuten und Befehlsverhältnissen. Ein Staat ohne die Symbolisierung seiner Einheit ist wie ein Gedanke ohne Worte – man kann den Gedanken nicht ausdrücken, ja, der Gedanke kann nicht entstehen. Wenn also die Effektivität der Herrschaft des Staates und insbesondere seine Fähigkeit zur Garantie inneren Friedens nur um den Preis seiner besonderen Anfälligkeit für die »Kränkung« seines »Selbst« von außen bewahrt werden kann, dann würde das erklären, warum Staat und Krieg aufs engste miteinander zusammenhängen, ja daß, wie vielfach behauptet wird, der Krieg durch den modernen Staat überhaupt erst geschaffen worden ist.

An dieser letzten These ist nur so viel wahr, daß jene Form organisierter Gewalttätigkeit, die unter dem Namen Krieg Eingang in das Völkerrecht gefunden hat, begrifflich nur zwischen Staaten stattfinden kann. Der Krieg ist als Rechtsverhältnis eine Beziehung zwischen Staaten. Nicht nur das Völkerrecht ging – unbeschadet der neueren Entwicklung zur Ächtung des (Angriffs-)Krieges – bislang davon aus, daß Kriege nur von Staaten geführt werden können und alle von Nicht-Staaten ausgehende Gewalttätigkeit in die Kategorie des Verbrechens von einzelnen oder Gruppen von Individuen gehörte. Angesichts der Monopolisierung der Mittel physischer Gewaltsamkeit im Staat, wie Max Weber die soziologische Wirklichkeit hinter dem rechtlichen Sachverhalt der innerstaatlichen Souveränität umschrieb, konnte es als reguläre und legitime Gewalt nur die des Staates geben – nach innen rechtlich gehegt durch Verfassung und Gesetz, nach außen durch das Völkerrecht. Nur der Staat war dank seines Gewaltmonopols in der Lage, die für die Kriegführung erforderlichen Ressourcen innerhalb seines Territoriums zu mobilisieren, ebenso wie nur er dank seiner gebietsgesellschaftlichen Allmacht in der Lage war, verpflichtend für das durch ihn geschaffene und von ihm repräsentierte Zwangskollektiv zu handeln. Das erklärt, daß der Krieg nicht bloße, entfesselte, regellose Gewalttätigkeit ist, sondern ein völkerrechtliches Institut – eine durch Recht geregelte Form der Gewaltsamkeit, die auf der Prämisse der aus der staatlichen Souveränität abgeleiteten Fähigkeit des Staates beruht, mit bindender Wirkung für Land und Leute Verpflichtungen anderen Staaten gegenüber einzugehen und damit alle von seinem Territorium ausgehende Gewalt zu regularisieren.

Dementsprechend war auch der Krieg ausschließlich eine Sache des Staates. In der durch den Westfälischen Frieden von 1648 geschaffenen politischen Welt ist der Staat das einzige Kollektiv, das legitime Gewalt anwenden kann. Ein einzelner – Michael Kohlhaas – oder eine Gruppe, die zum Beispiel durch Geiselnahme, Androhung verheerender Zerstörungen oder durch direkten bewaffneten Angriff auf Rechtsgüter das Gewaltmonopol des Staates herausfordern, führen keinen Krieg gegen ihn, sondern verletzen seine Ordnung und verfallen seiner Strafgewalt. Umgekehrt führt der Staat, der seine Zwangsmittel mobilisiert, um dieser Straftäter habhaft zu werden und seiner Gerichtsbarkeit zuzuführen, keinen Krieg gegen sie, sondern macht von seiner polizeilichen Ordnungs- und strafrechtlichen Gerichtsgewalt Gebrauch, selbst wenn er ihnen zuweilen den Status von politischen Straftätern zuerkennt, der ihnen bei aller Feindschaft gewissermaßen die Ehrenhaftigkeit ihrer Motive einräumt. Auch gegenüber strafbaren Handlungen von Tätern, die sich außerhalb der Grenzen des verletzten Staates befanden, war diese »westfälische Ordnung« souveräner Staaten keineswegs machtlos. Zum einen sichert der zwischen den meisten Staaten geregelte Rechtshilfeverkehr die wechselseitige Auslieferung von Straftätern, und zum anderen haftet jeder Staat völkerrechtlich für die von seinem Territorium ausgehenden Angriffe auf die Rechtsgüter anderer Staaten. So ändert also auch die zunehmende Internationalisierung der Freizügigkeit von Personen, Ideen, Gütern, Dienstleistungen und Kapital nichts an dem Prinzip staatlicher Verantwortlichkeit für die innerstaatliche Ordnung und den zwischenstaatlichen Frieden.

Mehr noch: Es gibt in der herkömmlichen internationalen Ordnung nicht nur das Prinzip staatlicher Verantwortung für Krieg und Frieden; ohne Staaten gäbe es keine Kriege. Eine Welt ohne Staaten wäre eine Welt ohne Kriege. Doch leider besagt dieser rein syllogistische Schluß nicht, daß eine Welt ohne Staaten auch eine Welt ohne organisierte Gewalttätigkeit sein würde. Doch wir brauchen nicht zu spekulieren. Die »neuen Kriege«, von denen ich oben sprach und die gleich noch etwas näher zu charakterisieren sein werden, sind Erscheinungsformen zerfallener Staatlichkeit und lassen bereits erkennen, was eine staatenlose Welt unter Umständen auch bedeuten kann. Nicht zufällig weisen sie eine große Ähnlichkeit mit den mörderischen Raubzügen des europäischen Mittelalters auf.

III. Warum in den frühen Staatenkriegen das Volk nur störte

Vor diesem Hintergrund wird die zivilisatorische Leistung deutlich, die in der rechtlichen Hegung des Staatenkrieges bis hin zu seiner schließlichen Reduzierung auf das naturgegebene Recht zum Verteidigungskrieg liegt. Dazwischen allerdings lagen die Entgrenzungen der beiden totalen Weltkriege der ersten Hälfte des 20. Jahrhunderts, deren Schockwirkungen in den zwanziger Jahren und erneut nach 1945 jene Bemühungen ausgelöst haben, die dann letztlich auch tatsächlich den Staatenkrieg aus dem Arsenal der internationalen Politik fast vollständig ausgeschieden haben.

Angesichts der immensen Zerstörungskraft des Krieges, der volkswirtschaftlichen Schäden, die er allen beteiligten Staaten zufügt und vor allem angesichts der unsäglichen Leiden, die er den betroffenen Menschen auferlegt, muß man sich fragen, warum es auch nach der Konsolidierung moderner Staatlichkeit und seines Gewaltmonopols überhaupt noch Kriege gegeben hat. Warum haben Staaten Kriege gegeneinander geführt? Die Frage ist bereits einmal kurz bei der Erwähnung des »staatlichen Narzißmus« berührt worden und wird uns später noch einmal beschäftigen. An dieser Stelle geht es um einen anderen Aspekt der Frage, die uns aus heutiger Sicht womöglich noch rätselhafter erscheint. All die bekannten verheerenden Wirkungen des Krieges vor Augen, können wir kaum nachvollziehen, daß der Krieg als ein Mittel für bestimmte Zwecke angesehen werden konnte. Und doch liegt darin nach dem Vater der modernen Kriegswissenschaft, Carl v. Clausewitz, die »Natur des Krieges«: Er ist in der berühmt gewordenen Formulierung »eine bloße Fortsetzung der Politik mit anderen Mitteln«. Er ist also ein Mittel der Politik. Auch heute noch beziehen sich Politiker und Militärs gerne auf diese Maxime, um den dienenden Charakter des Krieges und das Primat der Politik über das Militär zu betonen.

Fragt man allerdings, welchem Ziel denn dieses Mittel eigentlich dient, so stellt sich schnell eine gewisse Verlegenheit ein. Nennt man – was bei jeder rationalen Zweck-Mittel-Kalkulation anzustreben ist – ein fest umrissenes Ziel, also beispielsweise die ungehinderte Durchfahrt durch einen für den Handel wichtigen Wasserweg oder die Eroberung eines bestimmten Landstrichs auf dem Territorium eines anderen Staates, so wird sich unweigerlich die Frage stellen, ob man dieses begrenzte Ziel nicht auch mit einem weniger aufwendigen Mittel als dem des Krieges erreichen kann. Je präziser das Ziel, desto unverhältnismäßiger erscheint das Mittel des Krieges. Umgekehrt: Nennt man ein sehr allgemeines Ziel – zum Beispiel die Steigerung von Macht und Ruhm des Staates oder die Entmachtung oder die Demütigung des bekriegten Staates –, so ist der Krieg eigentlich nicht länger ein Mittel der Politik, er *ist* dann Politik. Denn die kriegerische Machtentfaltung selbst ist es, in der sich die Macht, der

Ruhm und die Ehre des kriegerischen Staates und, spiegelbildlich, die Ohnmacht und Demütigung des unterlegenen Staates verkörpern. Für uns Heutige ist daher das Axiom vom Kriege als Mittel der Politik mehr als zweifelhaft, auch wenn es immer wieder gerne zitiert wird. Es wird sich zeigen, daß der moderne Krieg, insbesondere die »neuen Kriege«, diese ohnehin sehr brüchige Zweck-Mittel-Rationalität längst hinter sich gelassen haben.

Für Clausewitz, der immerhin in den Napoleonischen Kriegen die Erweiterung des Staatenkrieges zum Volkskrieg selbst handelnd miterlebt hatte, hatte die Idee des Krieges als Mittel der Politik aber durchaus noch einen guten Sinn. Für ihn bestand der Zweck des Krieges darin, den bekriegten Staat wehrlos zu machen und ihn »zur Erfüllung unseres Willens zu zwingen«. Die dazu erforderliche Vernichtung seiner Streitkräfte und die Besetzung seines Landes dienen dazu, ihn zum Frieden zu zwingen, indem dann der siegreiche Staat dem besiegten seinen Willen auferlegt. Darin und auch in seiner Bewunderung für Friedrich den Großen und dessen Kriegskunst spiegelt sich die unausgesprochene Voraussetzung der Auffassungen vom Kriege im 18. und weitgehend auch im 19. Jahrhundert, die wir erst nach den Erfahrungen des 20. Jahrhunderts besser begreifen können: Er ist nicht so sehr Mittel der *Politik* als vielmehr ein Mittel der Durchsetzung von *Staatsinteressen*. Für Clausewitz und das politische Denken des 19. Jahrhunderts war beides dasselbe, Politik war Staat, außerhalb des Staates gab es nichts Politisches.

Diese Annahme ist inzwischen durch die geschichtliche Entwicklung überholt. Der Staat ist eine historisch besondere, durch rechtliche Institutionalisierung gekennzeichnete Form des Politischen. Inzwischen kennen wir auch andere, weniger verfaßte und verfaßbare Gestalten des Politischen, deren prominenteste und zwiespältigste zweifellos »das Volk« ist – dort, wo es nicht Staatsvolk,

Demos, sondern unverfaßtes, um staatliche Grenzen und konstitutionelle Formen unbekümmertes rohes und gleichsam naturhaftes Ethnos ist. Nicht zufällig hat Carl Schmitt in seiner berühmt-berüchtigten kleinen Schrift zum Begriff des Politischen »das Politische« als die ursprüngliche, dem Staat vorausliegende und unbändigere Kraft dem Staat gegenübergestellt. Das Politische begriff er als eine existentielle Beziehung einer Gruppe zu anderen, die als Bedrohung für das eigene »Selbst« wahrgenommen werden, das nur im Kampf und durch den Kampf gegen diesen anderen – »den Feind« – behauptet werden kann. Was er hier als das Wesen des Politischen behauptet, ist zwar nur die impressionistische Beschreibung eines pathologischen Zustandes – des Zustandes der Raserei und der moralischen Selbstverstümmlung, die sich eine Gesellschaft antut, die die in Jahrhunderten erlernten zivilen Formen der Selbstregierung in einem Akt kollektiver Wut und Verzweiflung meint abschütteln zu müssen; doch findet sich darin die ganz richtige Beobachtung, daß der zum äußersten getriebene Kampf, der Krieg, hier ein Akt der politischen Selbst-Konstitution ist. Er ist kein Mittel der Politik, sondern der Inbegriff des Politischen selbst.

Unterscheiden wir das Politische vom Staat, so können wir deutlicher sehen, daß der Krieg als ein Mittel der Politik eine begriffliche Unmöglichkeit ist. Dagegen ist er uns als Instrument staatlicher Interessenverfolgung aus einer nicht so fernen Vergangenheit wohlvertraut. In einer vielleicht gerade noch zulässigen Vereinfachung können wir sagen, daß die Geschichte des Krieges vom Beginn des »Westfälischen Zeitalters« bis heute sich als eine Entwicklung darstellt, die ziemlich genau die Entwicklungsgeschichte des modernen Staates spiegelt: Sie beginnt in einem Zustand rigider staatlicher Kontrolliertheit im ausgehenden 17. und im 18. Jahrhundert, den Hochzeiten des staatlichen Absolutismus, über eine Phase rechtlicher Verregelung im 19. Jahrhundert, dem Zeitalter der liberalen Konstitutionalisierung des Staates, gefolgt von den totalen Massen- und Volkskriegen der ersten Hälfte des 20. Jahrhunderts, in der die Statik der rechtlich verfaßten Staatsordnungen überall in Europa unter den Druck politisierter, zum Teil totalitärer Massenbewegungen geriet oder unter ihnen zusammenbrach, bis schließlich zu den »neuen Kriegen« der Gegenwart in einem Zeitalter, in dem das Politische im Angesicht einer tiefen Krise der Staatlichkeit noch auf der Suche nach seinem neuen angemessenen geistig-kulturellen und institutionellen Ort ist.

Man sollte hier nicht von einer Geschichte des Verfalls sprechen, da der Krieg zu keiner Zeit so etwas wie ein ritterlicher Zweikampf gewesen ist, in dem die Kämpfenden nach festen, von beiden Seiten respektierten Regeln in fairem Wettbewerb ihre Kräfte messen. Selbst Clausewitz, der ja noch ganz überwiegend die erste Phase der Kriegsentwicklung analysiert, spricht davon, daß jeder der Kämpfenden »rücksichtslos und ohne Schonung des Blutes« zur »äußersten Anwendung der Gewalt« schreitet; »und es gibt in der Anwendung derselben keine Grenzen«! Dennoch war der von ihm analysierte Krieg seiner Zeit kein totaler und regelloser Krieg. Denn auch wo sich beide Seiten bis zum äußersten steigern, gibt es doch, wie er konstatiert, die »Schranke der innewohnenden Gegengewichte«. Doch ist das keineswegs als Tröstung der von ihm leicht verspotteten »menschenfreundlichen Seelen« gemeint, die das »rohe Element« der Natur des Krieges schwer ertragen können. Denn mit der »Schranke der innewohnenden Gegengewichte« kann ernstlich nicht gemeint sein, daß sich wie auf einer Waage Gewalt und Gegengewalt der Kriegsgegner wechselseitig aufheben und sich ein gewaltloser Schwebezustand oder auch nur, wie in dem Bild von den »checks and balances« der Staatsverfassungen, so etwas wie eine kriegerische Gewaltenhemmung einstellt. Das Gegenteil ist der Fall.

Wenn beide Seiten, wie Clausewitz immer wieder betont, in ihrer Gewaltanwendung bis zum äußersten gehen, dann erfährt die Gewalt dadurch keine Mäßigung, sondern treibt zum Exzeß.

Die innere Begrenzung des für die erste Phase charakteristischen Staatenkrieges folgte vielmehr aus seinem strikt instrumentellen Charakter im Rahmen staatlicher Interessenkalkulation. »Da der Krieg kein Akt blinder Leidenschaft ist, sondern der politische Zweck darin vorwaltet, so muß der Wert, den dieser hat, die Größe der Anforderungen bestimmen, womit wir ihn erkaufen wollen« – die Kosten des Krieges müssen in einem vernünftigen Verhältnis zu den Zwecken stehen, die man mit ihm erreichen will. Und hier nun erlegte das rationalistisch-utilitaristische Staatskonzept des aufgeklärten Absolutismus den ansonsten durchaus zu mancher Frivolität fähigen Fürsten Schranken der Kriegführung auf. Wir wissen seit der luziden Studie von A. O. Hirschman, daß im 18. Jahrhundert das Paradigma des Interesses als vernünftiger, verläßlicher und berechenbarer Leitfaden menschlichen Handelns eine steile Karriere im Denken der Zeit machte und die übrigens auch bei Clausewitz mit dem abwertenden Epitheton »blind« versehene Leidenschaft zum Merkmal unaufgeklärter, im finsteren Mittelalter steckengebliebener irrationaler Geister erklärte.

Das rationalistische Staatsinteresse – die Staatsräson – und das ihm zugrundeliegende Kalkül verlangten nichts weniger, aber auch nichts mehr als staatliche Machtsteigerung. Staatliche Macht materialisierte sich nach der endgültigen Konsolidierung territorialer Souveränität im – äußerst kostenintensiven – stehenden monarchischen Heer, und der Staat, der seine Macht steigern wollte, mußte das durch Vernichtung oder, wie Clausewitz dies etwas unschön formuliert, durch das »Wehrlosmachen« der gegnerischen Streitmacht tun – ebenso wie seine eigene Streitmacht dem feindseligen Kalkül eines anderen

Staates ausgesetzt war. Es ist diese Konzentration auf die jeweiligen Streitkräfte als den Kern staatlicher Macht, welche paradoxerweise jene Mäßigungen bedingten, die für die Kriege der absolutistischen Fürsten des 18. Jahrhunderts charakteristisch waren. Das dynastische Prinzip, durch das die Fürsten Europas miteinander verbunden waren, schloß Kriege, die auf die Vernichtung eines anderen Staates gerichtet waren, von vornherein aus. Gänzlich absurd wäre natürlich die Vorstellung eines »ideologischen« Krieges, der das Ziel verfolgen sollte, anderen Staaten eine andere politische Herrschafts- oder gar eine andere Gesellschaftsordnung aufzuzwingen. Der aus heutiger Sicht ziemlich primitive Zweck der Machtsteigerung begrenzte die Optionen der Kriegführung weitgehend auf die Zerstörung der Streitkräfte des Gegners oder, als deren Folge, die Eroberung oder auch bloß Besetzung seiner Landesteile, um für den Friedensschluß Faustpfänder zu haben – stets stand am Ende das Ziel eines die Beziehungen der Staaten neu regelnden Friedensschlusses. Es kommt hinzu, daß die Armeen noch keine, durch ein gemeinsames politisches Bewußtsein verbundene, aktive Volksheere, sondern allein durch formalen Drill einigermaßen zusammengehaltene und disziplinierte, schwerfällige und passive Militärapparate waren, für deren Offiziere der Dienst vor allem ein nüchterner Broterwerb und eine meist wenig glänzende Karriere darstellte; für die Rekruten war er nicht selten das pure Zwangsverhältnis. Die Konzentration auf die Bewahrung der eigenen und auf die Zerstörung der gegnerischen Streitkräfte im vordemokratischen Zeitalter macht deutlich, daß der Krieg noch ausschließlich eine Sache der Fürsten und ihrer Armeen gewesen ist.

Die wichtigste Begleiterscheinung dieser aufs innigste mit der modernen Staatswerdung verbundenen Anstaltsförmigkeit des Waffen- und Gewaltmonopols war die passive Rolle der Staatsuntertanen, ihre vollkommene

Abwesenheit in allen Fragen von Krieg und Frieden. Von Friedrich dem Großen wird in der Literatur berichtet, er habe als Ideal den Krieg betrachtet, den die Militärs ausschließlich untereinander führten und den die Zivilbevölkerung nicht einmal bemerke. Das ist wahrscheinlich eine Erfindung, aber sie trifft durch ihre Übertreibung den wahren Kern. Denn tatsächlich zieht der Staatenkrieg der ersten Generation eine scharfe Grenze zwischen Militär- und Zivilpersonen und betrachtet den Krieg als eine Angelegenheit ausschließlich des Militärs. Das hat noch nichts mit den humanitären Ideen des 19. Jahrhunderts zu tun, als das Völkerrecht die Verschonung der Zivilbevölkerung von den Folgen des Krieges zur verbindlichen Norm erhob. Es war nur die Folge der Tatsache, daß in der noch in ihrer Morgendämmerung stehenden neuen Staatlichkeit die Bevölkerung zwar juristisch und philosophisch als »Volk« ein unverzichtbares Staatselement darstellte, politisch und soziologisch aber zu einem vollkommen subalternen und passiven Dasein verurteilt war und allenfalls den Gegenstand fürstlich-väterlicher Fürsorge bildete. Die Streitkräfte waren viel zu sehr Kernelement staatlicher Macht und der Krieg eine so genuine Form staatlicher Machtentfaltung, daß er den damals Herrschenden viel zu wichtig war, als daß sie etwa die Bevölkerung darin in irgendeiner Weise hätten einbeziehen wollen. Sie konnte das Kriegsgeschehen eigentlich nur stören.

IV. Wie der Staatenkrieg zu einer Sache des Volkes wurde

Im 19. Jahrhundert dann wurde der Krieg zu einer Sache des Volkes sowohl im aktiv-teilnehmenden wie auch im erleidenden Sinne. Durch eine List der geschichtlichen Vernunft entwickelte sich aus der bloßen Tatsache der Trennung der militärischen von der zivilen Sphäre ein ideales rechtliches Prinzip, und das zu einer Zeit, als die tatsächlichen Voraussetzungen hierfür gar nicht mehr gegeben waren. Allgemein läßt sich sagen, daß rechtliche Normen meist dann geschaffen werden, wenn sie »kontrafaktisch« wirken, also wenn sich der Inhalt der Norm nicht mehr von selbst versteht. In den Kriegsregeln der absolutistischen Staaten des 18. Jahrhunderts gab es infolgedessen keine rechtlichen Regelungen zum Schutz der Zivilbevölkerung, weil diese im Grunde ein ebenso passiver Teil des Kriegsgeschehens war wie das Territorium. Im 19. Jahrhundert – in Frankreich während einer kurzen revolutionären Phase bereits am Ende des 18. Jahrhunderts – begann dann das Volk zu einem aktiven Teil des Krieges zu werden. Clausewitz spricht im sechsten Buch, das der Verteidigung gewidmet ist, sogar wörtlich vom »Volkskrieg«, doch meint er damit lediglich die Volksbewaffnung in Landsturm und Heimatwehr, gewissermaßen Hilfsvereine zur Unterstützung der regulären Armee. Obwohl bekanntlich für Lenin die Lektüre von Clausewitz' »Vom Kriege« fast so wichtig war wie die der politischen Schriften von Marx und Engels, ist Clausewitz' Begriff des Volkskrieges doch nur ein recht harmloser Vorläufer der Leninschen revolutionären »Erfindung«, durch die die Volksmassen zugleich militarisiert und revolutioniert wurden. Hellsichtig hatte übrigens bereits Clausewitz erkannt, daß in der Volksbewaffnung ein Zusammenhang von Politik und Krieg aufschien, der leicht zum Bürgerkrieg und zur Revolution eskalieren konnte. Doch erklärte er sich hier ausdrücklich für unzuständig – er verstand sich als Militär, nicht als Politiker.

Immerhin, nach der revolutionären *levée en masse* der französischen Revolution, den Napoleonischen Feldzügen und insbesondere nach den antinapoleonischen Befreiungskriegen in Deutschland, die in engster Wechselwirkung mit den Gärungen der sich hier mächtig regenden demokratisch-nationalen Einigungsbewegung standen, war

»das Volk« zu einem politischen Faktor und auch zu einer aktiven Kraft des Krieges geworden. Allenthalben verwandelten sich in Europa nach dem französischen Vorbild die Söldnerheere in Wehrpflichtarmeen. Aber bald wurde das Volk auch als Dulder des Krieges wahrgenommen und als schutzbedürftig anerkannt. In der Genfer Konvention von 1864 wurden erstmals internationale Regelungen über die humane Behandlung der Kriegsgefangenen, der Verwundeten und der Kranken vereinbart; dies war der erste Schritt zum heute fest etablierten humanitären Völkerrecht. Viel schwerer zwischen den Staaten zu vereinbaren waren Rechtsnormen, die die Art und Weise der Kriegsführung selbst mäßigend regulieren sollten. Das gelang erst in den Haager Abkommen von 1899 und 1907 über die »Gesetze und Gebräuche des Landkriegs«. Hier wurde die rechtlich folgenreiche Unterscheidung zwischen der bewaffneten Macht der Kriegsparteien und der Zivilbevölkerung eingeführt und das Prinzip anerkannt, daß letztere weitgehend von den militärischen Einwirkungen des Krieges zu verschonen sei. Die Kriegführenden sollten »kein unbeschränktes Recht in der Wahl der Mittel zur Schädigung des Feindes« haben. Insbesondere war es verboten, unverteidigte Städte, Dörfer, Wohnstätten oder Gebäude anzugreifen oder zu beschießen. Für Clausewitz war es noch ein ganz selbstverständliches, allein dem politisch-militärischen Ermessen anheimgegebenes Kriegsziel gewesen, feindliche Provinzen zu verwüsten, um dadurch dem Feind einen Schaden zuzufügen.

Das Haager Kriegsvölkerrecht wurde zu einem Zeitpunkt kodifiziert, an dem es im Grunde durch die politisch-militärische Wirklichkeit des anbrechenden 20. Jahrhunderts bereits überholt war. Zwar gelten seine Normen bis auf den heutigen Tag fort, aber einen prägenden Einfluß auf das Kriegsgeschehen kann man ihnen schwerlich zusprechen. Bereits im Ersten Weltkrieg war das geltende Kriegsvölkerrecht auf allen Seiten vielfach gebrochen worden, so beispielsweise das Verbot der Verwendung von Gift und vergifteten Waffen. Aber nachhaltiger wirkte, daß die neue Wirklichkeit des Krieges die zu seiner Bändigung geschaffenen Rechtsnormen unterspülte. Je mehr der Krieg zu einem Kampf der Nationen um ihre Selbstbehauptung, ihre Würde oder ihren Ruhm wurde und sich nicht länger in einem Kräftemessen der militärischen Streitkräfte dynastisch geführter Staaten erschöpfte, desto stärker wurden die physischen und moralischen Kräfte des Volkes in die Berechnungen der Kriegführung einbezogen und ihren Aktionen dienstbar gemacht. Dann wurde auch die – moralische und physische – Infrastruktur eines Landes fast zwangsläufig zum Ziel der Zerstörung und Schädigung, und es verschwammen die Unterschiede zwischen zivilen und militärischen Objekten. Die Kriegstechnik tat ein übriges. Bombenwerfende Kampfflugzeuge und eine mit enormer Feuerkraft über große Entfernungen ausgestattete Artillerie erlaubten kaum noch die Unterscheidung zwischen zivilen und militärischen Zielen, und die militärische Blokkade der zivilen Versorgungswege war ausdrücklich darauf gerichtet, die Kampfmoral der Zivilbevölkerung zu unterminieren. In perverser Weise fand darin die Konstitution des Volkes als Subjekt der Nation ihre blutige Anerkennung. Man kann den Ersten Weltkrieg als den im voraus gezahlten Preis der Volksmassen für ihre überfällige demokratische Emanzipation ansehen, die dann nach dem Ende des Krieges vor allem in Deutschland, seinem Hauptverlierer, in einem revolutionären Akt errungen wurde.

Von derartigen Berechnungen und Spekulationen sollte man sich tunlichst fernhalten, wenn man an die Greuel des Zweiten Weltkrieges denkt. Dabei kann man die Gewalttätigkeit der Nazis gegen andere Staaten, Völker und gegen Teile der eigenen Bevölkerung überhaupt nur zum Teil als Krieg bezeichnen. Die Vernichtung der europäischen Juden, der Sinti und Roma sowie der slawischen Zivilbevölkerung und der sowjetischen Kriegsgefangenen war ein von den niedersten Instinkten des 1933 zur Herrschaft gelangten Bodensatzes der deutschen Gesellschaft betriebener, zugleich – das schließt sich nicht aus! – planvoll ins Werk gesetzter Massenmord, eine geschichtlich beispiellose Vernichtungs- und Ausrottungsaktion gegen Menschen, denen der moralische Status des Menschseins zuvor in blasphemischer Selbstherrlichkeit abgesprochen worden war. Das war selbst bei weitester Auslegung dieses Begriffes kein Krieg, als den man allenfalls solche staatlich veranstalteten Gewalttätigkeiten qualifizieren kann, welchen wenigstens in einem minimalen Umfange noch das Merkmal eines bewaffneten Kampfes eigen ist. Militärpersonen, die sich an solchen Aktionen beteiligen, machen sich außer des Völkermordes und des Verbrechens gegen die Menschheit zugleich auch eines Kriegsverbrechens schuldig, weil sie diese Untaten als Angehörige des Militärs begangen haben. Das bedeutet aber keineswegs, daß solche Greuel doch noch in irgendeiner Weise etwa als – gewissermaßen fehlgeleitete – Kriegshandlungen bewertet werden können.

Aber neben diesen Massenmorden gab es durchaus noch den regulären Krieg, auch wenn die Grenzen insbesondere in Ost- und Südosteuropa von der deutschen Wehrmacht und als Reaktion darauf dann auch vom sowjetischen Militär häufig genug verwischt wurden. Er vereinigte alle Merkmale des von Goebbels in einem Akt von Verzweiflung und Lust-Angst im Berliner Sportpalast ausgerufenen totalen Krieges. Hier kämpften nicht Armeen gegeneinander mit dem Ziel, nach der Beendigung der Feindseligkeiten unter den durch den Ausgang des Krieges veränderten Bedingungen den »politischen Verkehr«, wie Clausewitz das nannte, wieder aufzunehmen und die Beziehungen der beteiligten Staaten neu zu ordnen. Das war im Grunde schon am Ende des Ersten Weltkrieges nicht mehr der Fall gewesen, nachdem dieser zunehmend die Züge eines Befreiungskrieges für Demokratie und nationale Selbstbestimmung angenommen hatte. Der Kampf vor allem der im habsburgischen »Völkergefängnis« eingesperrten Nationen für ihre nationale Unabhängigkeit hatte bereits die Idee des Staatenkrieges zu einem Erlösungswerk transzendiert.

Vollends »total« aber wurde dann tatsächlich der Zweite Weltkrieg, in dem es dem angreifenden Nazi-Regime um nichts weniger als um seine mit wahnhaften Ideologien verbrämte, durch Ausrottung und Versklavung bestimmter Teile der Menschheit gekennzeichnete eigene Weltherrschaft ging. Hätten sie gesiegt, so wäre die menschliche Zivilisation in höchste Gefahr geraten. In diesem Krieg standen sich Kräfte gegenüber, die unversöhnlich-feindliche Prinzipien menschlichen Zusammenlebens repräsentierten. Der Sieg über den Feind konnte nur dessen bedingungslose Unterwerfung bedeuten; er konnte sich nicht im »Wehrlosmachen des Gegners« erschöpfen, denn der Kampf ging letztlich ums Ganze, um Sieg oder Niederlage unvereinbarer moralischer Prinzipien. Folgerichtig versank die Bedeutung der Unterscheidung zwischen militärischen und zivilen Zielen in dem wechselseitigen Haß der Kriegsparteien, die noch stärker als im Ersten Weltkrieg alle Energien mobilisierten, um in diesem wahrhaft existentiellen Kampf auf Leben und Tod nicht unterzugehen.

Man verstehe dies nicht falsch: Es kann natürlich keine Rede davon sein, daß die Nazis und die Alliierten etwa gleichwertige moralische Prinzipien repräsentierten, über deren Sieg oder Niederlage der Krieg letztlich die Entscheidung herbeiführen mußte. Es kann nicht den Hauch eines Zweifels daran geben, daß das Nazi-Regime auf der höchsten Stufe moralischer Verworfenheit und Verwahrlosung angelangt war, die eine politische Ordnung wohl je erreichen kann. Zu keinem Zeitpunkt konnten die Nazis den Status moralischer Parität mit ihren Kriegsgegnern beanspruchen – das bleibt auch trotz Stalin und seiner Massenverbrechen wahr, und es bleibt natürlich erst recht auch nach den alliierten Flächenbombardements von Hamburg, Dresden und anderer rein ziviler Ziele wahr. Falls es so etwas wie einen Maßstab für die moralische Entwicklung der Menschheit gibt, dann war dieser Krieg ein Kampf der Kräfte der menschlichen Zivilisation gegen die Mächte der Regression in die Barbarei. Die Unbedingtheit der hier gegeneinander stehenden Prinzipien erlaubte keinen Kompromiß, man konnte sich nicht, wie beim Streit um teilbare Güter, in der Mitte treffen, es ging im wahrsten Sinne des Wortes ums Ganze. Diese beiden moralischen Welten konnten auch nicht nebeneinander existieren, weil die innere Dynamik des Nazi-Regimes in seiner Unfähigkeit, die geistig-kulturelle Konstitution des Menschen zu erkennen, auf Vernichtung gerichtet war und der Menschheit nicht die Wahl ließ, ob sie kämpfen wollte oder nicht.

V. Wie der Krieg im 20. Jahrhundert zum Welt-Bürgerkrieg wurde

Der Zweite Weltkrieg überschritt im Grunde bereits die Grenzen unseres herkömmlichen Begriffes vom Kriege. Dieser war ja nicht entwickelt worden, um den Streit zwischen unvereinbaren philosophischen Wahrheiten, moralischen Prinzipien oder religiösen Heilserwartungen zu entscheiden – Konflikte also, die nicht in einem Friedensschluß enden können. Wo solche kategorischen Fragen unmittelbar praktisch werden, weil die Menschen nur mit jenen in einer Gemeinschaft zusammenleben wollen und können, die *ihre* Antwort teilen, da bedeutet Selbstbehauptung Vernichtung des anderen. Man kann selbst nur in der Integrität der eigenen Wahrheit leben, wenn der andere aus dieser Welt verschwunden ist. In den blutigen religiösen Kämpfen des 16. und 17. Jahrhunderts war es um diese Fragen gegangen. Bezeichnenderweise heißen sie in den Geschichtsbüchern »religiöse Bürgerkriege«, obwohl es doch zu dieser Zeit noch gar keine Bürger gab. Und dennoch trifft dieser Begriff das Richtige. Ein Bürgerkrieg findet zwischen Menschen statt, die um die richtige Form der Gemeinschaft unter sich streiten und streiten müssen, weil sie die Option der Streitvermeidung durch Weggehen nicht haben. Sie teilen dasselbe Territorium, dieselbe Geschichte oder denselben Gott, doch verbindet sie das nicht (mehr) zur Einheit einer politischen Gemeinschaft, deren Mitglieder zum friedlichen sozialen Verkehr und zur Bildung eines Gemeinschaftswillens fähig sind.

Ein Krieg aber setzt die konsolidierte Existenz der kämpfenden (staatlichen) Gemeinschaften voraus. Bei einem Bürgerkrieg geht es zuallererst um die Errichtung einer (meist staatlichen) Gemeinschaft. Er ist ein Kampf um die Herstellung von Einheit durch den Ausschluß der anderen wegen ihrer Andersheit. In staatlichen Gemeinschaften, die auf dem Prinzip der Territorialität beruhen, kann man diejenigen, mit denen man keine Gemeinschaft bilden will oder kann, nur dadurch »ausschließen«, daß man sie entweder vertreibt oder vernichtet. Das Territorium eines Staates ist nicht lediglich ein materielles Akzidens, eine Ressource, die man beliebig teilen kann, sondern sein wesentliches, damit unverzichtbares und unteilbares Konstitutionselement. Häufig werden ihm geradezu sakrale Eigenschaften zugeschrieben. Die Teilung einer staatlich-politischen Gemeinschaft kann daher immer nur die Gestalt einer Sezession annehmen, das heißt einer Zerstörung des bestehenden Staates durch die Amputation eines Teils seines Territoriums. Friedliche Sezessionen sind deswegen so unwahrscheinlich und so selten, weil die Unteilbarkeit des Territoriums die Identität eines Staates begründet; sie würde mit einer Amputation viel tiefgreifender verletzt als etwa durch die gemeinsame Auswanderung eines Teiles der Bevölkerung in ein anderes Land (so wie Moses das jüdische Volk aus Ägypten in das gelobte Land führte).

Dies genau ist die innere Logik eines Bürgerkrieges: Er ist nicht Krieg, sondern Existenz- und Vernichtungskampf, denn es geht nicht um die Verteilung irgendwelcher Ressourcen in der Gemeinschaft oder zwischen Gemeinschaften, sondern um die existentielle Frage, wer zur Gemeinschaft gehört und wer nicht. Dafür gibt es keine Regeln, denn alle Regeln setzen die Existenz der Gemeinschaft voraus. Und so kennt denn auch der Kampf um die endgültige Beantwortung dieser Frage keine Regeln. Dies ist der Grund, warum Bürgerkriege besonders blutig, grausam und mit äußerster moralischer Hemmungslosigkeit geführt werden. Es liegt nicht daran, daß die Kämpfenden nichts miteinander verbindet als das gemeinsame Menschentum – das gilt schließlich auch für den immerhin doch minimal geregelten Krieg zwischen Staaten. Es ist schlimmer: Es gibt ein Band, das sie miteinander verbindet, das sie mit Macht zerreißen wollen, aber nicht zerreißen können, weil es sich ihrer Verfügung entzieht: Eine gemeinsame Geschichte, ein gemeinsames Land – Heimat –, ein gemeinsamer Gott lassen sich nicht aufkündigen, so wenig wie man die Blutsgemeinschaft mit seinem Bruder aufkündigen kann. Man kann es nur, indem man ihn tötet – Bruderkrieg ist ein anderes Wort für Bürgerkrieg.

Das 20. Jahrhundert hat noch eine Steigerung der Intensität dieser Feindschaft hervorgebracht – den Weltbürgerkrieg. Es ist ein Welt-Bürgerkrieg, ein Bürgerkrieg auf globaler Ebene. Man hat gesagt, der Zweite Weltkrieg (und der auf ihn folgende Kalte Krieg der nächsten vier Jahrzehnte) sei ein ideologischer Kampf gewesen, in dem es um Sieg und Niederlage weltumspannender Ideen gegangen sei – liberal-demokratischer Konstitutionalismus auf der einen Seite, die Totalitarismen des Faschismus, des Nationalsozialismus und des leninistisch-stalinistischen Kommunismus auf der anderen. Ich zweifle, ob Menschen so heftig, grausam und intensiv um Ideen kämpfen, wie zumindest der Zweite Weltkrieg geführt wurde. Ich neige zu einer anderen Deutung.

In einem losen Sinne könnte man den Weltbürgerkrieg nämlich durchaus auch in Analogie zu den religiösen Bürgerkriegen des 16. und 17. Jahrhunderts als einen Weltbürger-Krieg bezeichnen. So wie es in jenen Bürgerkriegen noch keine Bürger, aber den Konflikt über die Gestalt der politischen Gemeinschaft gab, deren Mitglieder man gemeinhin Bürger nennt, so ging es im Zweiten Weltkrieg um die Frage, wie die Menschheit als Ganzes eine Ordnung des friedlichen Zusammenlebens finden kann. Natürlich war niemandes Ziel ein Weltstaat oder eine andere Form politischer Welteinheit; auf dem Spiel stand vielmehr die Wahrung gewisser moralischer Mindeststandards menschlicher Gesittung. Es ging um die Menschheit als eine Gemeinschaft gleichberechtigter Nationen, in der der Eigenwert eines jeden Individuums als Angehöriger der menschlichen Gattung anerkannt ist. Solange diese elementare Grundlage zivilisierter menschlicher Existenz fraglos universal galt und respektiert wurde, konnte sich auf ihrer Grundlage keine wie immer geartete Gemeinschaft bilden, deren Sinn ja stets darin besteht, etwas ihren Mitgliedern exklusiv Eigenes und Verbindendes gegenüber Außenstehenden zur Geltung zu bringen. Universal geltende Normen oder Prinzipien sind nicht gemeinschaftsbildend. Wird allerdings ihre Geltung bestritten oder werden sie systematisch mißachtet, so bedroht das die Selbstverständlichkeit des bisherigen Zusammenlebens, das nunmehr in dem Bewußtsein der Menschen einen besonderen Wert erhält, um den sie sich scharen, der sie gegen die Bedrohung verbindet und der in seiner Besonderheit verteidigt werden muß.

Im Zweiten Weltkrieg konnte es daher nur um die Vernichtung des mörderischen und menschenfeindlichen Nazismus gehen, die um jeden Preis gelingen mußte, sollte nicht die Menschheit um alle Hoffnung auf die materielle und moralische Verbesserung ihrer irdischen Zustände gebracht werden. So transzendierte denn auch dieser Krieg zu einem geradezu endzeitlichen Vernichtungskampf, der nur deshalb nicht zur wirklichen Menschheitskatastrophe wurde, weil es den Nazis nicht mehr gelang, die Atombombe zu bauen, obwohl sie wohl kurz davor standen. Es ist zwar eine Legende, daß die Nazis legal an die Macht gekommen seien; von Anbeginn beruhte ihr Herrschaftssystem auf Terror und Gewalt. Doch es ist leider auch wahr, daß es dem Regime durch intensive Massenmobilisierung gelungen war, sich ein beachtliches und massensuggestives Maß an Akklamation und in den ersten Kriegsjahren auch eine breite Kriegsunterstützung zu organisieren. Letztere wurde noch durch die sich für viele bietenden Chancen befördert, einen kleinen Teil der Kriegsbeute in Gestalt von Fremd- und Sklavenarbeitern bereits während des Krieges abzubekommen, gleichsam als Abschlag auf die große Bereicherung, die der Raubzug nach dem »Endsieg« für jeden »Volksgenossen« verhieß. So waren denn beachtliche Teile der Zivilbevölkerung aufs engste in die Kriegsführung des Regimes verwoben. Sie wurden möglicherweise sogar zu einer seiner treibenden Kräfte, als sie mit ihrem verstockten, unbelehrbaren und lemmingartigen Durchhaltewillen den Krieg noch jahrelang in die Länge zogen, als er für jedermann erkennbar längst verloren war.

Natürlich hat auch eine fanatisierte Zivilbevölkerung Anspruch darauf, nicht zum Ziel militärischer Angriffe zu werden. Sie ist unbewaffnet und kann also nicht kämpfen. Diese moralische Prämisse der Unterscheidung zwischen militärischen Streitkräften und Zivilbevölkerung war und ist auch im neuen Zeitalter der totalitären Massenmobilisierung nicht hinfällig geworden. Aber keineswegs alle Zivilisten sind »unschuldige Opfer« der Gewalt. Getroffen werden auch die Täter, wie Roland Freisler, der auf dem Heimweg von der Stätte seiner zivilen Verbrechen, dem Volksgerichtshof, im Feuer eines alliierten Bombenangriffs starb. Es entsprach gewiß nicht den Anforderungen der Haager Landkriegsordnung, die Zivilbevölkerung durch die Flächenbombardierung von Städten zu terrorisieren und auf diese Weise ihre Kriegsmoral zu zermürben. Aber es war auch in der Haager Landkriegsordnung nicht vorgesehen, daß die Zivilbevölkerung durch ihre Mobilisierung und Verfügbarkeit für die politisch-militärische Führung sich in einen aktiven Faktor der Kriegsführung verwandelte. Und vollends entsprach es nicht der Haager Landkriegsordnung, daß der totale Krieg des 20. Jahrhunderts niemals zu einem Frieden führen konnte, weil es für ihn nur die Alternative zwischen Fremd- oder Eigenvernichtung gab.

VI. Warum gesellschaftliche Verschiedenheit als Kriegsursache angesehen wurde

Die totale Niederlage Deutschlands und seiner Verbündeten weckte für einen kurzen geschichtlichen Augenblick die Hoffnung auf eine neue Weltordnung, in der es gelingen werde, »künftige Geschlechter vor der Geißel des Krieges zu bewahren, die zweimal in unseren Lebzeiten unsagbares Leid auf die Menschheit gebracht hat« – so die Präambel der Charta der Vereinten Nationen, zu deren Gründung im Juni 1945 in San Francisco die Vertreter von 51 Staaten zusammentraten. Tatsächlich wurde der Dritte Weltkrieg in jenem unsäglichen 20. Jahrhundert vermieden. Doch das gelang bekanntlich nicht deswegen, weil die Sieger des Zweiten Weltkrieges eine durch gemeinsame Werte miteinander verbundene Staatengemeinschaft bildeten, die den Krieg zwischen ihnen ausschloß. Vielmehr lag der Grund paradoxerweise geradezu im Gegenteil in einer nochmaligen Steigerung der Möglichkeiten zum Krieg.

Ein neuer, im Zweiten Weltkrieg erst nur in Ansätzen erkennbarer Gegenstand als kriegsauslösender Konflikt trat auf die Weltbühne, nämlich tiefgreifende Unverträglichkeiten zwischen den in den einzelnen Staaten herrschenden Gesellschaftsordnungen. Der politische Streit in den internationalen Beziehungen verlagerte sich nach dem Zweiten Weltkrieg von der Ebene der Interessen zwischen den Staaten auf die der gesellschaftlichen Lebensformen in den Staaten. Staaten mit unterschiedlicher gesellschaftlicher Grundordnung – sozialistisch-kommunistische versus kapitalistische – konnten nicht nebeneinander, geschweige denn miteinander leben. Das erinnert an die europäischen konfessionellen Bürgerkriege des 16. und 17. Jahrhunderts, deren Quelle nicht zuletzt darin zu sehen ist, daß der falsche Glaube des Nachbarn als solcher bereits als eine Bedrohung der eigenen Sicherheit empfunden wurde. Bekanntlich wurde dieses Problem einer in seinen Folgen fatalen religiösen Idiosynkrasie schließlich durch die Herausbildung des modernen Staates und seines Gewaltmonopols gelöst. Doch das allein reichte nicht aus. Hinzu kam die zwangsweise Herstellung konfessioneller Homogenität durch das Prinzip des *Cuius regio, eius religio*.

Im Verhältnis der Staaten zueinander dagegen störte konfessionelle Verschiedenheit keineswegs und hinderte sie nicht an Allianzen und Kriegen, die quer zur innerstaatlichen konfessionellen Prägung standen. Innen und außen der Staaten waren streng voneinander geschiedene Sphären. Im geschichtlichen Fortgang aber wurden die Grenzen zwischen ihnen immer weicher und fließender, wofür die soeben erörterte Mobilisierung der Volksmassen als innerstaatliche Ressource für die Kriege der Staatsführung nur das sichtbarste Anzeichen war. Es hat in der Entwicklung des modernen Staates eine grundlegende Umkehrung des Verhältnisses von Staat und Volk stattgefunden: Aus der Bevölkerung als rein passivem Instrument der Zwecke des Staates am Anfang dieser Entwicklung ist der Staat zum Instrument des emanzipierten und massendemokratisch organisierten Volkes im 20. Jahrhundert geworden. Das Politische ist gewissermaßen vom Staat zum Volk gewandert, dessen innere Tendenz zu Gleichheit und Homogenität offenbar auch im Verhältnis zu anderen Völkern eine geringere Toleranz für Verschiedenheit und Andersartigkeit aufweist als der Staat.

Es ist schwer zu erklären, warum die Verschiedenheit der innergesellschaftlichen Ordnungen der dominierenden Staaten nach dem Zweiten Weltkrieg sich als eine wesentliche Spannungsursache herausbildete. Natürlich konnte jede Seite Gründe vorbringen, warum die Gesellschaftsformation der anderen Seite inhärent aggressiv, die eigene dagegen wesenhaft friedlich sei. Das sowjetische Lager – diese Bezeichnung enthielt in seiner Doppeldeutigkeit eine geheime Wahrheit – hatte mit der Theorie des Imperialismus eine Erklärung für den Kolonialismus der europäischen Mächte des 19. Jahrhunderts, konnte damit aber den in den 60er Jahren des 20. Jahrhunderts weltweit einsetzenden Prozeß der Dekolonisierung und Umwandlung der Kolonien in selbständige und souveräne Staaten nicht erklären. Auch das mit diesem Prozeß besiegelte, erstaunlich lautlos sich vollziehende Ende des British Empire war ja nicht gerade ein überzeugender Beweis für den von der marxistisch-leninistischen Theorie behaupteten wesenhaft aggressiven und kriegerischen Charakter kapitalistischer Staaten. (Plausibler ist die Annahme, daß es nicht ökonomische Merkmale sind, sondern die Merkmale von Staatlichkeit, die ursächlich für die Tendenz zu aggressiver Abgrenzung und auch ausgreifender Machtentfaltung sind. Da Großbritannien als Seemacht zu keiner Zeit jenes auf dem Kontinent zur vollen Entfaltung gelangte Staatsmodell verwirklichte, verlief auch die Auflösung seines Empire weit weniger blutig als der Verlust der Kolonien der anderen europäischen Staaten.)

Der euro-atlantische Westen, kapitalistisch und demokratisch, wenn auch stets mit einer kompromittierend großen Zahl autoritärer, korrupter und sogar proto-faschistischer Regime verbündet, konnte natürlich auf die Theorie des marxistisch-leninistischen Internationalismus und sein universales Solidaritäts- und Befreiungspathos, die Stalinsche Praxis der Machteroberung durch die Einrichtung kommunistischer Marionettenregierungen unmittelbar nach dem Ende des Zweiten Weltkrieges und schließlich auch auf die nach Stalin sich fortsetzende Unterstützung revolutionärer sozialer Umsturzbewegungen in vielen Ländern Asiens, Afrikas und Lateinamerikas verweisen, durch die sich die Sowjetunion über den Globus verstreut ein Netz von mehr oder weniger loyalen Satellitenstaaten schuf. Es ist ja, worauf Claus Offe aufmerksam gemacht hat, bezeichnend und in einer auf Berechenbarkeit angewiesenen Welt von Staaten nicht gerade vertrauensbildend, daß schon der offizielle Staatsname der Sowjetunion – »Union der Sozialistischen Sowjetrepubliken« – keine geographisch-territoriale Identität ausdrückte, aus der sich gewissermaßen eine »natürliche« Vollständigkeit und Abgeschlossenheit dieses Staates hätte ablesen lassen. Theoretisch hätte Kuba durch seinen Beitritt Teil jener »Union der Sozialistischen Sowjetrepubliken« und die Sowjetunion damit zum unmittelbaren territorialen Nachbarn der USA werden können. So hatte die Sowjetunion stets einige lauernd-expansionistische Züge an sich, die dem Aufbau nachhaltiger Vertrauensbeziehungen nicht eben förderlich waren.

Es ist allenthalben bekannt und braucht daher nicht weiter entfaltet zu werden, daß in diesen auf den Zweiten Weltkrieg folgenden vier Dekaden des wechselseitigen Mißtrauens, der Unsicherheit und der zuweilen extremen Spannung es paradoxerweise die Existenz der absoluten Waffe – der Atom- und der Wasserstoffbombe und der für sie entwickelten Trägersysteme – war, welche das Umschlagen des zu Recht nicht Frieden, sondern Kalter Krieg genannten Zustandes in den Dritten Weltkrieg verhinderte. Es war MAD – die Gewißheit der *Mutually Assured Destruction* für den Fall eines Aktes bewaffneter Gewalt gegen den Gegner oder einen seiner mit ihm verbündeten Klientenstaaten. Als Krieg allerdings hätte man einen Ausbruch jener Zerstörungskräfte, die zur mehrfachen Vernichtung jeglichen menschlichen Lebens auf diesem Planeten geeignet waren, auch nicht mehr bezeichnen können. An ihrem Ende hätte kein menschlicher Friede, sondern nur noch die leere Ewigkeit eines verstrahlten, menschlichem Leben feindlichen Planeten gestanden. Man hätte diese Möglichkeit der Selbstauslöschung der Menschheit daher nur mit religiösen Bildern und Begriffen kennzeichnen können: Apokalypse, Armageddon, atomarer Holocaust.

Unter der Voraussetzung eines natürlichen menschlichen Selbsterhaltungstriebes hätte es sich unter dieser Drohung der Apokalypse möglicherweise noch lange leben lassen – freilich konnte man niemals die Möglichkeit einer Entfesselung der Vernichtungsmittel durch technisches Versagen ihrer hochkomplexen Systeme ausschließen, aber auch nicht vollständig die Fatalität, daß irgendwann einmal erneut ein geistiges und seelisches Monster vom Schlage eines Hitler Verfügung über sie erlangen könnte. Aber bei einem regulären Lauf der Dinge schien der Krieg sich aufgrund der inneren Logik seiner Entwicklung selbst aufgehoben zu haben. Es war tatsächlich nur ein Schein, denn im Schatten der direkten Konfrontation der beiden atomaren Supermächte konnten lokale und regionale Konflikte um so unbesorgter mit konventionellen Waffen ausgetragen werden, je sicherer jeder der beteiligten Staaten sein konnte, unter dem Schutz eines der beiden Welthegemone zu stehen. Unbekümmert um das Gewaltverbot der UNO-Charta konnten diese – in Vietnam und in Afghanistan – unterhalb der Schwelle der direkten Konfrontation gegen kleinere Staaten sogar selbst Krieg führen. Aber auch dies waren im Grunde schon nicht mehr Kriege zwischen Staaten, sondern von außen kommende Unterstützungen innerstaatlicher Bürgerkriegsparteien, oder, im Weltmaßstab, Schlachten eines neuen Welt-Bürgerkrieges und Weltbürger-Krieges, der um das »richtige Leben« und nicht, wie Staaten-Kriege, um die Machtstellung von Staaten geführt wird. Daß es hier nicht nur um Ideen, Ideologien und Gesellschaftsmodelle, sondern auch um geostrategische Interessen ging, versteht sich. Doch selbst wenn man einräumt, daß dabei auch um eine Neuverteilung der Reichtümer dieses Planeten gekämpft wurde – um Öl und Erz und um Handels- und Versorgungswege –, so ändert dies nichts an der Tatsache, daß dabei der Erfolg und die Attraktivität von Gesellschaftsmodellen und Lebensformen auf dem Spiel stand, die jeweils ihre unbedingte und ausschließliche Wahrheit behaupteten.

VII. Wie es nach 1989 zu »neuen Kriegen« kam und warum man sie vom Verbrechen immer weniger unterscheiden kann

Als die Welt dann 1989/90 aus der Starre der über dem gesamten Planeten lauernden nuklearen Todesdrohung erwachte, zerbrach auch das System von Abhängigkeit, Disziplin und ideologischer Gleichschaltung, durch das die Sowjetunion weltweit Völker und Staaten an sich gebunden und in die Front der Auseinandersetzung mit der anderen Weltmacht eingereiht hatte. Damit waren die Voraussetzungen für einen Bürgerkrieg auf globaler Ebene entfallen. Er ist ja nur möglich, wenn um die Ordnung der Welt als ganzer gekämpft wird, niemand beiseite stehen kann und jede kämpfende Seite sich gleichsam als Soldat einer universal richtigen Sache versteht. Das Gegenteil geschah nach der Auflösung des sowjetischen Reiches. Es geschah, was stets nach der Auflösung von Reichen der Neuzeit geschah, die am Ende an ihrem Übermaß an Ausdehnung und Heterogenität scheiterten, sei es das russische, das allerdings zu großen Teilen vom sowjetischen beerbt wurde, sei es das Osmanische, das habsburgische oder selbst auch das britische, das dank des in ihm wirkenden Prinzips der »losen Koppelung« seiner Teile beträchtlich lebensfähiger war als seine kontinentalen Gegenstücke: Von den disziplinierenden Fesseln der zentralen Reichsmacht befreit, welche bislang eine häufig nur widerwillig hingenommene Gemeinschaft mit anderen erzwang, schärfte sich der Sinn für Partikularität und trieb zur kämpferischen Behauptung des eigenen Selbst als eigener und homogener Staat.

Nicht überall gelang die Staatsbildung nach einem Reichszerfall. Sie war noch recht erfolgreich in Europa und im Vorderen Orient im Gefolge der Auflösung des russischen, des Habsburger und des Osmanischen Reiches nach dem Ersten Weltkrieg; doch gelangten die neu errichteten und selbständig gewordenen europäischen Staaten – Polen, Ungarn, die Tschechoslowakei, Rumänien, die baltischen Staaten, um nur einige zu nennen – schon zwanzig Jahre später wieder in den Bannkreis der Erschütterungen des Zweiten Weltkrieges und der in seinem Gefolge errichteten Ordnung von Jalta, in der sie ihre Unabhängigkeit, zum Teil sogar selbst ihre staatliche Existenz wieder verloren. Auch die Entlassung der britischen Kolonien in den Status der Selbständigkeit nach dem Zweiten Weltkrieg führte noch überwiegend zur Errichtung konsolidierter Staaten. Doch legen zum Beispiel bis auf den heutigen Tag der nach der Selbständigkeit Indiens ausgebrochene und in die Gründung Pakistans gemündete Sezessionskrieg oder auch die jahrelange, bis heute andauernde Krise um das vormalige Rhodesien, das heutige Zimbabwe, beredtes Zeugnis für die Schwierigkeiten einer »von außen«, aus Europa kommenden Staatsbildung ab.

Diese zeigen sich mit geradezu quälender Deutlichkeit in der Mehrzahl jener neuen Staaten, die in Afrika in den 60er Jahren des 20. Jahrhunderts aus Kolonien europäischer Staaten – Frankreichs, Belgiens, Portugals und Italiens – hervorgegangen sind. Länder wie Somalia, Ruanda, Republik Kongo, aber auch Angola oder der Sudan gelten allenthalben als die ersten Kandidaten für den von Madelaine Albright geprägten Begriff der *failed states*, der zerfallenen Staaten. Es sind Staaten, denen es nicht gelungen ist, eine dauerhafte stabile innere Ordnung durch die Errichtung einer zentralen Autorität mit Gewalt-, Rechtssetzungs- und Besteuerungsmonopol zu gewährleisten. Solche Staaten gibt es aber heute nicht nur in Afrika. Es gibt sie auch unter den Nachfolgestaaten der Sowjetunion und des ehemaligen Jugoslawien. Nach dem klassischen Verständnis des Krieges als Staatenkrieg sind solche »Staaten« mangels konsolidierten Gewaltmonopols und infolge ihrer daraus resultierenden rechtlichen und faktischen Verpflichtungs- und Verantwortungsunfähigkeit auch zur Kriegführung nicht fähig. Das erweist sich nun aber keineswegs als ein Segen. Denn dieser Tatbestand bedeutet nicht die Abschaffung des Krieges in diesen Teilen der Welt. Er hat im Gegenteil zu Wucherungen furchtbarster Formen von Gewalttätigkeit geführt, vor allem aber die Grenzen zwischen politischer und krimineller Bandengewalt, zwischen Krieg und Verbrechen verschwimmen lassen. Die Menschen in diesen Ländern leben in einer Art Naturzustand, freilich nicht in dem idyllischen eines Rousseau, sondern in dem Alptraum des misanthropischen Realisten Hobbes. Dort ist, um dessen berühmte Charakterisierung zu wiederholen, das Leben »einsam, armselig, ekelhaft, tierisch und kurz«.

Wir sind damit bei den »neuen« Kriegen angelangt. Man kann je nach Betrachtungsweise verschiedene Namen für sie finden. Man kann sie irreguläre Kriege nennen oder schmutzige Kriege, Guerillakriege, Volkskriege,

Bürgerkriege oder nationale Befreiungskriege – jeder dieser Begriffe bezeichnet eine charakteristische Facette. Allen ist gemeinsam, daß es sich bei ihnen nicht um einen zwischen den Streitkräften verschiedener Staaten ausgefochtenen Kampf handelt und sie auch kein Mittel zur Durchsetzung außenpolitischer Ziele eines Staates darstellen. Deswegen sind sie irregulär. Der irreguläre Krieg ist nicht Mittel der Politik eines bereits etablierten staatlichen Gemeinwesens, sondern eine von vielen Erscheinungsformen des Kampfes, durch den ein politisches Gemeinwesen überhaupt erst gegründet werden soll. Dazu gehört zuallererst ein Volk als Träger und alleinige Quelle der Legitimität dieses noch zu erringenden Gemeinwesens, und folglich geht es bei dieser Art von Krieg um die Selbstkonstitution eines Volkes. Soweit dies nur durch die Befreiung von der Besetzung und Beherrschung durch eine koloniale fremde Macht möglich ist, konstituiert sich das neue Staatsvolk durch den und im antikolonialen Befreiungskrieg. In diesem Falle bildet das Volk bereits eine vorstaatliche, in seiner Gesamtheit zur Staatsbildung bereite und auf Staatsbildung gerichtete Einheit, die sich durch den gemeinsamen Kampf gegen die Fremdherrschaft immer wieder selbst befeuert und politisiert.

Von elementarer Wucht und Gewalttätigkeit sind Konflikte in den sich seit dem Ende des 20. Jahrhunderts häufenden Fällen, in denen innerhalb eines Staates oder in einer nach Staatlichkeit strebenden Region unter der dort lebenden Bevölkerung umstritten ist, wer zum Staatsvolk gehören soll. Genauer genommen geht es darum, bestimmte Gruppen von der Bildung des Staatsvolks auszuschließen. Die in einem bestimmten Territorium »eingeschlossenen« Menschen oder häufig auch nur eine bestimmte Gruppe von ihnen lehnen die durch das Territorium begründete Nachbarschaft mit den anderen ab; sie wollen mit ihnen keine politische Gemeinschaft in einem Staat bilden, sondern nur mit denjenigen, die sie als »ihresgleichen« anerkennen. Dies sind in der Regel nur die Angehörigen des eigenen Stammes oder des eigenen Ethnos. So war es in Bosnien-Herzegowina, in Kroatien, in Serbien, aber so war es auch in Ruanda und in Eritrea oder in Tschetschenien und in Armenien. Sie wollen das Territorium nicht mit »den anderen« teilen, und zwar in keinem Sinne der zwei Bedeutungen des Wortes *teilen*: weder es gemeinsam nutzen noch es zwischen sich und ihnen aufteilen mit der Folge, daß die ungeliebten Nachbarn entweder einen eigenen Staat gründen oder innerhalb eines gemeinsamen Staates durch die Garantie von Autonomie oder einer föderalen Union ein eigenes politisches Existenzrecht erhalten.

Wenn sich Staaten in dieser Lage einer unversöhnlichen ethnischen Spaltung befinden und der Konflikt in den bewaffneten Kampf umschlägt, dann geht es nicht (mehr »bloß«) um die richtige Gestalt eines gemeinsamen Staates, wie in den Bürgerkriegen in den USA, in Rußland, in Spanien oder in Griechenland. Diese waren schon blutig und grausam genug. Dann geht es, nachdem das furchtbare 20. Jahrhundert das Tabu des Genozides gebrochen hat, immer häufiger um die »Säuberung« des Territoriums von den anderen durch deren Vernichtung oder Vertreibung. Hier steigert sich der Bürgerkrieg zum physischen Existenzkampf der ausgeschlossenen Gruppen; er ist ethno-nationaler Vernichtungskrieg. Der Konflikt geht nicht um teilbare Güter, über deren Verteilung man einen Kompromiß finden könnte. Das Territorium, obwohl von physischer Natur und daher im physikalischen Sinne teilbar, ist kein teilbares Gut, da es, wie wir gesehen haben, Bestandteil der Identität eines Staates ist. Seine symbolische Bedeutung erlaubt, wenn ethnische Verschiedenheit nicht ertragen werden kann, nur die Steigerung des Konflikts zur wechselseitigen totalen Feindschaft, die nicht im Frieden enden kann, sondern nur in der Vernichtung des Feindes.

Gewiß hat auch das *Cuius-regio-eius-religio*-Prinzip des noch embryonalen Staates des 17. Jahrhunderts eine gewaltsame – in diesem Falle: konfessionelle – Homogenisierung der Bevölkerung betrieben. Doch die jeweiligen konfessionellen Dissidenten hatten immerhin die Wahl zwischen Konversion und Emigration. Die ethnische Zugehörigkeit aber kann man nicht durch Konversion verändern, und so läßt das Programm der ethnischen Säuberung als höchste Steigerung der in der Regel schon vorangegangenen Diskriminierungen nur noch die teuflische Alternative zwischen Vertreibung und Flucht oder dem Genozid.

Kriege dieser Art – der anti-koloniale Befreiungskrieg, der um die Herrschaft im Staate geführte Bürgerkrieg und der ethno-nationale Vernichtungskrieg – bilden Steigerungsformen an Haß, Regellosigkeit und entgrenzter Gewalttätigkeit. Überflüssig zu betonen, daß die Unterscheidung zwischen Kombattanten und Zivilbevölkerung in allen diesen Varianten sinnlos ist, da die gesamte Bevölkerung in diesen Kampf um die Herstellung politischer Einheit einbezogen ist. Das bedeutet, daß jeder einzelne sowohl »Krieger« wie auch »legitimes Kriegsziel« ist. Mehr noch: Die Gewalt ist innerhalb dieses Krieges nicht ein bloßes Mittel zur Überwältigung des Feindes; sie ist immer auch eine Form der Politisierung und Mobilisierung der eigenen Gruppe, nicht selten expressive Erscheinungsform von Politik selbst. Jede Grausamkeit ist erlaubt, ja geradezu erforderlich, um für die Späteren den Mythos eines mit Blut besiegelten Existenz- und Gründungskampfes zu begründen. Der Schrecken, den sie verbreitet, ist erwünscht – als heiliger Schrecken unter den eigenen Leuten, als Terror bei den anderen. Infolgedessen verschmäht diese Gewalt auch die Rechenhaftigkeit der Zweck-Mittel-Ökonomie ihrer Ressourcen. Diese würde nur einen Sinn ergeben, wenn die Gewalt ein Mittel wäre. Das ist sie hier nicht. Sie ist ein Modus des Politischen.

Dennoch spielt die Frage der Ressourcen in diesen Kriegen keineswegs nur eine beiläufige Rolle. Sie ist gerade für die von ethno-nationalen Vernichtungskriegen heimgesuchten Staaten der Gegenwart von zentraler Bedeutung. Denn in jenen Regionen hat sich, wie insbesondere Mary Kaldor beobachtet hat, eine dem moralischen Niveau der dort vorherrschenden Gewalttätigkeit entsprechende spezifische »Ökonomie der neuen Kriege« herausgebildet. Denn es walten dort keineswegs nur ideelle, wenn auch jegliche Vernunft abweisende, wahnhafte und mörderisch verblendete Motive der ethnischen Reinheit. Es geht immer auch um die Aneignung der von den Opfern zurückgelassenen Güter, ihrer Häuser, ihrer Wertsachen und ihrer Berufspositionen – es geht immer auch um eine großangelegte Räuberei. In Deutschland ist übrigens über diese Seite der Judenverfolgung angesichts der Furchtbarkeit des dann folgenden industriellen Massenmordes ein gnädiger Schleier des »Beschweigens« oder Vergessens gefallen – welch ein Schrecken würde andernfalls manch eine bürgerlich-reputierliche Familie auch heute noch heimsuchen!

In der Wirklichkeit der heutigen ethno-nationalen Bürger- und Vernichtungskriege gehört der Raub in den verschiedensten Varianten dagegen zur täglichen Normalität. Denn in den betroffenen Staaten ist fast jede einigermaßen normale Wirtschaftstätigkeit zusammengebrochen. Die Erosion staatlicher Autorität führt zum Unvermögen einer geordneten Steuererhebung, als dessen Konsequenz dem Staat zunehmend die Mittel fehlen, den Schutz von Leib und Leben der Bevölkerung zu gewährleisten, so daß dieser nun auf die verschiedenste Weise privatisiert wird: durch Korruption, durch systematische Schutzgelderpressung oder durch die Verselbständigung von Teilen von Polizei und Militär und deren Verwendung auf eigene Rechnung, das heißt auf Rechnung der Kommandeure. Wo sich die Gelegenheit bietet, etablieren sie sich zudem als Unternehmer im meist grenzüberschreitenden Handel mit Drogen und Waffen und im Geschäft der Geldwäsche. In manchen Gegenden sind auch Entführung und Lösegelderpressung regulärer Teil der örtlichen Ökonomie. Hinzu kommen die Erwerbschancen, die sich durch den enormen Zufluß humanitärer Hilfe in die meisten dieser schwachen oder zerfallenen Staaten eröffnen. Sie reichen von der direkten gewaltsamen Ausraubung der Hilfskonvois oder der Vorratslager über die Erhebung von »Zöllen« durch Errichtung von »Grenzposten« bis hin zur Aushandlung von Beuteanteilen für die Chefs der jeweiligen Banden. Nicht zuletzt auch findet ein großer Teil der an die Regierung gezahlten Mittel ausländischer Regierungen oder internationaler Organisationen seinem Weg in diese Kanäle.

Hand in Hand damit erodieren mit zunehmender Dauer eines Bürgerkrieges und einer zerfallenen Staatlichkeit die Ordnungselemente einer Friedensökonomie. Friedensökonomie bedeutet Vertrauen in die Stabilität der gegebenen Ordnung und darauf gegründete Bereitschaft zur Investition in die Zukunft. Unter Bedingungen der radikalen Zukunftsungewißheit eines Bürgerkrieges schwinden Kredit – der ökonomische Ausdruck für Vertrauen – und Investition, schrumpft die Sphäre rechtlich geordneter Märkte und die Chance einer Beschäftigung in Feldern regulären Wirtschaftens. Zunehmend wird es attraktiver, den Lebensunterhalt in den sich ausweitenden Feldern der Schattenökonomie und der vielfältigen kleinen und großen Kriminalität zu sichern. Eine neue Schicht von Verbrechens-Unternehmern und deren Klientel entsteht und drängt etwaige Reste einer Friedensökonomie vollends an den Rand. Der Kreis schließt sich.

Augenscheinlich verschwimmen hier die Grenzen zwischen Politik und Verbrechen. Was aber noch folgenreicher ist: Es verschwimmt auch die Grenze zwischen Krieg und Verbrechen. Es ist nicht mehr deutlich, ob Diebstähle,

Überfälle, Räubereien, Erpressungen, Entführungen, Drogen-, Waffen- und Menschenhandel sowie Geldwäsche schmutzige, aber in Notzeiten unverzichtbare Mittel der Versorgung einer um die politische Macht kämpfenden Gruppe mit kriegswichtigen Einkünften sind oder umgekehrt ob das organisierte Verbrechen sich quasi-militärisch und pseudo-politisch camoufliert und dadurch eine neue Stufe der Professionalisierung erklommen hat. Man weiß nicht, ob das Verbrechen ein Mittel der Politik und des Krieges oder ob die Politik und der Krieg ein Mittel des Verbrechens sind. Sind Karadzič und Mladič Chefs krimineller Schmuggler- und Geldwäscherbanden, die sich mit bewaffneter Gewalt das für ihre Geschäfte günstige politische Umfeld schaffen und daher für eine eigene serbische Republik in Bosnien kämpfen? Oder sind sie politisch-militärische Führer eines ethno-nationalen Feldzuges, die ihren Krieg mit illegalen Transaktionen finanzieren? Vielleicht ist das eine haarspalterische Frage, zumal sich nach einer gewissen Zeitdauer beide Varianten vollends nicht mehr werden unterscheiden lassen. Immerhin, einer an der Wiederherstellung einer funktionierenden Staatlichkeit in einem solchen Land interessierten internationalen Gemeinschaft dürfte es bei der Abschätzung der Chancen, dem Land durch politische Vermittlung und materielle Güter zu helfen, nicht gänzlich gleichgültig sein, ob es sich bei ihren Gesprächspartnern aus dem Lande in erster Linie um Verbrecher mit Investments in der politisch-militärischen Sphäre oder um Politiker handelt, die ihre Macht schmutzigen Geschäften verdanken.

Die Antwort muß für jedes Land gesondert gefunden werden. Doch wie immer sie ausfallen wird, Bedingung für die Befriedung des Landes ist die (Wieder-)Herstellung seiner Staatlichkeit. Die politische Wahrheit ist paradox: Ohne Staat gibt es keinen Krieg, aber ohne Staat gibt es auch keinen Frieden. Ohne Staat kann der Krieg nicht in einen Frieden überführt werden. Der staatenlose Zustand ist der ewige Krieg. Der staatliche Zustand ist zwar keineswegs der ewige Friede; aber er birgt doch die Möglichkeit, einen Krieg in einen – wenn auch nur temporären – Frieden zu überführen.

Die »neuen Kriege« kann man nicht abschaffen, indem man die Kriegsparteien militärisch bekämpft. Wen soll man denn angreifen, wenn es keine nach außen erkennbaren Streitkräfte gibt und wenn jeder Zivilist ein potentieller Krieger ist? Es ist auch zu berücksichtigen, daß es nicht ein einheitliches Muster zerfallener Staatlichkeit gibt; die Pathologie moderner Staatlichkeit weist vielmehr eine traurige Vielfalt auf. Der britische Politikwissenschaftler K. J. Holsti, ein sachkundiger Beobachter und kluger Analytiker der neueren Entwicklung der internationalen Verhältnisse, unterscheidet fünf Fälle: Im *anarchischen Staat* gibt es keine zentrale rechtsseetzende und Recht garantierende Autorität, es ist der Staat der Regellosigkeit; im *Phantomstaat* gibt es zwar eine formelle zentrale Autorität, doch fehlt ihr die Kontrolle über den Gewaltapparat, insbesondere über das Militär, das nach seinem Belieben schaltet und waltet; dem *anämischen Staat* fehlt die Infrastruktur, dank derer er elementare Leistungen für die Bevölkerung (Wasser, Energie, Schulbildung und dergleichen) erbringen könnte; der *abgetriebene Staat* ist die formal zur Unabhängigkeit entlassene ehemalige Kolonie, die jedoch Staatsniveau nicht erreicht; und schließlich der *kollabierte Staat*, der dem Bankrott verfallen ist und zur Erbringung elementarer Leistungen wie physischer Sicherheit und Verläßlichkeit des Rechtsverkehrs nicht mehr in der Lage ist. Die Merkmale überschneiden sich häufig, addieren sich jedoch in ihrer Gesamtheit zu dem kläglichen Eindruck von Gebilden, die mangels einer effektiven und legitimen Autorität nicht nur zur Wahrung von Sicherheit und Frieden unfähig sind, sondern zu ihrem weiteren Unglück auch noch hilflos allen möglichen Naturkatastrophen wie langanhaltenden

Dürreperioden, Überschwemmungen,Heuschreckenschwärmen und Vulkanausbrüchen ausgesetzt sind, von denen viele dieser Länder noch zusätzlich und in den letzten Jahren in beängstigend zunehmender Häufigkeit und Intensität heimgesucht werden.

VIII. Warum man über den Zerfall des Staates nicht frohlocken kann

Was hat das alles mit dem Krieg zu tun? Was kümmert es uns, wenn »hinten, weit, in der Türkei, die Völker aufeinander schlagen«, die Menschen einander gegenseitig abschlachten und in Staaten, von denen wir häufig nicht einmal wissen, wo genau sie eigentlich liegen, Bandenchefs zu Staatsoberhäuptern avancieren? Tatsächlich könnte manch einer geneigt sein, aus der sicheren Entfernung der wohligen Ordnung in den entwickelten Ländern des Westens diese Weltgegenden sich selbst in ihrem Sumpf aus Gewalt, Korruption und räuberischem Banditentum zu überlassen. Ein etwaiges schlechtes Gewissen ließe sich mit dem Hinweis auf das Völkerrecht beruhigen, das eine Intervention in die inneren Angelegenheiten anderer Staaten nicht zuläßt. Doch was sind heute schon »innere Angelegenheiten« in einem Gebilde, dem keinerlei staatliche Wirklichkeit entspricht und das häufig nur noch dank der Registrierung bei der UNO den ehrwürdigen Titel eines Staates trägt?

Es ist keine bloße Frage der terminologischen Konvention, ob man die Gewalttätigkeiten im ehemaligen Jugoslawien, in Somalia, in Ruanda, Uganda, im Sudan, in Armenien oder in anderen zerfallenen oder von Zerfall bedrohten Staaten als Kriege bezeichnet, als Bürgerkriege, als Verbrechen oder als komplexe humanitäre Katastrophen. Für unsere moralischen, politischen und juristischen Kategorien sind das Unterschiede mit bedeutsamen Konsequenzen. Wenn wir feststellen müssen, daß diese begrifflichen Unterscheidungen die Wirklichkeit nicht mehr angemessen beschreiben, wir diese Wirklichkeit also noch nicht begriffen haben, dann müssen wir unser theoretisches Instrumentarium wohl einer kritischen Überprüfung unterziehen. Mit Bestimmtheit können wir immerhin sagen, daß jene bewaffneten Konflikte keine »klassischen« Kriege waren, also bewaffnete Auseinandersetzungen zwischen den als solchen gekennzeichneten und unter einer verantwortlichen militärischen Führung stehenden Streitkräften verschiedener Staaten. Gewiß ist auch, daß sie die Weltgemeinschaft nicht nur aus humanitären Gründen betreffen, sondern auch deswegen, weil sie Auswirkungen auf die internationale Sicherheit haben.

Was sonst aber hat uns der kurze Rundgang durch die Geschichte des Formwandels bewaffneter Gewalt gelehrt? Wir können wohl der Einsicht nicht ausweichen, daß der von Clausewitz in klassischer Weise abgehandelte Staatenkrieg auch während der Epoche der Staatlichkeit selbst nur einen Ausschnitt aus der Gesamtheit der bewaffneten Gewalttätigkeiten darstellt, in die moderne Gesellschaften verstrickt waren. Wenn im »westfälischen Staatensystem« der Krieg ein durch das Völkerrecht bestimmtes Rechtsverhältnis zwischen Staaten war, so bezogen sich diese Regeln ohnehin nicht auf außereuropäische Gebiete und Reiche, also zum Beispiel auf das Osmanische Reich oder auf die mit militärischer Gewalt eroberten und zu Kolonien deklarierten außereuropäischen Territorien der europäischen Mächte. Hinzu traten gewaltsame innerstaatliche Rebellionen, Revolutionen und Bürgerkriege, die im 19. und in der ersten Hälfte des 20. Jahrhunderts noch weitgehend als innerstaatliche Angelegenheit angesehen wurden und jedenfalls nicht oder kaum das internationale Recht betrafen. Nun aber dominieren bewaffnete Auseinandersetzungen innerhalb von Staaten, die zunehmend eine internationale Dimension annehmen.

Man kann diese Entwicklung als Zeichen der Krise der Staatlichkeit erklären, die in der fast täglich länger werdenden Liste zerfallener Staaten einen beredten Ausdruck gefunden zu haben scheint. Sie würde uns darüber hinaus die pessimistische Schlußfolgerung nahelegen, daß man offenbar eher Staaten abschaffen kann als den Krieg.

In der Geschichte der Menschheit, nicht nur in den letzten vierhundert Jahren, ist der Krieg wie ein Schatten ein ständiger Begleiter durch die Höhen und Tiefen ihrer Entwicklung gewesen. Vielleicht ist er wie der Tod: Er ist eine Grenzsituation, die der Mensch fürchtet und vielleicht sogar haßt und auf die hin er doch sein Leben einrichtet. Krieg und Tod sind ja aufs engste verwoben: Im Krieg wird das Töten, das die Religion, die Ethik und das Recht ansonsten verbieten, nicht nur erlaubt, sondern geradezu zu einer Tugend. Ebenso das Getötetwerden: Die Selbsttötung gilt in den meisten Kulturen als krank oder als sündig; der durch ein Verbrechen oder ein Unglück erlittene Tod ist sinnlos. Doch der im Krieg erlittene Tod wird gepriesen, zumindest gerechtfertigt; er ist nicht Unrecht, nicht Unglück, sondern voller Bedeutung. Vielleicht ist der Krieg, der ja eine Erfindung des Menschen ist und den es in der Tierwelt nicht gibt, auch eine unbewußte Reaktion auf das nur ihm, dem Menschen eigene Wissen um seine Endlichkeit und die Unausweichlichkeit seines Todes? Vielleicht bietet er die Möglichkeit, der Unausweichlichkeit und Sinnlosigkeit des Todes als einer individuellen, unteilbaren, einsamen und angsterzeugenden Erfahrung durch dessen Einbettung in eine Gemeinschaftserfahrung einen Sinn zu geben? Könnte dies erklären, warum der Krieg von den Menschen immer als ein unseliges Fatum gehaßt, gefürchtet und als zu vermeidende Ausnahme angesehen worden ist und zugleich doch von ihm bis auf den heutigen Tag ebenso kontinuierlich niemals als sein schattenhafter Begleiter abgeschüttelt werden konnte – wie der Tod?

Oder gibt es so etwas wie einen entwicklungsgeschichtlichen Sinn des Krieges? Gewiß nicht den auf die Tier- und Pflanzenwelt bezogenen darwinistischen Sinn eines *survival of the fittest*, da die der Menschheit eigene Fähigkeit zu moralischen Unterscheidungen und zu moralischer Entwicklung schwerlich mit den ganz anderen Fähigkeiten vereinbar ist, die für das Überleben in einer feindlichen Umwelt gefordert sind. Und daß der Krieg – nach einem alten Vorurteil der »Vater aller Dinge« – ein Instrument der Vorsehung zur Entfaltung der besten Eigenschaften des Menschen sein sollte, könnte nur meinen, wer vor dem erschreckenden Ausmaß der durch ihn möglich gemachten sittlichen Verwahrlosungen die Augen verschließt. Es bliebe allenfalls die Erklärung, daß der Mensch, bekanntermaßen ein instinktarmes biologisches Mängelwesen ohne Tötungshemmung gegenüber den Angehörigen der eigenen Gattung, im Krieg für bestimmte Phasen seines Lebenszyklus von den moralischen Anstrengungen und der Disziplin, die der ihm zur Kompensation seines Instinktmangels auferlegte Zivilisationsauftrag abverlangt, gewissermaßen eine Auszeit nimmt und sich – moralisch, gewiß nicht physisch – entspannt. Der Krieg wäre dann ein Beitrag zur Zivilisation durch deren temporäre Außerkraftsetzung, die Ausnahme, die die Regel bestätigt und stützt, gleichsam der regelmäßig stattfindende Karneval der menschlichen Kulturentwicklung. Das könnte erklären, daß die Menschheit rechtzeitig vor der Stufe ihrer Entwicklung, in der das Zerstörungspotential des Krieges die Zivilisation insgesamt hätte zerstören können, zurückgeschreckt und gewissermaßen zur »kleinen«, lokalen oder regionalen, jedenfalls nicht die Menschheit als Ganze gefährdenden Gewalttätigkeit zurückgekehrt ist.

Es ist zweifelhaft, ob uns solche Erklärungen weiterhelfen. Sie sind vermutlich mit zuviel Metaphysik und Geschichtsphilosophie beladen. Man kann näherliegende Erklärungen finden, sowohl für die fast vollständige Eliminierung des Staatenkrieges als auch für die Ausbreitung der »neuen Kriege« vorwiegend in den Ländern der Dritten Welt.

In Europa, dem Erdteil, der in den letzten vierhundert Jahren vermutlich die meisten Kriege erlebt und erlitten hat und zum Teil auch durch nationalistisch geschürte Feindschaften von Staaten und Abneigungen von Völkern gegeneinander gekennzeichnet war, haben die Staaten seit über einem halben Jahrhundert keine Kriege gegeneinander geführt. Der Grund liegt darin, daß sie durch die frei gewählte Einbettung in einen wechselseitigen Rechtszustand – ganz im Sinne des Kantschen Weltrepublikanismus – Beziehungen des Vertrauens entwickelt haben, die die wesentliche Ursache des Krieges zwischen Staaten beseitigt haben: das Mißtrauen, das die heute zur Dummheit mutierte Weisheit des *Si vis pacem para bellum* erzeugt hat. Strukturen der Erwartungssicherheit und des Vertrauens ermutigen also die Staaten dazu, in ihrem Verhalten zueinander Strategien der Kooperation und des Interessenausgleichs einer für alle Beteiligten nachteiligen bewaffneten Auseinandersetzung vorzuziehen – in einer solchen Ordnung ist der Frieden rational, nicht der Krieg. Die Menschen handeln bekanntlich nicht stets rational, aber Staaten folgen doch weitgehend dem Muster der in den Lehrbüchern beschriebenen rationalen Akteure – Macchiavelli nannte das Staatsräson, heute spricht man von nationalen Interessen. Eine staatliche Verfaßtheit von Völkern ist daher immer auch eine Vorkehrung zur Abkühlung kollektiver Irrationalitäten.

Gleichsam *ex negativo* kann man daher die »neuen Kriege« als die Erscheinungsformen mißglückter oder zerfallener Staatlichkeit erklären. Ohne die Erwartungssicherheit schaffende Gewißheit des Rechts kann kein Vertrauen zwischen einander Fremden entstehen. Die evolutionäre Leistung des – übrigens auch in Europa, in seiner modernen Staatlichkeit, entstandenen – modernen Rechts besteht geradezu in seiner Funktion, Vertrauen zuverlässig und auf Dauer unter Fremden und über große Distanzen zu erzeugen und zu bewahren. Bis dahin war Vertrauen eine Angelegenheit des menschlichen Nahbereichs: in der Familie, in der Nachbarschaft, unter Freunden. In einer feindlichen Umwelt, die feindlich schon allein dadurch ist, daß sie so viel Fremdes enthält, das man nicht kennt und das man daher schon aus einem instinktiven Selbsterhaltungsbedürfnis heraus fürchtet, schafft daher die gewisse Zugehörigkeit zum selben Stamm das Vertrauen, das man gegenüber dem Fremden nicht haben kann. Diese anthropologische Grundgegebenheit von Angst vor dem Fremden, Mißtrauen und Suche nach Sicherheit in der Vertrautheit des eigenen Stammes, der Gruppe der Gleichartigen, ist in der Neuzeit durch den Staat und das von ihm geschaffene und durch sein Gewaltmonopol garantierte abstrakte Recht in die »zivilisierten« Verhältnisse der Moderne überführt worden. »Zivilisiert« meint hier einen Zustand, in dem die Menschen nicht als Blutsverwandte und Stammesbrüder, sondern als Bürger – *cives* – miteinander in gesellschaftlichen Verkehr treten, das heißt, auch als Fremde untereinander Vertrauen haben konnten – nicht das persönliche Vertrauen von Mensch zu Mensch, sondern das unpersönliche Vertrauen von Bürgern eines durch Recht konstituierten politischen Gemeinwesens.

So ist es denn nicht erstaunlich, daß die Menschen Zuflucht bei ihren primordialen Stammeszugehörigkeiten und -solidaritäten suchen, sobald die staatliche Ordnung mit ihren Garantien von physischer Sicherheit, Rechtssicherheit und der Gewährleistung eines Minimums an Leistungen der Daseinsfürsorge zusammenbricht und in den Taumel einer Abwärtsspirale, in das mörderische Chaos gerät: Die Dynamik mag ganz »harmlos« mit Klientelismus, Korruption, Steuerverweigerung und -hinterziehung beginnen, beschleunigt sich mit Beraubung des Staates um sein Vermögen durch »Privatisierung«, ergreift allmählich infolge der Unfähigkeit, das Staatspersonal zu bezahlen, die staatliche Substanz, setzt sich in der allmählichen Informalisierung der Wirtschaft fort, die zunehmend durch den neuen Verbrecher-Unternehmertypus beherrscht wird, der, nach dem berühmten Dichterwort, die Bank nicht mehr ausraubt, sondern betreibt, die Vertriebswege des Schwarzmarktes kontrolliert und meist auch noch die Verbindungen zu den internationalen Kartellen des Drogen- und Waffenhandels hält. Er ist häufig zugleich auch der politische Unternehmer des Ethno-Nationalismus, zumindest mit diesem aufs engste verwoben. Damit sind alle wesentlichen Bedingungen beisammen, die eine widerstandslos gewordene Gesellschaft der Beherrschung, Beraubung und Terrorisierung durch die moralisch verwahrlosesten Subjekte ausliefern. Gewiß sind die Wechselwirkungen zwischen Staatszerfall und ethno-nationalistischen Bürger- und Vernichtungskriegen komplexer; doch es ist ebenso gewiß, daß allfällige gesellschaftliche Spannungen und Konflikte um so weniger wahrscheinlich die Gestalt von Stammes- oder Ethno-Konflikten annehmen, je zuverlässiger eine funktionierende Staatlichkeit die Basisversorgung der Bevölkerung mit elementaren Daseinsleistungen gewährleistet.

Diese beiden Welten – hier die euro-atlantische Sphäre, die den Kantschen ewigen Frieden kraft eigener zivilisatorischer Leistungen praktisch erreicht hat, dort die afrikanischen und eurasischen Elendsregionen, deren Armut die Schrecknisse immer neuer Kriege gebiert – könnten unterschiedlicher nicht sein. Es mag sein, daß die Erde mittlerweile ein globales Dorf geworden ist; wenn das so ist, dann gibt es in diesem Dorf jedenfalls Quartiere, die von den wohlhabenderen Bewohnern der bürgerlichen

Wohnviertel niemals betreten werden. Das Elend, das ihnen dort entgegenschlägt, könnten sie kaum ertragen.

IX. Wie der Terrorismus freie Bürger in willenlose Schafe zu verwandeln trachtet

Bei diesem Stand der Dinge dieser Welt hätte man sich am Anfang des Jahres 2001 – dem Beginn des neuen Säkulums und zugleich auch des dritten christlichen Milleniums – kaum vorstellen können, daß es je einen Krieg zwischen einem konsolidierten und einem zerfallenen Staat geben könnte. Warum sollte ein wohlgeordneter, den Normen des internationalen Rechts verpflichteter und in das immer dichter werdende Geflecht seiner Wechselseitigkeiten eingebundener Staat einen schwächelnden wirtschaftlichen, politischen und militärischen Zwerg, der sich kaum auf den eigenen Beinen halten kann, militärisch angreifen? Welches staatliche Interesse sollte es geben können, das durch einen militärischen Angriff auf einen solchen wankenden Zwerg befriedigt werden könnte? Und wenn es eines geben sollte, wieso sollten dann die einem mächtigen Staat zur Verfügung stehenden Instrumente internationaler Wirtschaft, Politik und Diplomatie nicht ausreichen, dieses durchzusetzen? Noch phantastischer mußte die gegenteilige Vorstellung erscheinen, daß ein konsolidierter Staat von einem zerfallenen Staat angegriffen werden könnte. In das kollektive Unbewußte der Menschheit ist zwar der alttestamentarische Mythos von David und Goliath eingeschrieben, der unser Gemüt mit der wunderbaren Überwältigung des tapsigen Riesen durch den listigen Zwerg wärmt – aber was hat das mit den Machtverhältnissen unseres Zeitalters zu tun? Und war der alttestamentarische Goliath nicht sowohl dumm als auch bösartig?

Und doch sind beide Ereignisse, von denen jedes für sich bereits ganz unwahrscheinlich war, am Ende des Jahres 2001 Wirklichkeit geworden. Das hängt damit zusammen, daß die Entgrenzung des Krieges eine neue Stufe erreicht hat. Die Geschichte des modernen Krieges hat gezeigt, daß seine strikte Trennung von der Sphäre des zivilen Lebens fortschreitend zugunsten einer die gesamte Gesellschaft durchdringenden »Totalisierung« aufgehoben worden ist. Die amorphen Gewalttätigkeiten in zerfallenen Staaten und deren Zerfließen mit dem organisierten Verbrechen in den »neuen Kriegen« haben den klassischen, von Clausewitz vorausgesetzten Begriff des Krieges weitgehend zur Auflösung gebracht. Doch nun scheint sogar diesem Zustand gegenüber noch eine Steigerung des Verfalls möglich zu sein: der Terrorismus »strategischer Selbstmordattentäter«, wie Elwert die Angreifer des 11. September genannt hat.

Terrorismus ist eine relativ neue Erscheinungsform des politischen Kampfes. Er kann zu seiner vollen Entfaltung erst in modernen massendemokratischen Gesellschaften gelangen. Er benötigt eine von demokratischer Legitimität abhängige politische Führung sowie den Resonanzboden einer empfindlich reagierenden, für Bilder empfänglichen Öffentlichkeit. Die Attentate russischer Anarchisten auf den Zaren und auf andere Repräsentanten des autokratischen Regimes am Ende des 19. und Beginn des 20. Jahrhunderts mögen die führenden Kreise des Reiches »terrorisiert« haben, sie waren aber nicht Akte des Terrorismus. Diesen kennzeichnet die Anwendung oder Androhung von Gewalt gegen unspezifische Objekte mit dem Ziel der Erzeugung von diffus-öffentlicher Angst. Solch eine Angst entsteht, wenn eine unbestimmt große Zahl von Menschen fürchtet, jederzeit das Opfer eines vorsätzlichen Gewaltaktes zu werden, weil es den vorhandenen Institutionen nicht gelingt, die Menschen zu schützen oder ihnen doch zumindest das Vertrauen zu geben, daß sie geschützt sind.

Obwohl sich Terroristen in ihren Verlautbarungen nach irgendwelchen Aktionen gerne als »Kämpfer« oder als »Kommando« bezeichnen und damit eine militärische Kampfweise suggerieren, ist das Gegenteil der Fall: Sie tragen ihre Waffen nicht offen, sie agieren aus dem Hinterhalt, und sie machen keinen Unterschied zwischen Kombattanten und Zivilbevölkerung.

Der teuflische Hintersinn des Terrorismus liegt darin, daß er die unterschiedslose Gewalt als ein Mittel der Erzeugung eines Gefühles der Gemeinsamkeit und der Gemeinschaft unter den Bedrohten benutzt, auch wenn diese Gefühle nichts anderes sind als Angst und Schrekken. Der Terrorismus schafft dann, wenn er erfolgreich ist, gewissermaßen eine perverse Alternative zur bestehenden politischen Gemeinschaft des Staates, indem er die Gemeinschaft freier Bürger in eine Horde verängstigter und willenloser Schafe verwandelt.

In dieser »reinen« Form dürfte es allerdings den Terrorismus bisher nur in äußerst seltenen Fällen gegeben haben. Denn meist überlassen die Terroristen die von ihnen angegriffenen Ziele, insbesondere die von ihnen getöteten Personen, nicht dem Zufall. Sie wollen hervorgehobene Symbole der von ihnen bekämpften Ordnung treffen, um einen Keil zwischen die »Massen«, in deren Namen sie zu kämpfen behaupten, und das »System« zu treiben – dies ist die »linke« Variante des Terrorismus. Beispiele der jüngeren Geschichte sind die Aktionen der Roten Brigaden in Italien oder der Roten- Armee-Fraktion in Deutschland in den 70er Jahren des vergangenen Jahrhunderts. Die »rechte« Variante, die es in einigen bis heute nicht restlos aufgeklärten Aktionen in Italien etwa zur selben Zeit gegeben hat, entspricht dagegen weitgehend dem hier skizzierten Idealtypus.

Es gibt Zwischenformen wie den Terror der ETA, der IRA, der palästinensischen Hamas und ihrer Verwandten, doch soll das hier nicht weiter vertieft werden. Zur Vermeidung von Verwechslungen ist jedoch auf eine Variante bewaffneter Konflikte hinzuweisen, die häufig als Terrorismus bezeichnet wird, aber von dessen hier skizziertem »reinen« Typus in bedeutsamer Weise abweicht. Ich meine die gegen die europäischen Kolonialmächte gerichteten bewaffneten Kämpfe insbesondere der 50er und 60er Jahre des vergangenen Jahrhunderts. Soweit die meist als nationale Befreiungsarmee oder -front organisierten illegalen Gruppen ihre Waffen nicht offen trugen und ihre Ziele aus dem Hinterhalt angriffen, wendeten sie damit Methoden an, die für Terroristen charakteristisch sind. Auch bedienten sie sich gerne spektakulärer Aktionen, die die bekämpfte Macht lächerlich und hilflos aussehen ließen; die öffentliche Wirkung ihrer Aktionen war, ebenso wie bei Terroristen, Teil ihrer Schlagkraft, die militärische und politische Elemente miteinander verband. Allerdings, und hier endet die Ähnlichkeit mit dem Terrorismus, bezweckten die Aktionen nicht die Erzeugung öffentlicher Angst, sondern im Gegenteil Einverständnis, Bewunderung, Stolz in der Bevölkerung auf »ihre« Kämpfer. Hier ging es nicht um die systematische Lockerung eines Loyalitäts- und Legitimitätsbandes zwischen der politischen Macht und der Bevölkerung – dieses dürfte kaum in nennenswertem Umfange bestanden haben –, sondern um ein Zusammenschweißen des eigenen Volkes zu politischer Einheit und – dies der militärische Aspekt – die Zermürbung des militärischen Potentials der Besatzungsmacht.

Zur Logik dieser irregulären Form des Konfliktes gehörte, daß die Kämpfer der Befreiungsbewegung in der Regel nur militärische Ziele, insbesondere die Streitkräfte der Kolonialmacht, angriffen. Diese waren die Verkörperung und der Machtkern der Fremdherrschaft. Im Gegensatz zum Terrorismus und seiner bloß angemaßten und aufgeblasenen militärischen Terminologie sind hier militärische Begriffe durchaus angemessen. Bekanntlich hat diese Form des bewaffneten Kampfes durch ein Zusatzprotokoll zu den Genfer Abkommen mittlerweile eine begrenzte Anerkennung im internationalen Recht erhalten. Dort werden als internationale bewaffnete Konflikte nun auch Situationen angesehen, »in denen Völker gegen Kolonialherrschaft und fremde Besetzung sowie gegen rassistische Regimes in Ausübung ihres Rechts auf Selbstbestimmung kämpfen«. In ihnen gelten daher die Regeln des internationalen Rechts – denen des Kriegsrechts und denen des humanitären Völkerrechts. Solche Konflikte sind damit nicht mehr nur eine Angelegenheit des innerstaatlichen Polizei- und Strafrechts.

X. Warum die Aktionen des 11. September Verbrechen von abgefeimter Bösartigkeit waren, aber nicht durch einen Krieg gegen die Verbrecher gesühnt werden können

Für den Terrorismus kann das nicht gelten. Nach allen Kriterien des Rechts und den Rationalitätsmaßstäben der internationalen Politik kann es nicht zweifelhaft sein, daß der Terrorismus »reinen Typs« eine Erscheinungsform der Kriminalität darstellt und daher nach den Regeln des innerstaatlichen Polizei- und Strafrechts zu behandeln ist. Seine »politische« Zielrichtung – die Zerstörung der legitimen und effektiven Ordnung eines Staates oder einer Staatengruppe – ändert nichts an seinem rein kriminellen Charakter und der daraus folgenden Zuständigkeit der staatlichen Strafgerichtsbarkeit. Selbst ein Verbrechen von einem Ausmaß an Scheußlichkeit, das eine Regierung ins Wanken brächte, könnte die Verbrecher nicht auf gleiche – rechtliche, politische, moralische – Augenhöhe mit der legitimen politischen Macht katapultieren. Zu einem »politischen« Konflikt innerhalb eines Staates qualifizieren sich nur jene Gruppen und Institutionen, die ihre Legitimität zu politischem Handeln, das heißt zur Gestaltung des Gemeinwesens mit dem Mittel der Macht, aus derselben Quelle schöpfen, auf der das Gemeinwesen insgesamt beruht, nämlich aus dem – freiwillig gewährten – Vertrauen des Volkes. Eine Gruppe, die diese Quelle vergiften will, mag von der Stärke ihrer Machtmittel her in der Lage sein, sich als Bürgerkriegspartei zu etablieren – solange der Staat existiert, muß er sie als Straftäter behandeln. Beginnt er einen diplomatischen oder militärischen Verkehr mit ihnen, so hat er damit die Einheit des Staates und damit sich selbst bereits aufgegeben.

Für den internationalen Terrorismus gilt nichts anderes. Auch er kann nicht etwa durch den grenzüberschreitenden Charakter seiner Aktionen seinen rein kriminellen Charakter abstreifen und in die Liga der Weltpolitik aufsteigen. Das gilt auch für Bin Laden, selbst wenn er mittlerweile zu einer globalen Zelebrität und vielleicht sogar zu einem weltweit gefürchteten Machtfaktor geworden sein mag. Zu Recht hat der Sicherheitsrat der UN in seiner Resolution vom 28. September 2001 festgestellt, daß der internationale Terrorismus eine »Bedrohung des Weltfriedens und der internationalen Sicherheit« darstelle, gleichzeitig aber alle Staaten aufgefordert, alle Handlungen des Terrorismus als »schwere Straftaten nach ihren innerstaatlichen Gesetzen« zu verfolgen. In der heutigen Welt gehen Bedrohungen des Friedens und der Sicherheit nicht mehr nur von Staaten und zwischenstaatlichen Konflikten aus, sondern auch vom grenzüberschreitenden vagabundierenden Verbrechen, das sich seine nach wie vor erforderlichen ortsfesten territorialen Basisstationen vorzugsweise in den sumpfigen Untiefen zerfallener Staaten errichtet.

Es bedarf keiner großen Unterscheidungskraft, um zu erkennen, daß die Aktionen des 11. September mit antikolonialen Befreiungskriegen nicht das geringste zu tun haben. Niemand hat das im übrigen auch behauptet, am wenigsten deren Planer und Drahtzieher selbst, die bezeichnenderweise auch Monate danach nicht den geringsten Versuch einer Erklärung der abscheulichen Handlungen unternommen haben. Folgt daraus, daß sie der Kategorie des Terrorismus zugeordnet werden können? Öffentlichen Schrecken haben diese beispiellosen Akte unterschiedsloser Gewalt gegen eine arglose Zivilbevölkerung weltweit hervorgerufen. Aber handelt es sich um eine Aktion im Rahmen eines politischen Kalküls? Die vollkommene Sprachlosigkeit ihrer Urheber scheint sie vielmehr geradezu zum Paradigma jener »Leere im Zentrum des Terrors« zu machen, die Hans Magnus Enzensberger in seiner luziden Analyse des Mordes an Olof Palme als äußerste Steigerungsform des Terrorismus erkannt hat. Jeder Versuch einer Erklärung wäre dann sinnlos, denn nach seiner Deutung ist der Terror nichts anderes als eine besonders bösartige Erscheinungsform einer sozialen Pathologie der modernen Zivilisation. Er entziehe sich allen nachvollziehbaren Motiven. Er wäre dann immer noch, wie Enzensberger sagt, zu bekämpfen, ließe sich aber nicht ausrotten, solange man nicht die »psychische Verfassung des Ganzen« ändern kann. So müßte dann, um den Gedanken Enzensbergers fortzuspinnen, die Welt als Ganzes »die Einrede der Unzurechnungsfähigkeit« erheben, wenn wir versuchten, in den Aktionen des 11. September irgendeinen Sinn zu erkennen.

Selbst wenn die Untaten des 11. September tatsächlich jener Fall eines leeren Gewaltaktes wären, den Enzensberger dieser Welt inzwischen zutraut, müßten wir uns um so dringlicher Gedanken darüber machen, wie man diese Pathologie bekämpft. Gegen einen kriegerischen Akt gibt es die militärische Gegenwehr; gegen das Verbrechen gibt es Polizei und Justiz. Welche Reaktion gibt es auf den 11. September? Den Krieg?

Angesichts des mit kalter Tücke, unfaßbarer Arglist und abgefeimter Bösartigkeit durchgeführten Anschlags scheint tatsächlich selbst das Wort Massenmord zu schwach zu sein, um unsere wütende moralische Empörung angemessen zum Ausdruck zu bringen. Es scheint, als ob nur das Wort »Krieg« hier eine gewisse semantische Verhältnismäßigkeit zu wahren imstande ist. Denn der Krieg scheint uns mit seiner totalisierenden Tendenz, seiner auf Vernichtung und Zerstörung zielenden Gewalt für eine begrenzte Zeit von den Fesseln der auf Mäßigung, Begrenzung, Selbstdisziplin, ethische Rationalisierung und Reflexion gerichteten Zivilisation zu befreien. Krieg scheint so etwas wie der wilde ursprüngliche Rausch der Rache für eine tiefe Kränkung unseres Rechtsgefühls zu sein, der den moralischen Schmerz zu betäuben verspricht. Die kriegerische Gewalt scheint die intensivste Steigerungsform der Strafe für den Urheber der Beleidigung unserer moralischen Gefühle zu sein, gleichsam die ins unpersönlich Große gesteigerte Todesstrafe für ein in seiner Größe und Gemeinheit unerträgliches Verbrechen.

Aber lassen wir uns durch unsere Gefühle der hilflosen Wut nicht täuschen. Die spontanen Assoziationen unserer Reaktionen mit dem Krieg führen in die Irre. Der Krieg kann unser Bedürfnis nach Wiederherstellung der moralischen Ordnung der Welt nicht befriedigen. Könnte dieses doch, wenn überhaupt, nur durch die Vernichtung des Übeltäters gestillt werden. Eben dies aber leistet der Krieg nicht. Als eine auf das staatlich organisierte Kollektiv gerichtete Gewaltsamkeit vernichtet er notwendigerweise und begriffsnotwendig auch Unschuldige, bei empirischer Betrachtung: sogar mehr Unschuldige als Schuldige. Deren Tötung muß aber jene moralischen Empfindungen verletzen, in deren Namen sie sterben mußten. Wessen Gewissen dagegen unempfindlich bleibt, geriete in Widerspruch mit sich selbst, wenn er die angeblich moralisch reinigende Kraft des Krieges geltend machen wollte. Denn das moralische Empfinden ist unteilbar und hebt sich durch Parteilichkeit selbst auf.

Doch selbst die Bestrafung der Übeltäter wird bei der

Monstrosität der Verbrechen vom 11. September kaum jemandes Bedürfnis nach sittlicher Genugtuung zu stillen vermögen. Kann die lebenslange Freiheitsstrafe oder auch, wie in den USA möglich, der Vollzug einer in kalter rechtsstaatlicher Förmlichkeit verhängten Todesstrafe an einem Übeltäter und einer Handvoll seiner Spießgesellen das von ihnen verübte Unrecht auslöschen, unser moralisches Gleichgewicht wieder herstellen? Gewiß nicht. Wir können nicht annehmen, daß die Überlebenden des Holocaust durch die Hinrichtung Adolf Eichmanns auch nur einen annähernden Ausgleich für ihr Leid, ihre Demütigungen und ihre grauenvolle Begegnung mit dem Bösen empfangen haben. Und auch die durch dieses Menschheitsverbrechen in ihren moralischen Grundfesten erschütterte übrige Menschheit dürfte sich nur schwer damit abfinden, daß in dieser Vollstreckung eines Gerichtsurteils der Lauf der Gerechtigkeit sein Endziel erreicht haben soll. Doch genau so ist es. In unserem moralischen Universum gibt es keine Symmetrie zwischen dem von Menschen angerichteten Übel und der von Menschen hergestellten Gerechtigkeit. Es gibt Frevel, die ihren schmerzenden Stachel auch nach der heftigsten Züchtigung des Frevlers nicht verlieren.

Wenn ich von »unserem« moralischen Universum spreche, so meine ich die in der europäischen Tradition der letzten zweitausendfünfhundert Jahre herangereifte politische Kultur des westlichen Verfassungsstaates. Sie ist gewiß nicht ausschließlich, aber doch zu wesentlichen Anteilen unhintergehbar *auch* durch das Christentum geprägt worden. Man mag darüber streiten, ob Geist und Institutionen dieses Verfassungsstaates als das Ergebnis eines nach zahllosen, jahrhundertelangen blutigen Irrtümern und grausamsten Verfehlungen gelungenen Läuterungsprozesses des Christentums zu verstehen sind oder ob sie sich erst im polemischen Gegenüber zum Christentum formen und durchsetzen konnten. Unbestreitbar aber ist der in seine Ordnung eingelassene geradezu metaphysische Grund-Satz, daß sich das Böse nicht durch die Gerechtigkeit der Menschen austilgen läßt. Folglich kann und darf die Gerechtigkeit der Menschen nicht darauf zielen, das Böse auszurotten.

Im christlichen Denken ist das Böse als konstitutiver Bestandteil dieser Welt die Folge der Erbsünde; von ihr werden wir durch das Opfer Christi erlöst. Es durch menschliche Taten beseitigen zu wollen, wäre als eine diesseitige Erlösungsverheißung selbst schwerste Sünde. Doch auch nach dem nicht-christlichen Traditionsstrang vor allem der Aufklärung ist Gerechtigkeit keine Erscheinungsform der endgültigen Befreiung der Menschheit vom Bösen, sondern soziales Prinzip einer auf der ursprünglichen Freiheit, Gleichheit und moralischen Autonomie des Individuums beruhenden Ordnung wechselseitigen Austauschs. Sie ist ein Ordnungsprinzip, mit dessen Hilfe die Folgen und Wirkungen des Bösen begrenzt, jedoch nicht seine Austilgung bewirkt werden soll – ein solches Unterfangen müßte angesichts der Monstrosität des Bösen seinerseits so übermäßige Macht versammeln, daß in deren Schatten eine Ordnung menschlicher Gleichheit und Wechselseitigkeit nicht bestehen könnte.

Eine politische Ordnung, die sich den Prinzipien dieses Verfassungsstaates verschrieben hat – und dies haben heute keineswegs nur Staaten der christlich-okzidentalen Tradition – hat sich also bei der Bekämpfung der Übel dieser Welt selbst die Hände gebunden. Sie kennt keine rechtlichen Instrumente, mit denen man das Böse bekämpfen und austilgen kann: Weder der Krieg noch die Bestrafung des Frevlers sind dazu geschaffen und geeignet.

So jedenfalls lehrt uns die Theorie des Verfassungsstaates. Bürger einer Republik lassen sich, wie Kant überzeugend lehrte, nicht leicht zu Soldaten machen, zum wenigsten zu Soldaten eines ideologischen Kreuzzuges. Aber so ganz sicher können wir dennoch nicht sein. Denn auch demokratische Staaten führen Kriege, die sich nicht umstandslos als Kriege zur Verteidigung ihrer unmittelbaren staatlichen Interessen qualifizieren lassen. Der Eintritt der USA sowohl in den Ersten wie in den Zweiten Weltkrieg, der von Großbritannien vom Zaun gebrochene Falkland-Krieg oder die Kosovo-Intervention der NATO im Jahre 1999 sind naheliegende Beispiele. Meistens – der Falkland-Krieg ist hier eine ins Auge springende Ausnahme – sind es Kriege zur Verteidigung bestimmter überstaatlicher, universelle Geltung beanspruchender Wahrheiten und Werte. Machtrealisten aller Couleur werden natürlich auch hier entdecken, daß es doch letztlich stets nur um Rohstoffe, Macht und strategische Interessen gehe, die man nicht offen auf den Tisch legen könne, da man die Massen dafür weniger leicht mobilisieren könne als für hochherzige Werte. Das läßt sich nicht ausschließen; in der Politik, zumal in der Außenpolitik, die es nun einmal mit der Gestaltung zivilisierter Lebensverhältnisse in und zwischen Gemeinwesen mit dem Mittel der Macht zu tun hat, ist stets ein Bündel sehr heterogener Motive und Interessen wirksam. Will man aber rundum die Möglichkeit humanitär motivierter Kriegführung leugnen, so wird man Mühe haben, zum Beispiel das Eingreifen der USA im Ersten und im Zweiten Weltkrieg, aber auch im Kosovo zu erklären.

Auch demokratische Staaten mobilisieren daher zuweilen ihre Bürger zu ideologischen Kreuzzügen. Auch hier wird der Gegner leicht zur Inkarnation des Bösen dämonisiert. Wahrscheinlich ist das sogar unvermeidlich: Wofür sonst wenn nicht für die Verteidigung der höchsten Werte kann man von einem Bürger das Opfer des eigenen Lebens verlangen? Derjenige, der diese höchsten Werte verneint und bekämpft, muß dann schon die Verkörperung des Bösen sein. Gewiß, der auf Mäßigung und Respekt für das Recht eingestellte demokratische Charakter eines

Staates schützt in der Regel vor skrupel- und gewissenlosen Gewaltexzessen, die in jedem Kampf gegen das Böse nur allzu leicht freigesetzt werden. Selbstgewißheit der demokratischen Staaten ist in Kriegsdingen dennoch nicht angebracht. Krieg bedeutet unvermeidlich die Verneinung grundlegender demokratisch-konstitutioneller Prinzipien. Der ihn beherrschende Grundsatz der Kollektivhaftung, seine Logik der Zerstörung und Vernichtung des gegnerischen Machtpotentials und die Neigung der Kriegführenden zur großzügigen Exkulpation von »Kollateralschäden« erlaubten trotz aller humanitären Zielsetzungen und völkerrechtlichen Hegungen ein solches Maß an undifferenzierter Gewaltsamkeit, daß darin jeder Furor des Guten Unterschlupf finden kann, auch ein demokratischer. Wie anders kann man sich die Bomben von Hiroshima und Nagasaki erklären?

XI. Warum die USA auf die Attacken des 11. September reagieren mußten

Eine der pathologischen Konsequenzen der Emanzipation des Politischen vom Staat – man kann es auch Entstaatlichung der Politik nennen – ist der vollkommen neue Tatbestand, daß mit den Untaten des 11. September ein nichtstaatlicher Verband einem Staat und der durch ihn repräsentierten und politisch organisierten gesellschaftlichen Lebensweise den »Krieg« erklärt. Wir haben bereits gesehen: Wie sehr man den klassischen Begriff des Krieges dehnen und strecken und darunter innerstaatliche bewaffnete Konflikte, bewaffnete Guerillakämpfe gegen Kolonial- und Besatzungsmächte oder selbst Aufstände gegen eine rechtmäßige Regierung subsumieren mag, so lassen sich diese Angriffe, die unversehens aus der Mitte einer friedlichen Zivilgesellschaft heraus hinterhältig über arglos ihr Leben führende Menschen hereinbrechen, doch unter keinen Umständen als etwas dem Kriege auch nur annähernd Verwandtes ansehen.

Es reicht nicht, daß Privatleute einem Staat »den Krieg erklären«, geschweige denn ihn mit einer monströsen Handlung schädigen, um den rechtlichen, moralischen und militärischen Status einer Partei in einem bewaffneten Konflikt mit dem Staat zu erlangen. Zur Konfliktfähigkeit in diesem Sinne gehören minimale Fähigkeiten der Verpflichtungs- und Verantwortungsfähigkeit, welche global streunende ortlose Banden mit undeutlichen Verbindungen zu zerfallenen Staaten und deren fragmentierten parastaatlichen Konglomeraten aus primordialen Loyalitätsverbänden, organisiertem Verbrechen und militärischem Unternehmertum gewiß nicht aufweisen. Den Status von Kombattanten konnten die Täter des 11. September und können ihre Spießgesellen nicht beanspruchen. Hätten sie ihn je besessen, so hätten sie ihn spätestens durch diese Aktionen eingebüßt. Denn auch der Kombattant einer anerkannten Partei eines bewaffneten Konfliktes verliert alle Vorteile dieses Status, wenn er Angehörige der feindlichen Partei »meuchlerisch« und unter Anwendung von »Heimtücke« tötet. Wenn, wie im Falle dieser Variante des Terrorismus, die ausschließliche Form des bewaffneten Handelns in diesen heimtückischen Verbrechen an Zivilpersonen besteht, wenn dies also die von den Tätern gewählte Form des bewaffneten Kampfes ist, dann würden Kriegsverbrechen zu regulären kriegerischen Handlungen – eine offenkundige Perversion des Völkerrechts und seines Schutz- und Zivilisierungszweckes.

Nicht nur unsere moralische Intuition, sondern bereits die begiffliche Logik verbietet eine derartige Perversion. Kein noch so blutiger Streit unter Privatleuten ist ein Krieg, auch nicht ein Banden»krieg« zwischen Verbrechersyndikaten oder Blutrachefehden von Clans und Familien. Selbst wenn man die berühmte Clausewitzsche Charakterisierung des Krieges als »Fortsetzung des politischen Verkehrs mit Einschluß anderer Mittel« für allzu hausbacken und vielleicht auch zu verharmlosend für unser Zeitalter ansieht, weil wir doch eher dazu neigen, den Krieg als das Ende aller Politik, geradezu als ihr Gegenteil anzusehen, sprechen wir doch korrekterweise nur dann vom Krieg (oder, unsererseits verharmlosend, vom »bewaffneten Konflikt«), wenn diese intensivste, auf Leben und Tod geführte Zuspitzung eines Streites die Form eines *politischen* Konfliktes ist – der Krieg hat für die Beteiligten die Bedeutung einer Entscheidung über einen anders nicht zu bewältigenden Streit.

Es gibt mit anderen Worten in einem politischen Konflikt einen Streitgegenstand, der zumindest für eine Konfliktpartei von so existentieller Bedeutung ist, daß sie dafür Wohl und Wehe des Landes, insbesondere das Leben ihrer Bürger aufs Spiel setzt. Diese Bindung des Krieges an einen sachlichen Konfliktgegenstand und -grund gibt es selbst noch in der von Carl Schmitt verabsolutierten, geradezu zum Merkmal des Politischen erklärten existentiellen Freund-Feind-Beziehung zwischen kämpfenden Gruppen, in der die bloße Existenz des anderen in wahnhafter Selbstbezüglichkeit als Bedrohung der eigenen Existenz wahrgenommen und der Vernichtung preisgegeben wird. So inhaltslos hier der politische Streit durch seine pschon deswegen in irgendeiner Form als ein politischer erkennbar machen, weil ja doch die Volksmassen mobilisiert werden sollen. So entfaltet sich ein politischer Konflikt typischerweise im Medium von Öffentlichkeit, in der seine Gründe und Abgründe zwar nicht rational expliziert, aber doch sichtbar durch Massenrituale und andere Formen autoritärer Repräsentation zelebriert und kommuniziert werden. Politische Konflikte, die sich zum Krieg steigern, werden natürlich nicht geradezu diskursiv ausgetragen, aber sie bestehen auch nicht allein in einem stummen Austausch von Gewalttätigkeiten. Sie sind ein Ringen um die Seelen und die Opferbereitschaft der kämpfenden Massen; im demokratischen Zeitalter sind sie daher stets auch kommunikative Ereignisse. An dieser meist autoritär hergestellten und gelenkten Öffentlichkeit kann man auch heute noch mit einiger Sicherheit den politischen Charakter eines Konfliktes ablesen.

Nichts davon ist bei den Anschlägen vom 11. September zu erkennen. Die anonymen und stummen Urheber haben sich nicht einmal selbst als Kriegspartei deklariert, die bestimmte politische Ziele verfolgt, zu deren Durchsetzung sie sich des monströsen Mittels des Massenmordes bedient. Der Massenmord als Mittel politischer Ziele wäre wohl auch derart obszön, daß offenbar auch die Täter selbst es vorgezogen haben, von dieser Erklärung ihres mörderischen Tuns keinen Gebrauch zu machen. Wir erinnern uns der Empörung, als vor Jahren ein bekannter deutscher Historiker sich nicht zu schade war, die Vernichtung der Juden durch die Nazis damit zu erklären, daß diese sich schließlich in einem Krieg mit dem »Weltjudentum« befunden hätten. Ganz intuitiv hatte jedermann begriffen, daß der kategorialen Vermischung von Krieg und Verbrechen bestimmte Grenzen gesetzt sind.

Welche Gründe hätten denn die Mörder des 11. September und ihre Auftraggeber auch vorbringen können, um sich zu Kämpfern in einem »Krieg« zu deklarieren? Gewiß nicht die mittlerweile ohnehin ein wenig abgegriffene Parole des »Kampfes gegen den US-Imperialismus«. Denn wie wahnhaft-abstrakt dieser Gegner auch sein mag, derjenige, der sich als Krieger gegen ihn qualifizieren möchte, müßte dessen Streitkräfte angreifen. Den Status des Kriegers kann derjenige, der selbst nicht Angehöriger einer offen Waffen tragenden Streitkraft ist, nur dadurch erlangen, daß er sich zumindest im Kampf mit den Streitkräften des Gegners befindet. Wehrlose Zivilpersonen hinterhältig mit Waffen anzugreifen ist nicht Krieg, sondern gemeines Verbrechen.

Selbst eine religiös-fundamentalistische Rechtfertigung

durch die Idee eines »heiligen Krieges gegen die Ungläubigen« kann diese Feststellung nicht erschüttern. Wenn die Heiligkeit einer Sache die Unbedingtheit ihrer kämpferischen Durchsetzung erfordert, dann entfallen bei ihren Kämpfern alle Hemmungen, die in der Anerkennung des Eigenwertes des Gegners begründet sind. Der heilige Krieg macht moralisch bedenkenlos und entgrenzt die für ihre Durchsetzung angewendete Gewalttätigkeit. Der »heilige Krieg« ist das Gegenteil dessen, was nicht nur positivrechtlich, sondern auch begrifflich als Krieg angesehen werden kann. Der Kämpfer in diesem »heiligen Krieg« mag sich selbst als Krieger verstehen, dem neben diesem Adelsbrief als zusätzliche Prämie noch jede durchtriebene Gemeinheit und teuflische Verschlagenheit erlaubt sein soll – in dem moralischen Universum, in dem die heutige Welt lebt, gibt es das nicht und kann es das nicht geben. Dazu ist im zweiten Teil dieses Essays noch mehr zu sagen.

Den »Krieg« gegen den Terrorismus sollten sich daher die Staaten verbieten. Auch wenn es ein wenig altmodisch klingt, so ist es doch wahr, daß sie damit den Terroristen zu viel der Ehre erwiesen. Selbst wenn dieses Wort »Krieg« nur als eine Metapher zu verstehen sein sollte – wogegen immerhin die erwähnte Evokation des NATO-Bündnisfalles spricht –, so könnte er doch die bisherigen Erfolge bei der allmählichen Zivilisierung und Verpolizeilichung internationaler bewaffneter Konflikte gefährden. Worte können eine unheilvolle Semantik erzeugen, in der symbolische Zeichen schneller als je zuvor in der Geschichte der Menschheit mit der Realität sozialen Handelns kurzgeschlossen werden. Es geht heute darum, auf dem eingeschlagenen Wege fortzufahren und jede rechtlich nicht autorisierte Gewaltsamkeit auch in den internationalen Beziehungen als Unrecht zu qualifizieren und mit den Instrumenten des Rechts zu verfolgen.

Doch eines sollte klar sein: Die USA und die Weltgemeinschaft konnten die Angriffe des 11. September nicht reaktionslos hinnehmen. Der spontane Sinn für Gerechtigkeit – nicht Rachegefühl – verlangte eine Sühne und einen Ausgleich für das demütigende Unrecht, das den Ermordeten und ihren Angehörigen angetan wurde. Das ist geradezu ein kategorisches sittliches Gebot. Aber es sind ja nicht nur die individuellen Menschen, die zum Opfer wurden. Eine Nation ist gedemütigt worden. Vor aller Weltöffentlichkeit ist in grausamer Weise demonstriert worden, daß sie nicht in der Lage ist, ihre Bürger und ihr Territorium vor feindlichen Akten zu schützen. Außenpolitische Experten sprechen davon, der 11. September bedeute eine Zeitenwende für die USA: Der Mythos ihrer Unverwundbarkeit sei an diesem Tag zerstoben. »Die Festung Amerika ist gefallen.« Dies ist ein unaussprechlicher Schock und eine Kränkung, die schwer zu ertragen sind.

Dies gilt es zunächst einmal zu bedenken, unabhängig von den vielen Gedanken und Empfindungen, die auf Verstand und Gemüt einstürmen, wenn man versucht, das Ereignis zu begreifen. Weltweit gibt es viele Menschen, insbesondere in der Dritten Welt, die in ihm so etwas wie den Preis sehen, den die Amerikaner nun für ihre jahrzehntelange Arroganz im Verhältnis zur übrigen Welt zu zahlen hätten. Manche empfinden Schadenfreude, vielleicht als eine kleine seelische Entlastung für die Unvermeidbarkeit der schwer zu ertragenden Wahrheit, daß Hegemonialmächte besonders viele und besonders schwere politische Fehler zu begehen pflegen, einfach deswegen, weil sie infolge ihrer überlegenen Macht weniger als die kleinen und mittleren Staaten darauf angewiesen sind, Fehler zu vermeiden. Der amerikanische Politikwissenschaftler Karl W. Deutsch hat vielleicht, als er die klassisch gewordene Definition von Macht gab, sogar sein eigenes Land im Auge gehabt: Macht ist die Freiheit von dem Zwang, lernen zu müssen. Diese Erkenntnis gilt mit Sicherheit auch für die USA, gerade wenn man sich vergegenwärtigt, welche Fehler sie seit dem Ende der 70er Jahre insbesondere in Afghanistan gemacht und dadurch all das Ungemach heraufbeschworen haben, das ihnen nunmehr so sehr zu schaffen macht: von der Aufpäppelung islamistischer Fundamentalisten (einschließlich Bin Ladens selbst) über die Unterstützung, mindestens aber Duldung des Aufbaus einer riesigen Drogenindustrie in der afghanisch-pakistanischen Region bis hin zur Auffüllung Afghanistans mit Waffen, die später die im Lande operierenden amerikanischen Flugzeuge und Hubschrauber bedrohten.

Aber kann uns das mit Schadenfreude über das amerikanische Trauma des 11. September erfüllen? Wie fragwürdig vielen Menschen die heutige Politik der USA als einzigem verbliebenem Hegemon unserer heutigen Weltordnung auch in vieler Hinsicht erscheinen mag – angefangen von der Mißachtung international anerkannter Notwendigkeiten des Klimaschutzes und der Ressourcenschonung über die Weigerung der Teilnahme an der Einrichtung einer internationalen Strafgerichtsbarkeit, die kontinuierliche Weigerung einer angemessenen Beitragszahlung an die UN bis hin zur nicht immer sehr rücksichtsvollen Durchsetzung ihrer nationalen wirtschaftlichen Interessen in den internationalen Handelsbeziehungen –, nichts davon kann das Unrecht des Massenmordes in einem milderen Lichte erscheinen lassen. Nichts davon auch mindert daher das Bedürfnis nach Gerechtigkeit, das sich bei jedem moralisch Unverstellten spontan meldet. Und obgleich sich durchaus Besorgnisse melden, schließt dieser Impuls das Verständnis für einen Reflex ein, der nach Genugtuung ruft.

Neben dieser moralischen Rechtfertigung der Sanktion gibt es einen sehr nüchternen realpolitischen Imperativ: Ein Hegemon, der sich als schwach und verletzlich erweist, verliert seine Glaubwürdigkeit und kann in der Folge seine Schutz-, Garantie- und Ordnungsfunktionen in vielen Teilen der Welt nicht länger wahrnehmen. Eine Erosion dieser Ordnung, ohne daß eine neue Architektur der Welt und deren Stützpfeiler sichtbar würden, würde genau jenes internationale Chaos heraufbeschwören, aus dem sich dann Terrorbanden und vielfältiger anderer Bodensatz einer in ihrer Zivilität erschütterten Welt als neue, wenn auch nur zeitweise Machtzentren herausbilden könnten. Um der gegebenen, gewiß in unendlich vielen Bereichen verbesserungsbedürftigen Weltordnung selbst also mußten die USA und die Weltgemeinschaft auf dieses Verbrechen reagieren.

XII. Warum auch die Erzwingung von Rechtsgehorsam in der internationalen Gemeinschaft zum Krieg führen kann

Sie haben mit einem Krieg gegen Afghanistan reagiert. Oder war es gar kein Krieg *gegen* Afghanistan, sondern eine mit militärischen Mitteln durchgeführte Polizeiaktion *in* Afghanistan? Haben die USA als – einzig verbliebene – Großmacht interveniert und gemeinsam mit ihren Verbündeten in der NATO ihre eigenen staatlichen Rechte und Interessen verteidigt oder haben sie als Weltpolizist einer sich entfaltenden Weltinnenpolitik eine ihnen delegierte globale Ordnungsfunktion wahrgenommen? Schließlich haben Politiker und Intellektuelle überall in der Welt erklärt, der Anschlag des 11. September habe sich keineswegs nur gegen die USA gerichtet, sondern gegen die menschliche Zivilisation schlechthin. Sollte dann der Welthegemon nicht auch kraft der ihm aus dieser Stellung zugewachsenen Ordnungsverantwortung die Aufgabe der Verteidigung der Weltzivilisation übernehmen, zumal er selbst das unmittelbare physische Opfer dieses Verbrechens geworden ist?

In diesem doppelten Betroffensein der USA liegt freilich auch das große Problem, das sich immer stellt, wenn jemand als Treuhänder fremder Interessen zugleich seine eigenen Angelegenheiten wahrnimmt. Mag er selbst auch von den redlichsten Motiven beseelt und der festen Überzeugung sein, daß fremde und eigene Interessen bruchlos übereinstimmen, so sollte man doch niemals das menschliche Vermögen zur Selbsttäuschung unterschätzen und daher Institutionen auf dem Grundsatz einer deutlichen Trennung von fremdnützigem und eigennützigem Handeln errichten. In der Welt der Staaten ist dieser Grundsatz schon deswegen unverzichtbar, weil nach der – durch Erfahrung vielfältig bestätigten – herrschenden Theorie Staaten ohnehin nicht fremdnützig handeln können, sondern allein von ihrem Eigeninteresse angetrieben sind.

Tatsächlich akzeptiert das Völkerrecht bisher nicht die Eigenermächtigung eines Staates oder einer Staatengruppe zum militärischen Handeln im Namen und im Interesse der Weltgemeinschaft, sprich: der Menschheit. Der Sicherheitsrat der UNO hat, wie erwähnt, die Terrorangriffe des 11. September als eine Bedrohung des Weltfriedens und der internationalen Sicherheit angeprangert und eine lange Liste von Maßnahmen zur Terrorbekämpfung beschlossen. Ihnen waren übrigens bereits frühere Resolutionen vorangegangen, in denen die afghanische Taliban-Regierung aufgefordert worden war, den Drogenhandel in ihrem Herrschaftsbereich zu unterbinden und die Ausbildungslager für militante Kämpfer zu schließen. Doch irgendwelche militärischen Sanktionsmaßnahmen beschloß der Sicherheitsrat selbst nach dem 11. September ausdrücklich nicht.

Vielleicht war diese Zurückhaltung Ausdruck der Verlegenheit, daß der mutmaßliche Urheber der Angriffe –

das Al-Qaida-Netzwerk des Bin Laden – so wenig greifbar, seine Verbindung zu Afghanistan so diffus war, daß man auf diese Ungewißheiten keine militärischen Maßnahmen gründen konnte. Vielleicht kann man die Verweigerung militärischer Maßnahmen durch den Sicherheitsrat aber auch als einen Schritt hin zu einer Weltinnenpolitik verstehen, die auf das Mittel der militärischen Gewalt zur Bewältigung von Konflikten und Krisen wo nur irgend möglich verzichten will. Wie dem auch sei, es stellt sich die Frage, ob die UN damit die legitimen Ansprüche der USA auf eine angemessene Art der Genugtuung erfüllt hat. Legitim kann natürlich nur der Anspruch auf Gerechtigkeit sein, keinesfalls das Bedürfnis nach Rache. Doch was gebietet und was ermöglicht die Gerechtigkeit in diesem Falle?

Sie gebietet die Auslieferung der verantwortlichen Hintermänner der Verbrechen an die USA, den Staat, dessen Bürger ganz überwiegend ihre Opfer geworden sind. Sie hätten sich dann, im vollen Genuß der einem Angeklagten in den USA zustehenden Rechte, vor einem amerikanischen Strafgericht verantworten müssen. Doch ist dies wirklich eine mögliche Form der Gerechtigkeit? Gegner der militärischen Aktionen der USA in Afghanistan haben darauf hingewiesen, daß die Taliban doch der US-Regierung angeboten hätten, den von dieser als Hauptschuldigen angesehenen Bin Laden an ein drittes – islamisches – Land auszuliefern, wo er dann vor Gericht gestellt werden könne, falls man ihnen hinlängliches Beweismaterial vorlege. Dies hätten die USA, offenbar an einer »zivilen« Lösung des Konfliktes desinteressiert, nicht getan und statt dessen mit dem Bombardement in Afghanistan begonnen.

Argumente von dieser Qualität erwecken kein großes Vertrauen in die Urteilsfähigkeit ihrer Urheber. Man brauchte kein Afghanistan-Experte zu sein um zu wissen, daß dieses Land geradezu das Muster eines zerfallenen Staates war, in dem die Regeln des internationalen Rechts

– von innerstaatlichem Recht konnte ohnehin keine Rede sein – so willkürlich und nach undurchschaubaren Machtverhältnissen zwischen verschiedenen Machtcliquen gehandhabt wurden, daß ein seriöser internationaler Rechtsverkehr völlig ausgeschlossen war. Wenn es für diese Evidenz noch eines empirischen Beleges bedurft hätte, so hatte man ihn an dem Fall der zu jener Zeit dort festgehaltenen – einheimischen und westlichen – Mitarbeiter von »Shelter Now« direkt vor Augen. Monatelang wurde da mit den Gefangenen ebenso wie mit den angereisten westlichen Diplomaten Katz und Maus gespielt – wie eben erpresserische Verbrecher mit ihrer Beute und den Adressaten ihrer Erpressung umzugehen pflegen. Da mögen die verschiedensten Gesichtspunkte eine Rolle gespielt haben, die Erfordernisse des Rechts waren darunter ganz gewiß nicht zu finden. Hinzu kam – und das konnte jeder, der Augen hat, erkennen –, daß dank des Zerfalls jeder geordneten Staatlichkeit Bin Laden mit seinen Kämpfern ja nicht wie beispielsweise die eingereisten Fremden von »Shelter Now« der Herrschaftsgewalt und Verfügungsmacht der Regierung unterlagen, sondern selbst ein, vielleicht sogar der ressourcenreichste Machtfaktor im Lande war – einer der vielen Kriegsherren und Machthäuptlinge, der sicherlich in vielerlei Beziehung zur Regierung stand, aber ganz gewiß nicht in der Position, von ihr an irgendwen ausgeliefert werden zu können.

Der Vorschlag der Taliban-Regierung war also entweder der durchsichtige Versuch einer Täuschung, um die öffentliche Meinung in den westlichen Ländern zu beeindrukken und in der Folge die absehbare bewaffnete Intervention der USA, unter Umständen eine stets mögliche militärische Maßnahme des UN-Sicherheitsrates zu vermeiden; oder er war blanker Zynismus, um die USA durch die Verstrickung in ein solches karnevaleskes Verfahren nach dem 11. September ein zweites Mal zu demütigen. Nein, diese Form der »Genugtuung« konnte niemand ernsthaft in Betracht ziehen. Sie wäre ein Hohn auf die Gerechtigkeit gewesen.

Natürlich wäre ein von einem UN-Strafgericht ausgestellter Haftbefehl gegen Bin Laden und seine Helfershelfer die diesem Fall angemessenste Form der Gerechtigkeit gewesen. Ein Haftbefehl ist kein Urteil, sondern dient der Ergreifung eines Verdächtigen, um ihn einem rechtlichen Verfahren zuzuführen, in dem die Beschuldigung überprüft und ein Urteil gesprochen wird. Es gibt ein solches UN-Strafgericht und die erforderliche Verfahrensordnung noch nicht. Sollte die UNO einen Internationalen Strafgerichtshof für die Verbrechen des grenzüberschreitenden Terrorismus errichten? Oder, besser noch, sollte man die Strafgewalt des in Rom beschlossenen Ständigen Internationalen Strafgerichtshofes auch auf die Verbrechen des Terrorismus erweitern, der die elementaren Freiheiten und Rechte einer sich herausbildenden Weltzivilgesellschaft bedroht? Dies wäre der konsequente Schritt jener Entwicklung zur Verpolizeilichung der internationalen Konflikte, die einer globalen Zivilgesellschaft sicher gemäß wäre. Es ist eine besonders bittere Ironie, daß es ausgerechnet die USA sind, die sich vehement gegen einen solchen Strafgerichtshof wehren, der inzwischen ohne ihre Mitwirkung eingerichtet worden ist.

Doch man mache sich keine Illusionen. Auch die Verfahrenshoheit eines Internationalen Strafgerichtshofs wäre nicht notwendig ein Schritt in die Gewaltlosigkeit. Denn die Durchsetzung des Rechts erfordert auch hier wie im innerstaatlichen Leben die »Macht des Schwertes«, wie Hobbes in seinem untrüglichen Realismus feststellte, das heißt die Fähigkeit zur Anwendung von Zwang gegen Widerstrebende. Das sind in der internationalen Gesellschaft nach wie vor in erster Linie Staaten. Diesen gegenüber den Rechtszwang der internationalen Gemeinschaft anzuwenden, kommt dem sehr nahe, was früher ein Krieg war. In ihrem nächsten Zweck würden solche Zwangsmaßnahmen genau das sein, was Clausewitz als das Merkmal des Krieges in seiner Zeit bezeichnet hat, nämlich »ein Akt der Gewalt, um den Gegner zur Erfüllung unseres Willens zu zwingen«. Tatsächlich ginge es hier, anders als in den meisten der Kriege unserer Zeit, nicht um die Überwältigung eines Staates, die Vernichtung seiner Macht und die Entziehung seiner Ressourcen, sondern um die Erzwingung von Rechtsgehorsam in bezug auf konkrete Rechtspflichten. Dieser Unterschied macht deutlich, daß die Anwendung dieser rechtsdurchsetzenden Gewalt viel restriktiveren Bedingungen unterliegt als die des Krieges.

Hier unterliegen wir aber möglicherweise unsererseits einer idealistischen Selbsttäuschung. Ein Krieg kann stets nur so begrenzt geführt werden, wie es der jeweilige Gegner erlaubt. Es gibt genügend Beispiele für skrupellose Regime, die ihre eigene Bevölkerung zur Geisel nehmen und es in ihrer Mißachtung internationalen Rechts geradezu darauf anlegen, die militärische Gewalt insbesondere demokratischer Staaten auf sich zu ziehen, je unterschiedsloser, desto besser. Sie kalkulieren, daß demokratische Regierungen die Anwendung wie restriktiv auch immer gehandhabter, geschweige denn einer voll entfalteten Militärgewalt gegenüber einem anderen Staat nicht lange durchhalten können.

Ironischerweise können in dieser Hinsicht die rückständigsten, damit ihre Bevölkerungen auf dem niedrigsten Lebensniveau haltenden Staaten in ihrem Widerstand gegen die Durchsetzung internationalen Rechts besonders effektiv sein – sie sind, was uns als erster Rousseau gelehrt hat, aufgrund ihrer weitgehenden Abkoppelung von den vielfältigen, vor allem wirtschaftlichen Verflechtungen der internationalen Gemeinschaft weitgehend immun gegenüber zivilen Sanktionen wie Handelsblockaden, Unterbrechung der Verkehrs- und

Kommunikationswege und dergleichen. Dieser Vorteil der Rückständigkeit kann sogar so weit gehen, daß nicht einmal mehr genügend »militärisch lohnende Ziele« vorhanden sind, deren angedrohte oder tatsächliche Zerstörung den rechtsfeindlichen Willen des betreffenden Regimes brechen könnte.

Das führt uns zu einer paradoxen Einsicht: Diejenigen Staaten, die aufgrund ihrer demokratischen Ordnung und der ihr zugrundeliegenden Anerkennung elementarer Rechte des Individuums gleichsam eine innere Tendenz sowohl innerstaatlich wie international zum Respekt des Rechts haben, sind diejenigen, die darüber hinaus aus Gründen materieller Interessiertheit besonders empfindlich gegenüber Sanktionen der internationalen Gemeinschaft sind, seien diese nun ziviler oder militärischer Art. Dank ihrer Einbindung in die weltweiten wirtschaftlichen, technologischen und kulturellen Interdependenzen genießen sie einen relativ hohen Wohlstand, den sie durch Sanktionen unweigerlich einbüßen müßten. Demgegenüber sind jene Staaten, deren Herrschaftseliten in besonderem Maße korrupt, rücksichts- und skrupellos sind und deren Bevölkerungen nicht nur keine Möglichkeiten besitzen, ihren Willen zu artikulieren, sondern so arm und nicht selten auch so elend und demoralisiert sind, daß sie nichts zu verlieren haben – jene Staaten also, die in erster Linie durch Sanktionen der internationalen Gemeinschaft auf den Weg der menschlichen Zivilisation zurückgezwungen werden sollten, besonders unempfindlich nicht nur gegenüber dem Urteil, sondern weitgehend auch gegenüber Sanktionen der internationalen Gemeinschaft. In der Gesellschaft dieser Staaten sind jene »Schurkenstaaten« zu suchen, denen man leider zutrauen muß, gegebenenfalls auch Massenvernichtungsmittel der eigenen Bevölkerung oder anderen Staaten gegenüber einzusetzen. Nichts zeigt deutlicher als dieses Paradox, daß der Zwang – einschließlich des militärischen Zwanges – gerade in den Fällen, in denen er besonders nötig wäre, versagt, während er dort, wo er besonders effektiv ist, zur Durchsetzung internationalen Rechts und internationaler Moralität nicht nötig ist. Kann man auf diesem Paradox eine Ordnung der internationalen Zivilgesellschaft gründen?

XIII. Warum der amerikanische Unilateralismus uns zwingt, auch im Völkerrecht zwischen Legalität und Legitimität zu unterscheiden

Was lehrt uns das über die militärischen Aktionen der USA in Afghanistan? Legt man die Meßlatte des Völkerrechts an, so bilden sie so etwas wie einen Hybrid zwischen legitimer Selbstverteidigung, Zwangsvollstreckung eines hypothetischen Haftbefehls gegen Bin Laden und humanitärer Intervention zur Befreiung des Landes von dem unseligen Regime der Taliban. Nach der Satzung der UN setzt das Recht zur Selbstverteidigung einen bewaffneten Angriff voraus, und dieser müßte von dem Staat ausgegangen sein, gegen den sich die militärische Reaktion richtet, von Afghanistan also. Es sind Zweifel geäußert worden, ob das hier der Fall gewesen sei, denn auch wenn man unterstelle, daß die Aktionen des 11. September von dem Territorium Afghanistans aus durch die Gruppe Bin Laden geplant, vorbereitet und gesteuert wurden, so reiche doch die bloße Duldung durch die afghanische Regierung nicht aus, um einen bewaffneten Angriff auf Afghanistan zu bejahen. Diese Auffassung führt zu dem eben erwähnten Paradox zurück: Ein Staat braucht nur zerfallen und verantwortungsunfähig genug zu sein und allen möglichen Banden und Verbrechersyndikaten als Unterschlupf und logistische Basis ihrer grenzüberschreitenden Aktionen zu dienen, um immun gegen alle

Sanktionen zu sein, die das Völkerrecht gegen Staaten vorsieht. Das kann nicht richtig sein.

Wenn man schon den »Einwand der Unzurechnungsfähigkeit« des Afghanistan der Taliban erhebt, dann müßte man zumindest bereit sein zu akzeptieren, daß dieser Staat wie ein Mündel behandelt wird. Man müßte sich dafür aussprechen, daß die Staatengemeinschaft selbst die in dem Zerfall und dem Chaos oder auch nur in der rechtsfeindlichen Gesinnung der Regierung liegende Quelle der Gefahr für die internationale Sicherheit beseitigt oder zumindest eindämmt. Man müßte dann also hinnehmen, daß im Lande nach Bin Laden und seinen Spießgesellen gesucht wird und sie ergriffen werden, was natürlich bedeutet, daß ihr Widerstand mit militärischen Mitteln gebrochen werden muß. Hier kommt also ins Spiel, was ich den »hypothetischen Haftbefehl« genannt habe: Die hier zur Anwendung gelangte militärische Gewalt war kein Mittel der USA, im Sinne der Clausewitzschen Definition Afghanistan »zur Erfüllung ihres Willens zu zwingen«, noch weniger etwa darauf gerichtet, diesen Staat zu schwächen und seine ohnehin äußerst mageren Ressourcen zu zerstören, es waren überhaupt keine militärischen Maßnahmen *gegen* Afghanistan, sondern *in* Afghanistan. Der Schutzpanzer staatlicher Souveränität war für dieses Land zu einem leeren internationalen Rechtstitel heruntergewirtschaftet worden, denn ihm korrespondierte nicht mehr die mit diesem Begriff vorausgesetzte Fähigkeit zu staatlicher Verpflichtungs- und Verantwortungsfähigkeit. Die einem Staate von der internationalen Gemeinschaft auferlegten Rechtspflichten konnten von diesem Land nicht mehr erfüllt werden, doch unerfüllt bleiben durften sie wegen der daraus entstehenden Gefahren für die internationale Sicherheit ebensowenig. Vor allem durfte man Bin Laden, der sich immerhin schon sehr bald selbst der Taten des 11. September gerühmt hatte, nicht einfach laufen lassen.

So hätte denn eigentlich die Staatengemeinschaft durch die UN handeln müssen. Wenn sie es nicht tat, so hatte das die verschiedensten Gründe, die man wohl in den selbst in einer solchen Situation nicht vollständig suspendierten Machtrivalitäten der im Sicherheitsrat vertretenen Staaten und vermutlich auch in einer gewissen Vorsicht gegenüber einem so folgenreichen Schritt zu suchen hat. Unter diesen Gründen befand sich aber sicherlich nicht der geringste Zweifel, daß die Gerechtigkeit die Festsetzung der Urheber der Anschläge gebiete. Kann man also in der stillschweigenden Duldung der Aktionen der USA in Afghanistan durch die große Mehrheit der Staaten, insbesondere auch durch die im UNO-Sicherheitsrat vertretenen Mächte so etwas wie einen indirekten Auftrag zur Vollstreckung eines hypothetischen internationalen Haftbefehls sehen? Wenn es so wäre, dann wäre das sicherlich ein großer Schritt in die Richtung einer Umformung des überkommenen, auf die Welt der Staaten konzentrierten Völkerrechts zu einem Recht der Menschen und der Menschheit. Es gibt Gründe, die dagegen sprechen – Völkerrechtler weisen darauf hin, daß das Prinzip der souveränen Gleichheit aller Staaten ein unentbehrlicher Grundpfeiler der internationalen Ordnung und Stabilität sei. Andererseits, was eigentlich hindert uns daran, den aus dem Zeitalter der Staatlichkeit stammenden Begriff der »internationalen Sicherheit« den heutigen Verhältnissen einer weltweiten grenzüberschreitenden Vernetzung aller bedeutenden Lebensbereiche wie Wirtschaft, Politik, Kultur, Wissenschaft und Sport anzupassen und statt dessen von einem »Grundbestand menschlicher Zivilisation« zu sprechen? Die Charta der UN selbst erklärt die Achtung und Verwirklichung der Menschenrechte zu ihren Zielen. Diese bilden damit die normative Grundlage der heutigen Weltzivilisation. Wer sie systematisch mißachtet, der verletzt ein wesentliches Erfordernis des friedlichen Zusammenlebens der Völker – man mag das in tradierter Manier die »internationale Sicherheit« nennen, sollte sich aber bewußt sein, daß dieser Begriff inzwischen eine normative Fülle angenommen hat, die weit über den Zustand einer bloßen Vermeidung von Gewalt zwischen den Staaten hinausreicht. Was er heute im einzelnen bereits einschließt, ist uns noch nicht deutlich. Man könnte sich aber eine Zukunft vorstellen, in der die Staatengemeinschaft die Verantwortung für die Einhaltung der Menschenrechte übernimmt und daraus die Befugnis ableitet, Staaten, die kraft ihres inneren Zustandes entweder nicht willens oder nicht fähig sind, einen minimalen Rechtszustand auf ihrem Territorium einzuhalten, unter eine internationale Vormundschaft zu stellen. Diese hätte, wie jede Vormundschaft, Sorge dafür zu tragen, daß dieser Staat wieder zu »erwachsenem«, »reifem« Handeln befähigt wird – mit anderen Worten, sie müßte den Prozeß der Errichtung von Rechtsstaat und Demokratie in Gang setzen und bis zu seiner Vollendung begleiten. Auch dazu wird es häufig nur kommen können, wenn zuvor das Regime, das den Zustand der Unzurechnungsfähigkeit des Landes und die Unterdrückung der elementaren Menschenrechte für dessen Bevölkerung zu verantworten hat, mittels bewaffneter Maßnahmen beseitigt wird.

Dies sind Konsequenzen, die sich im Einklang mit Vernunft und Gerechtigkeit befinden. Was anderes als dies haben die USA und die Staatengemeinschaft in bezug auf Afghanistan getan?

Allerdings haben die militärischen Schläge der USA einen bedeutsamen Mangel: Ihre Vereinbarkeit mit dem Völkerrecht ist nicht über jeden Zweifel erhaben. Auch angesehene amerikanische Völkerrechtler bezeichnen sie als völkerrechtswidrig. Ihre Argumente wiegen schwer: Es gibt eben (noch) keinen internationalen Strafgerichtshof, der einen Haftbefehl gegen die Verdächtigen der Anschläge des 11. September erlassen könnte. Die USA verweigern sich nicht nur, wie erwähnt, seiner Errichtung; mittlerweile sind sie, wie es scheint, sogar dazu übergegangen, dieses neue Instrument eines humanitären Völkerrechts aktiv zu bekämpfen. Daß es keinen Beschluß des UN-Sicherheitsrates über den Einsatz militärischer Gewalt in Afghanistan gibt, könnte auch daran liegen, daß die USA die Mitwirkung der UN in den Feldern der internationalen Politik, die zu ihren Interessensphären gehören, so weit wie irgendmöglich beschneiden möchten. Während die Bush-Administration unmittelbar nach dem 11. September umsichtig und effektiv mit den Mitteln der Diplomatie eine weltweite Allianz gegen den internationalen Terrorismus schmiedete, behielt sie sich bei den dann folgenden militärischen Aktionen bereits die Entscheidungsprärogative vor. Spätestens seit Anfang 2002 ging sie dann dazu über, den Kampf gegen den Terrorismus – anfangs noch als eine Angelegenheit der internationalen Gemeinschaft deklariert – als eine Angelegenheit des nationalen amerikanischen Interesses zu behandeln und den Rest der Staaten vor die Alternative zu stellen, sich entweder dem amerikanischen Vorgehen vorbehaltlos anzuschließen oder sich dem Risiko auszusetzen, selbst als unzuverlässiger Kämpfer gegen den Terrorismus angesehen zu werden. In der vornehmen Sprache der auswärtigen Politik bezeichnet man dies mit einer gewissen Besorgnis als US-amerikanischen Unilateralismus – damit ist die Tendenz der gegenwärtigen Regierung der USA gemeint, die Rolle als Hegemon bedenkenlos auszuspielen, alle Rücksichten auf die anderen Akteure der internationalen Beziehungen hintanzustellen und vor allem in gröbster Weise das ohnehin zarte Pflänzchen des Regelwerks und der Institutionenordnung der UN niederzutrampeln.

Erfreulich ist dieses Verhalten der USA nicht, das zu allem Überfluß im Frühjahr des Jahres 2002 auch noch einen Gipfel der Kaltschnäuzigkeit erklomm, als durchsikkerte, daß das US-Verteidigungsministerium Pläne verfolgt, Atomwaffen den Status als militärische Waffen zu verleihen. Aber diese Haltung ist auch nicht vollkommen unverständlich. Man kann gut verstehen, welchen traumatischen Schock die Amerikaner erlitten haben, als sie am 11. September erfahren mußten, daß sie als einzige verbliebene Weltmacht ihren Status als unangreifbare Festung verloren hatten und nun, wie alle anderen Staaten dieser Welt auch, militärisch verletzlich geworden sind. Eine solche narzißtische Kränkung läßt sich nicht in wenigen Monaten verarbeiten. Es ist auch ein Zeichen von Naivität insbesondere der Europäer, stets den amerikanischen Unilateralismus zu bejammern, ohne willens oder fähig zu sein, sich selbst in eine eigenständige Kraft der internationalen Politik zu verwandeln und dafür auch schwere materielle Opfer zu bringen. Wenn man denn unterscheidbare »europäische Werte« bei der Gestaltung der globalen Lebensverhältnisse glaubt vorweisen zu können – das wird sich wohl kaum leugnen lassen –, dann muß man auch die politische Kraft und den politischen Willen haben, dafür einzustehen. Statt dessen einer Hegemonialmacht vorzuwerfen, daß sie sich hegemonial benehme, ist so – um eine Metapher von Josef Schumpeter abzuwandeln –, als werfe man einem Mops vor, daß er sich keinen Wurstvorrat anlege.

Wenn das so ist, müßten wir dann nicht um so mehr im Interesse einer minimalen Ordnung unserer zerrissenen und konfliktreichen Welt auf der Beachtung der völkerrechtlichen Legalität bestehen? Natürlich müssen wir darauf bestehen – aber nötigt uns das, untätig zuzusehen, wenn ein Volk durch skrupellose Machtmenschen um seine Zukunft und die Hoffnung auf ein menschenwürdiges Leben gebracht wird, weil die strikte Einhaltung der Legalität uns am Eingreifen hindert? Verwandelt der Unilateralismus der USA in Afghanistan ihre Aktionen per se in eine moralisch anfechtbare Intervention? Zweifellos entscheidet die Zustimmung oder die Verweigerung der Zustimmung des UN-Sicherheitsrates zu einer militärischen

Aktion über deren Legalität oder Illegalität. In einer Welt, in der die Hegung der Gewalt in den internationalen Beziehungen mit größter Mühe in die Hände der UN gelegt worden ist, bedeutet diese Legalität zugleich auch ihre Legitimität. Wie wäre es aber, wenn die von der Charta der UN geforderte einstimmige Zustimmung zu einer internationalen militärischen Intervention im Sicherheitsrat durch eine rein machtpolitisch motivierte Weigerung eines Mitgliedsstaates verhindert und damit eine dringend notwendige humanitäre Rettungsaktion hintertrieben worden wäre? Würde dann eine gleichwohl durchgeführte miltärische Intervention nicht nur illegal, sondern auch illegitim sein?

Wenn wir einräumen, daß der militärische Eingriff der Amerikaner in Afghanistan immerhin dieses Land von der – große Hungersnot einschließenden – schweren Bedrückung durch eines der finstersten Regimes unserer Gegenwart befreit und zugleich einen bedeutsamen staatlichen Stützpunkt des internationalen Terrorismus beseitigt hat, können dann Vernunft und Gerechtigkeitsgefühl dieser Aktion ihre Berechtigung nur deshalb versagen, weil der, wie ich einmal unterstelle, völkerrechtswidrige Unilateralismus der USA ihre Intervention durch und durch kontaminiert hätte?

Innerhalb der Rechtskultur konsolidierter Verfassungsstaaten gibt es das Prinzip, daß es oberhalb des Regelwerks der Verfassung keine höhere Legitimität gibt, in deren Namen die Regeln ihrer Legalität auch nur vorübergehend außer Kraft gesetzt werden dürfen. Die Legitimität einer solchen Ordnung besteht in ihrer Legalität. Weder »wirkliches« Wohl noch »wirklicher« Wille des Volkes, weder »höhere« Gebote der Humanität oder der Vernunft noch die Berufung auf einen unvorhersehbaren Notstand werden als Rechtfertigung für die Regierung anerkannt, von der in der Verfassung kodifizierten Legalität abzuweichen. Den Hintergrund dieses Prinzips bildet die Erfahrung, daß die Inhaber der Staatsgewalt die ihnen unbequem gewordenen Fesseln der Verfassung und des Rechts gerne unter Berufung auf das höhere Wohl des Landes, des Volkes oder einer anderen »heiligen« Sache abstreifen und dann eine mehr oder minder grausame Form der Selbstherrschaft errichten. Wollten wir dieses Prinzip auf die internationalen Beziehungen übertragen, so müßte man zu dem Ergebnis gelangen, daß die in der UN-Satzung niedergelegte »Verfassung« der Weltgemeinschaft es keinem Staat und keiner Staatenkoalition erlaubt, mit Ausnahme der Selbstverteidigung und außer im Falle eines ausdrücklichen Mandats des Sicherheitsrats der UN, militärische Gewalt gegen einen anderen Staat anzuwenden. Auch hier würde dann gelten: Jenseits der Legalität der UN-Charta gibt es keine völkerrechtliche Legitimität. Und auch hier läge diesem Grundsatz ein aus Erfahrung gewonnener politischer Sinn zugrunde. Es soll nämlich die innere Tendenz der Staaten, zur Lösung ihrer Konflikte mit anderen Staaten und zur Verfolgung ihrer staatlichen Interessen militärische Gewalt anzuwenden, gebändigt und damit der Krieg als Mittel der internationalen Politik so weit wie möglich ausgeschaltet werden.

XIV. Warum demokratische Staaten nicht zu kriegerischen Abenteuern neigen

Es gibt aber begründete Zweifel an der Tragfähigkeit dieser Analogie. Nicht zufällig tauchte zuerst im Zusammenhang mit dem Kosovo-Krieg der Begriff des »post-nationalen« Krieges auf, den Ulrich Beck ein wenig plakativ als eine Gestalt des militärischen Konflikts bezeichnet, in der das Prinzip gilt: »Menschenrecht bricht Völkerrecht«, wobei Völkerrecht natürlich Staatenrecht meint. Noch fehlen dem Begriff des »post-nationalen« Krieges klare Konturen, doch ein Merkmal scheint heute bereits gewiß: – die Anwendung militärischer Gewalt, welche den überkommenen Horizont (einzel-)staatlicher Zwecke überschreitet und zumindest auch der Verwirklichung bestimmter Werte der internationalen (Staaten-)Gemeinschaft dient. Das soll nicht heißen, das Zeitalter der Interessen des Staates sei beendet, und es gäbe keine Kriege mehr, die im Interesse eines Staates oder einer Staatenkoalition geführt werden. Die Kategorie des »post-nationalen« Krieges soll nur zum Ausdruck bringen, daß wir in der Zukunft immer häufiger uneindeutigen Gewaltereignissen begegnen werden, die mit so paradoxen Formulierungen wie »militärischer Humanismus« (U. Beck) oder »humanitärer Krieg« umschrieben werden, um ihre innere Widersprüchlichkeit zu fassen.

Wenn es heute um die Ordnung der Welt geht, dann reicht es nicht länger aus, einen geordneten, gewaltlosen Verkehr der souveränen Staaten untereinander zu garantieren. Diesem Zweck dient die innere Logik der UN-Charta mit ihrer vernünftigen Tendenz, die Anwendung der Gewalt in den internationalen Beziehungen unter ihre Kontrolle zu bringen. Heute besteht die Ordnung der Welt auch in der Wahrung der Menschenrechte, deren institutionelle Verfestigung allerdings noch höchst unvollkommen ist. Wie in der Frühphase des modernen Staates bestimmte Aufgaben – wie das Eintreiben von Steuern – noch an »beliehene Unternehmer« delegiert werden mußten, so müssen heute in der internationalen (Staaten-)Gemeinschaft ebenfalls Ordnungsfunktionen an einzelne Staaten oder Staatengruppen übertragen werden (wie beispielsweise die Ordnungsaufgaben von »Blauhelmen« in Krisengebieten). Das gilt auch für die Wahrung der international geltenden Menschenrechte, deren unbedingte und universelle normative Geltung jedoch in einem prekären Verhältnis zu den sehr fragmentierten Bedingungen ihrer Durchsetzung stehen. Die Idee, die international geltenden Menschenrechte im Geiste der Unparteilichkeit,

Neutralität und Machtvergessenheit durchzusetzen, geht an den heutigen Bedingungen nicht nur der Macht, sondern auch der Rechtsdurchsetzung vorbei.

In den Fällen Kosovo und Afghanistan, die gewiß nicht die letzten ihrer Art gewesen sein werden, wurde das Schwert für die Menschenrechte von der Hegemonialmacht USA geführt. Für diese ist die weltweite Durchsetzung der Menschenrechte untrennbar mit ihrer globalen Machtpolitik verbunden. Allzuleicht können sich da im Spannungsfeld von »humanitärer Selbstlosigkeit und imperialer Machtlogik« (U. Beck) Motive einstellen, in denen die Menschenrechte allenfalls als Dekor für handfestere Interessen dienen. Es sind eher die Europäer, welche die Verwirklichung der Menschenrechte nicht so sehr mit militärischen Interventionen als mit dem Projekt einer Verrechtlichung der internationalen Politik durch geregelte Verfahren der Konfliktlösung verbinden. Ihnen fehlen indessen die Machtmittel, dieses Projekt voranzutreiben; hätten sie diese allerdings, dann könnte es gut sein, daß sie sich nicht anders verhielten als der heutige Hegemon.

Überhaupt spiegelt sich in der unterschiedlichen Herangehensweise der USA und der Europäer bei der Verwirklichung weltweiter Rechtszustände nicht nur deren unterschiedliche Machtstellung in der Welt, sondern zugleich auch ein Unterschied gleichsam im moralischen Temperament. Das für die europäische Methode charakteristische Projekt einer institutionellen Nach- und Ausrüstung der an einem leichten moralischen Übergewicht leidenden Menschenrechte bringt notwendig eine gewisse Neutralisierung und Verflachung ihrer moralischen Unbedingtheit mit sich; denn es müssen im Prozeß der rechtlichen Institutionalisierung Kompromisse mit vielfältigen konkurrierenden, ja gegenläufigen Mächten und Interessenten eingegangen werden. Die Ergebnisse der überaus zähen multilateralen Verhandlungen über das

Statut zur Errichtung eines Ständigen Internationalen Strafgerichtshofs im Juli 1998 in Rom können als jüngster Beleg hierfür genommen werden. Keinen Einsichtigen kann es verwundern, daß nun einmal die rechtliche Ordnung einer komplexen sozialen Wirklichkeit in der wechselseitigen Angleichung und Vermittlung der harten Tatsachen des gesellschaftlichen Lebens mit den Idealen der moralischen Welt besteht. Nicht überraschend nimmt daher der moralische »Reinheitsgrad« der Menschenrechte in dem Maße ab, in dem diese durch rechtliche Institutionalisierung an Lebenswirklichkeit gewinnen.

Umgekehrt können die Menschenrechte ihre unbefleckte normative Unbedingtheit am besten dort bewahren, wo sie direkt und ohne das Dazwischentreten vermittelnder Instanzen mit dem flammenden Schwert der Gerechtigkeit in konkreten Leidenssituationen des Menschen Partei gegen das Unrecht ergreifen können. Bei schreiendem Unrecht, das gequälten, gemordeten, vertriebenen, vergewaltigten und mißachteten Menschen zugefügt wird, verlangt das moralische Gewissen das unmittelbare und sofortige Einschreiten mit allen verfügbaren Mitteln, auch und vorzugsweise mit den Mitteln der Gewalt. Denn die Gewalt hat dieselbe unmittelbare Evidenz wie das menschliche Leiden selbst, dem sie abhelfen soll. Sie wirkt universell, denn sie ist stumm und wird überall und sofort »verstanden«, da sie auf Vermittlung nicht angewiesen ist.

Die einzige Macht, die es sich allenfalls leisten kann, einem solchen Impuls zu folgen, sind die Vereinigten Staaten von Amerika. Denn sie allein besitzen die Ressourcen, sofort, spontan und auch an entfernten Orten dieser Welt militärische Operationen durchzuführen. Da natürlich auch deren Ressourcen bei weitem nicht ausreichen würden, überall einzuschreiten, wo Menschenrechtsverletzungen stattfinden, kann es nicht erstaunen, daß die moralischen Impulse mehr oder weniger bewußt durch tieferliegende materielle Interessen oder strategische Erwägungen beeinflußt werden. So ergibt sich fast zwangsläufig das Handlungsmuster einer unsystematischen, selektiven, zuweilen sprunghaften und gegenüber den etablierten rechtlichen Verfahren der Staatengemeinschaft auch häufig recht unbefangenen Menschenrechtspolitik der USA.

Man mag das beklagen. Aber wir können uns der Einsicht nicht verschließen, daß die in dem europäischen Projekt enthaltene Idee einer Fortentwicklung des internationalen Rechts zum Verfassungsrecht einer immer enger zusammenwachsenden Weltgesellschaft, in der die Menschenrechte durch universell zuständige rechtliche Institutionen in geordneten Verfahren verwirklicht werden, wenig mit der Wirklichkeit des 21. Jahrhunderts zu tun haben wird. Herfried Münkler hat überzeugend gezeigt, daß entgegen den Annahmen, die üblicherweise in den intellektuellen Debatten über die Ethik der humanitären Intervention gemacht werden, die Staaten, die dafür ohnehin nur in Betracht kommen – die wohlhabenden und wohlgeordneten OECD-Staaten – immer weniger dazu in der Lage sind. Sie verfangen sich gewissermaßen in ihrer eigenen moralischen Sensibilität. Im Maße ihrer eigenen rechtsstaatlichen und demokratischen Reifung wächst zwar bei ihnen auch die Empfindsamkeit gegenüber Menschenrechtsverletzungen anderswo in der Welt. Diese ist ja dank der Medien tatsächlich zum globalen Dorf geworden, in dem kaum etwas unbemerkt geschehen kann. Zum anderen aber ist es gerade diese gesteigerte moralische Empfindsamkeit, die die Bereitschaft und die Fähigkeit dieser Gesellschaften unterminiert, auf die Verletzung dieser Standards mit dem Mittel der militärischen Gewalt zu reagieren. Dieselbe Sensibilität, die die Bürger der entwickelten Demokratien vor allem des europäischen Westens auch geographisch weit entfernte Menschenrechtsverletzungen mit größter Aufmerksamkeit wahrnehmen läßt, hindert sie zugleich daran, kaum mehr dagegen zu unternehmen, als ihre moralische Empörung zum Ausdruck zu bringen.

Kant hat bekanntlich als erster das Argument vorgebracht, daß Republiken deswegen wenig kriegsgeneigt seien, weil die Bürger wissen, daß sie *selbst* die mit einem Krieg verbundenen Leiden und materiellen Einbußen zu erdulden haben – also werden sie alles daransetzen, einen Konflikt mit friedlichen Mitteln auszutragen. Das ist wohl der Grund für die immer wieder hervorgehobene Tatsache, daß demokratische Staaten bisher noch niemals Kriege gegeneinander geführt haben. Wenn es nach Kant nicht die eingeborene Gutmütigkeit und Friedfertigkeit der Bürger, sondern ihre materielle Interessiertheit ist, die sie den Krieg nach Möglichkeit meiden läßt, dann muß man die Frage stellen, warum sie bereit sein sollten, für die Herstellung eines ihren Idealen gemäßen Rechtszustandes in anderen Teilen der Welt Krieg zu führen und dafür unter Umständen schwere Opfer zu bringen.

Diese Opfer sind zunächst materieller Art. Für die Interventionskriege, die heute auf der weltpolitischen Tagesordnung stehen, sind sie äußerst hoch. Denn sie verlangen ein Höchstmaß an Beweglichkeit der Truppe, an technischer Perfektion der Waffen-, Kommunikations- und Transportsysteme und eine aufwendige Infrastruktur für Versorgung und Nachschub auch in die entferntesten und unwirtlichsten Gegenden der Welt. Daß die Bundesrepublik Deutschland sich im Jahre 2002 aus Gründen unzureichender Ausstattung ihrer Streitkräfte nicht in der Lage sah, gleichzeitig in Mazedonien und in Afghanistan die Leitung der dortigen multinationalen militärischen Einsätze – die keine Kampfeinsätze waren – zu übernehmen, wirft ein bezeichnendes Schlaglicht auf die Interventionsfähigkeit wohlhabender Staaten und zeigt an, wie ressourcenintensiv die »neuen Kriege« für die Intervenienten geworden sind.

Will eine Gesellschaft diese Ressourcen nicht zur Verfügung stellen, weil ihr andere Verwendungen ihres Reichtums vorrangig erscheinen, so gerät die soziomoralische Dimension der Fähigkeit entwickelter Gesellschaften zur humanitären Intervention in den Blick. Sie zeigt uns, daß die im Zusammenhang mit der humanitären Intervention immer wieder vorgetragene Befürchtung, unter dem Vorwand des Schutzes der Menschenrechte könnte eine ungehemmte Interventionswut entfesselt werden, durch den Hinweis auf die Befindlichkeiten der potentiellen Interventionsmächte leicht entkräftet werden könnte.

In einer anderen Hinsicht zeigt sich dies noch klarer. Das Anwachsen der Friedensbewegungen in vielen dieser Länder macht deutlich, daß die Anwendung militärischer Gewalt von immer breiteren Bevölkerungskreisen als ein prinzipiell unzulässiges Mittel zur Lösung internationaler Konflikte angesehen wird. In den auf diskursive Verfahren des gesellschaftlichen Ausgleichs und der Konfliktbearbeitung spezialisierten politischen Kulturen, wie sie insbesondere in den europäischen OECD-Ländern etabliert sind, wird der stumme Zwang der Gewalt immer seltener als ein legitimes Mittel auch der internationalen Politik anerkannt. Vielerorts wird dabei nicht nur die Legitimität, sondern auch die Eignung dieses Mittels in Abrede gestellt, zur Lösung eines Konfliktes konstruktiv beizutragen. Das mag so sein oder nicht, jedenfalls macht die Sensibilisierung gegen das Mittel militärischer Gewalt diese Gesellschaften zunehmend unwillig und unfähig, es überhaupt einzusetzen, auch zum Zwecke der Durchsetzung der Menschenrechte. Es ist eine der vielen tragischen Paradoxien, die die Welt der Politik nun einmal gebiert, daß das Prinzip, die Welt allein nach den gewaltlosen Gesichtspunkten der Moral und des Rechts zu ordnen, seine Verfechter am Ende dazu nötigt, Gewalt und Unrecht zumindest in fernen Teilen der Welt hinzunehmen.

Dieser Widerspruch spitzt sich zu, wenn die ferne Gewalt plötzlich sehr nahe kommt. Die Erfahrung der letzten Jahre hat gezeigt, daß die Regierung eines demokratischen Staates in äußerste Schwierigkeiten gerät, wenn sie rechtfertigen soll, daß die eigenen Soldaten in einem fernen Krieg ihr Leben lassen mußten. Moral und Verfassungsrecht demokratischer Staaten erlauben es nicht, das Leben der eigenen Staatsbürger für etwas weniger Schwerwiegendes aufs Spiel zu setzen als für das vitale Interesse dieses Landes selbst. Hat das Interesse an der Wahrung der Menschenrechte im Irak, in Ost-Timor, in Kambodscha oder in Afghanistan dieses Gewicht? Spätestens, wenn der Verteidigungsminister sich vor die Kameras stellen und erklären muß, daß der ferne Krieg auch Opfer unter »unseren Soldaten« gefordert habe, wird man neu wägen und die Frage verneinen. Das verdient dann allen Respekt, und keinesfalls wäre eine solche Entscheidung etwa eines demokratischen Staates, der sich den Menschenrechten verpflichtet weiß, unwürdig.

Man muß dann aber aus der Erkenntnis einer abnehmenden moralischen Kriegsführungsfähigkeit entwickelter Gesellschaften die richtigen Schlußfolgerungen ziehen. Sie sind intellektuell anspruchslos und moralisch konventionell: »Empfindsame Demokratien« des Westens, wie ich sie selbst einmal in einem anderen Zusammenhang genannt habe, werden das äußerste Mittel der militärischen Gewalt zur Durchsetzung eines universellen Rechtszustandes, den die entwickelten Gesellschaften als Maßstab für einen zivilisierten Zustand dieser Welt ansehen – also vor allem die Geltung einiger elementarer Menschenrechte und die Beseitigung, zumindest Eindämmung terroristischer Gewalt – nur dann anwenden, wenn sie daran ein eigenes unmittelbares Interesse haben. Nur dann werden sie auch bereit sein, die dafür erforderlichen, sehr beträchtlichen Ressourcen bereitzustellen und in einem gewissen Ausmaß sogar das Opfer des Lebens ihrer Soldaten in Kauf zu nehmen.

Oben sagte ich, daß die Amerikaner in Afghanistan getan hätten, was Vernunft und Gerechtigkeit verlangen, daß aber ihre Aktionen schwerlich mit dem geltenden Völkerrecht zu vereinbaren seien. Es liegt hier ein klassisches Dilemma vor. Darf man gegen das geltende Recht verstoßen, um einer höheren Gerechtigkeit zum Durchbruch zu verhelfen? Hätten die Amerikaner die europäische Methode der Bewältigung der Folgen des 11. September gewählt, also den Weg der in der UN-Charta vorgesehenen rechtlichen Verfahren, so wäre es vermutlich zu keiner militärischen Intervention in Afghanistan, nicht zur Beseitigung des Taliban-Regimes und nicht zur konkreten Abhilfe gegen deren grausame und nachhaltige Menschenrechtsverletzungen gekommen. Vermutlich könnte Al Qaida noch heute ungestört von Afghanistan seine mörderischen Pläne spinnen und steuern. Es bedurfte neben der starken moralischen Empörung über die Ungeheuerlichkeit des Verbrechens vom 11. September der ganz unmittelbaren Herausforderung des nationalen Interesses, welche die USA den »direkten Weg« der militärischen Gewalt im Kampf gegen den Terrorismus und durchaus auch zur Befreiung Afghanistans von einem ruchlosen Regime beschreiten ließ. Wir müssen sogar noch einen Schritt weitergehen: Wir können wohl unterstellen, daß humanitäre und weltbürgerliche Motive, die Welt ganz allgemein besser zu machen, dabei nur die geringste Rolle gespielt haben. Doch genau das ist die bittere Lehre, die wir zu ziehen haben: Es bedurfte des nackten Interesses der USA und des spontanen moralischen Affektes ihrer Bürger, um der Vernunft und der Gerechtigkeit zum Siege zu verhelfen. Hegel hätte dies wohl als einen Anwendungsfall der List der Vernunft angesehen.

XV. Warum man eine humanitäre Intervention rechtfertigen kann

Für viele mag das als eine allzu frivole Rechtfertigung eines Krieges erscheinen. Mit einem gewissen Recht werden sie die Frage stellen, ob hier nicht in der Gestalt der »einseitigen humanitären Intervention« die längst überwunden geglaubte Doktrin des »gerechten Krieges« wiederkehrt? Gestern der Kosovo, heute Afghanistan, morgen vielleicht Irak, Somalia oder gar andere Länder, die in der manichäischen Rhetorik des gegenwärtigen US-Präsidenten zur »Achse des Bösen« gehören? Wird nicht mit der Gewöhnung an derartige Interventionen, die sich durchweg humanitär rechtfertigen ließen, jene mühselige Entwicklung wieder rückgängig gemacht, in der es schließlich gelungen war, den Staatenkrieg auf die Schrumpfversion des Verteidigungskrieges unter der Aufsicht der UN zu reduzieren?

Es gibt gewisse Ähnlichkeiten, doch im Kern hat das mittelalterliche Konzept des gerechten Krieges mit dem heutigen, post-nationalstaatlichen Phänomen der humanitären Intervention nur wenig gemein. Nach dem modernen, durch Grotius und Clausewitz geprägten Verständnis des Krieges war das, was die mittelalterliche Doktrin als *bellum iustum* bezeichnete, gar kein Krieg. Er war eine Sanktion für vorangegangenes Unrecht – also eine Art Strafe und Genugtuung –, die nach den von Thomas von Aquin klassisch formulierten Kriterien nur gerechtfertigt war, wenn sie von einem legitimen Herrscher in rechtlicher Gesinnung geführt wurde und eine gerechte Sache vertrat. In der sich auflösenden mittelalterlichen Ordnung gab es keine übergeordnete neutrale Instanz, die entscheiden konnte, ob eine *causa justa* vorlag, und so mußte man schließlich anerkennen, daß jeder *princeps* selbst in eigener Verantwortung über die Gerechtigkeit seiner Sache entscheiden mußte. Das führte dann schließlich zu der paradoxen Situation eines beiderseitig gerechten Krieges.

Nach der allseitigen Anerkennung der Souveränität der Staaten im Westfälischen Frieden setzte sich die Auffassung durch, daß Krieg nicht mehr nur zur Selbstverteidigung und als Sanktion für erlittenes Unrecht geführt werden durfte, sondern nun auch zu den legitimen Instrumenten der Staatsräson gehörte. Wenn aber bewaffnete Gewalt ein rechtlich unbedenkliches Mittel regulärer staatlicher Zweckverfolgung war und dies natürlich für jeden der europäischen Staaten galt, dann fanden sich alle Staaten in einen Naturzustand permanenter wechselseitiger Bedrohung versetzt, in dem das strategische Gebot der Selbsterhaltung und der präventiven Machtsteigerung zum Maßstab staatlichen Handelns wurde. Strategische Kalküle entschieden nun, ob der Staat seine Interessen durch Krieg oder mittels ziviler, vor allem politisch-diplomatischer Mittel verfolgen wollte. Rechtlich und ethisch waren dies gleichwertige Optionen. Die Frage nach der Gerechtigkeit des Krieges war obsolet geworden. Aus dem theologischen und philosophischen Konzept des »gerechten Krieges« war das völkerrechtliche *ius ad bellum* geworden, das jedem Staate innewohnende und damit keiner weiteren Begründung bedürfende »Recht zum Kriege«.

Waren die Staaten somit von dem Zwang befreit, die von ihnen angezettelten Kriege zu rechtfertigen, unterlag seit der Mitte des 19. Jahrhunderts die Art und Weise der Kriegführung einer fortschreitenden völkerrechtlichen Regulierung. Dieses *ius in bello*, zu dessen bedeutendster Kodifizierung die Haager Landkriegsordnung des Jahres 1907 geworden ist, tastete allerdings das staatliche *ius ad bellum* nicht an. Bemühungen in diese Richtung setzten nach 1919 ein, übrigens ganz wesentlich durch die Vierzehn Punkte des amerikanischen Präsidenten Wilson befördert, in denen er die Kantsche Erkenntnis eines Zusammenhanges von republikanischer Staatsform und Frieden auf die Verhältnisse des 20. Jahrhunderts anwandte. Doch der entscheidende Schritt zur Ächtung des Krieges erfolgte dann erst durch den Kellogg-Briand-Pakt vom 27. August 1928, in dem die Unterzeichnerstaaten – unter ihnen die Vereinigten Staaten, Großbritannien, Frankreich, Japan und Deutschland, nicht aber die Sowjetunion – feierlich erklärten, daß »sie den Krieg als Mittel der Lösung internationaler Streitfälle verurteilen und auf ihn als Werkzeug nationaler Politik in ihren gegenseitigen Beziehungen verzichten«. Dies war eine späte Reaktion auf die Schrecken des Ersten Weltkrieges. Offenbar bedurfte es des noch furchtbareren Alptraumes des Zweiten Weltkrieges, um dieses Prinzip zu universalisieren und die Androhung oder Anwendung von Gewalt in den internationalen Beziehungen für alle Mitglieder der UN und damit praktisch generell zu verbieten. Heute dürfen Staaten Gewalt nur noch zum Zwecke der individuellen oder kollektiven Selbstverteidigung anwenden, bis der Sicherheitsrat die erforderlichen Maßnahmen zur Wahrung des Weltfriedens und der internationalen Sicherheit getroffen hat. Keineswegs dürfen sie das Mittel der bewaffneten Gewalt etwa für die Herstellung einer gerechten Weltordnung einsetzen – etwa zur Durchsetzung gerechter Handelstarife oder zum Schutze des der Menschheit überantworteten Erbes an natürlichen Ressourcen.

Statt zwischen gerechtem und ungerechtem Krieg muß man daher heute zwischen dem legalen und dem illegalen Krieg unterscheiden. Der Maßstab ist die Charta der Vereinten Nationen: Legal gemäß Artikel 51 ist der Krieg, den ein Staat oder eine Staatenkoalition zur Verteidigung gegen einen bewaffneten Angriff führt, und legal gemäß Artikel 39 und 42 sind vom Sicherheitsrat autorisierte bewaffnete Aktionen, die der Wahrung oder Wiederherstellung des Friedens und der internationalen Sicherheit dienen. Alle anderen Formen bewaffneter Gewalt sind danach illegal, mögen auch noch so viele Gründe der Gerechtigkeit für sie sprechen.

Legte man diese beiden Gründe für einen rechtmäßigen Krieg eng aus, so müßte man wohl tatenlos zusehen, wenn eine Regierung Gruppen ihrer eigenen Bevölkerung physisch vernichtet, vertreibt, ihr Eigentum zerstört und sie auf andere Weise terrorisiert; denn nach überkommener Auslegung läge weder ein bewaffneter Angriff auf einen anderen Staat noch ein Bruch des Friedens und der internationalen Sicherheit vor. Wie ein Staat mit seiner Bevölkerung umgeht, gehört zu seinen inneren Angelegenheiten. Zwar war der völkerrechtlichen Doktrin des 19. Jahrhunderts die Idee einer militärischen Intervention zugunsten der unterdrückten Bevölkerung eines Staates nicht vollkommen fremd, doch hatte das Prinzip des Interventionsverbots eindeutig Vorrang. Die von dem progressiv-liberalen englischen Philosophen John Stuart Mill vertretene Auffassung, daß ein unterdrücktes und von seinen Herren gequältes Volk sich seine Freiheit selbst erkämpfen müsse und sie nicht von außen auferlegt oder geschenkt bekommen solle, gab dieser Staatenpraxis die philosophische Weihe.

In einer Welt »erwachsener« Staaten hat der Vorrang der Souveränität vor der Humanität auch seinen guten Sinn. Genauer: In einer solchen Welt ist die Souveränität das zentrale Instrument der Wahrung der Humanität. Souveränität bildet die Voraussetzung dafür, daß die Staaten, geleitet von ihren Interessen und der Vernunft ihrer Regierungen, ihre Beziehungen im Medium des für alle verbindlichen Rechts ordnen und sich dabei wechselseitig als Gleiche anerkennen. Sie erlaubt es ihnen, Institutionen herauszubilden, die Berechenbarkeit und ein Mindestmaß an universaler Zivilität garantieren. Die Zuerkennung von Souveränität an jeden Staat gleich welcher Größe und unabhängig von seinen Ressourcen kann man daher als einen Ansporn zu Mündigkeit und Verantwortungsfähigkeit verstehen, so wie ja auch in einer freien Gesellschaft die jedem Individuum zuerkannte Würde und Freiheit anspruchsvolle Erziehungsmittel darstellen. Solange eine Weltrepublik nicht besteht – über deren Möglichkeit und Wünschbarkeit sich natürlich trefflich streiten ließe –, ist daher die Integrität unabhängiger Staaten und damit das völkerrechtliche Interventionsverbot ein notwendiges Konstruktionselement für eine zivilisierte, stabile und die Vielfalt der Menschheit respektierende internationale Rechtsordnung.

Doch die Wirklichkeit des 20. Jahrhunderts hat uns, wie wir oben bereits gesehen haben, darüber belehrt, daß die Souveränität von Staaten zuweilen Verbrechern als Schutzschild dient, hinter dem sie die schamlosesten Untaten begehen, denen die Weltöffentlichkeit aus Respekt vor der Souveränität und Unabhängigkeit der Staaten in hilflosem Entsetzen zusehen mußte. Wo aber die staatliche Gewalt selbst zur Quelle für Entwürdigung, Gewalttätigkeit, Unterdrückung, Mord und Vertreibung wird, ist dort nicht der innere Grund für das Gebot der Achtung der Unabhängigkeit und territorialen Integrität des Staates entfallen? Wenn ein Staat die Fähigkeit zur Erfüllung seines zivilisatorischen Auftrages verloren hat, nämlich die Garantie des Schutzes von Leib und Leben der in ihm lebenden Menschen und die Wahrung eines minimalen Rechtszustandes, welchen guten Sinn soll dann das Prinzip der staatlichen Souveränität und Unabhängigkeit haben?

Völkerrechtliche Doktrin und Praxis sind daher auch bei einer engen Auslegung des Interventionsverbots nicht stehengeblieben. Zum einen zeigt die zunehmende Internationalisierung der Menschenrechte an, daß deren Geltung nicht länger eine innere Angelegenheit der Staaten ist, die andere Staaten und die internationale Staatengemeinschaft nichts anzugehen haben. Bereits die am 10. Dezember 1948 von der Generalversammlung der Vereinten Nationen verkündete Allgemeine Erklärung der Menschenrechte brachte zum Ausdruck, daß die Anerkennung bestimmter individueller und kollektiver Rechte eine Sache der gesamten Menschheit ist. Folgerichtig gehören Achtung und Verwirklichung der Menschenrechte zu den ausdrücklichen Zielen der UN. Die Staaten sind in ein dichtes Netz vielfältiger Menschenrechtsverträge eingebunden, kraft deren sich Individuen gegenüber der Regierung ihres eigenen Staates auf Rechtsprinzipien der internationalen Gemeinschaft berufen und unter bestimmten Voraussetzungen sogar deren Schutz in Anspruch nehmen können. Die Folge ist eine historisch beispiellose Durchlässigkeit und Offenheit des staatlichen Souveränitätspanzers für die Einwirkung internationaler rechtlicher Prinzipien auf die vormals nach außen abgekapselten inneren Angelegenheiten des Staates. Dies verändert natürlich auch den Charakter der internationalen Beziehungen selbst. Man kann das besonders deutlich an dem Bericht erkennen, den der Generalsekretär der UN im Herbst 1991 an die Generalversammlung erstattete. Ungewohnt undiplomatisch stellte er im Angesicht einer nicht gerade geringen Zahl von Repräsentanten jener Staaten fest, die den Anlaß seiner Besorgnisse bildeten und die es daher ganz unmittelbar anging, daß das Verbot der Intervention in die inneren Angelegenheiten eines Staates nicht als ein Schutzschild betrachtet werden dürfte, hinter dem ungestraft massive und systematische Menschenrechtsverletzungen begangen werden dürften. Das wichtige Prinzip der territorialen Integrität und der Unabhängigkeit der Staaten würde geschwächt, wenn es die Befugnis zu Massenmord, systematischer Ausrottung der Bevölkerung oder deren Vertreibung im Namen der Beendigung von Bürgerkrieg oder Rebellion implizierte.

Damit sollte nicht der Boden für die Schaffung eines neuen Rechtsgrundes für die Anwendung militärischer Gewalt bereitet werden. Es ging und geht vielmehr darum, den Begriffen »Frieden« und »internationale Sicherheit« eine anspruchsvollere, den heutigen Bedingungen der Weltzivilisation angemessenere Bedeutung zuzumessen. Die immer engeren Verflechtungen und die fortschreitende wechselseitige Offenheit der Staaten füreinander steigert auch die Bedeutung der ihnen gemeinsamen Rechtsüberzeugungen. Die Wahrung eines für alle Staaten verbindlichen rechtlichen Mindeststandards ist mehr denn je zu einer Bedingung wechselseitigen Vertrauens und damit der internationalen Sicherheit geworden. Die systematische Verletzung der Menschenrechte einer Bevölkerung durch ihre eigene Regierung bedroht die internationale Sicherheit daher nicht allein aufgrund der meist dadurch ausgelösten grenzüberschreitenden Flüchtlingsströme und ihrer destabilisierenden Wirkungen auf die Nachbarstaaten, sondern auch durch das Aufschrecken und die Empörung einer Weltöffentlichkeit, die nach Sanktionen ruft oder sonst Druck auf die Regierungen ausübt, diesen Zustand unerträglicher Gewalttätigkeit zu beenden. Schwerwiegende Menschenrechtsverletzungen betreffen daher heute die gesamte Staatengemeinschaft. Sie beeinträchtigen das friedliche Zusammenleben der Staaten und haben aufgehört, eine innere Angelegenheit eines Staates zu sein.

In bezug auf das zerfallene Somalia stützte sich – erstmals in der Geschichte des Völkerrechts – die Resolution des UN-Sicherheitsrats vom 3. Dezember 1992 ausschließlich auf die untragbaren innerstaatlichen Umstände dieses Landes. Ohne nähere Begründung wurden sie als eine Gefährdung des Friedens und der internationalen Sicherheit qualifiziert. Es liegt in der inneren Logik dieser Resolution, diese beiden Kernbegriffe der Charta der Vereinten Nationen – und damit eine Erweiterung der Befugnis des Sicherheitsrates zur Anwendung von bewaffneter Gewalt gegen einzelne Staaten – auf die Fälle anzuwenden, in denen ein Staat Handlungen gegen seine Bevölkerung begeht, die, wie es Michael Walzer ausdrückte, »das moralische Gewissen der Menschheit erschüttern«. So wird es früher oder später auch kommen.

XVI. Warum man selbst eine unilaterale humanitäre Intervention tolerieren kann

Folgte man dieser erweiterten Auslegung des Begriffs der internationalen Sicherheit, so käme man zu einem neuen Rechtstitel für internationale bewaffnete Aktionen, vulgo: für Krieg. In der Völkerrechtslehre und der Politikwissenschaft wird die »humanitäre Intervention« lebhaft und höchst kontrovers debattiert. Das ist nicht erstaunlich, denn der mögliche Konflikt zwischen Gewaltverbot und universeller Geltung der Menschenrechte läßt nicht nur die hier vertretene Lösung zu, daß unter Beachtung gewisser einschränkender Bedingungen das Menschenrecht auch erzwungen werden muß, weil die Rechtlosigkeit eines Volkes zugleich ein Zustand der Friedlosigkeit der Weltgesellschaft ist. Autoren, die stärker an der äußeren Stabilität und Ordnung der internationalen Beziehungen orientiert sind, werden umgekehrt einen Vorrang des Gewaltverbots vor der Beachtung der Menschenrechte behaupten. Sie können dabei auf die keineswegs fernliegende Gefahr verweisen, daß, wenn man einmal die humanitäre bewaffnete Intervention zuläßt, dann die Schleusen für jede Art von Angriffskrieg geöffnet würden, da sich »humanitäre« Gründe für einen Angriffskrieg immer finden ließen. Ein großer Teil der Autoren, die sich dennoch für die Zulässigkeit der humanitären Intervention aussprechen, glaubt, diese Gefahr durch das Erfordernis bannen zu können, daß jede humanitäre Intervention einer Autorisierung durch den Sicherheitsrat bedarf. Der bewaffnete Kampf für die Menschenrechte soll dadurch als eine Sache der gesamten Menschheit erkennbar werden.

Breiter Ablehnung begegnen daher die unter dem Rechtstitel der humanitären Intervention geführten bewaffneten Aktionen einzelner Staaten oder Staatenkoalitionen, wie zuletzt die Kosovo-Intervention der NATO im Frühjahr und Frühsommer des Jahres 1999 oder die im Oktober 2001 begonnenen militärischen Aktionen der USA in Afghanistan. Ob sich Letztere allerdings als humanitäre Intervention deuten lassen oder auch nur von der US-Regierung als solche betrachtet worden sind, ist zweifelhaft; ihr genügten die oben erwähnten Resolutionen des Sicherheitsrats über die Ächtung des Terrorismus als Rechtsgrundlage – offenbar herrschte im Sicherheitsrat Übereinstimmung darüber, daß die USA hier von ihrem Recht auf Selbstverteidigung gegen einen bewaffneten Angriff gemäß Artikel 51 der Charta der UN Gebrauch machten. Doch mag das hier auf sich beruhen, denn jedenfalls könnte für diese und ähnliche bewaffnete Aktionen das Konzept der »humanitären Intervention« durchaus in Betracht kommen, und für die Kosovo-Intervention ist dies auch tatsächlich geschehen. Bedeutet dies die Wiederkehr des »gerechten Krieges«? Hatten wir nicht nach der unseligen dreihundertjährigen Phase des staatlichen *ius ad bellum* in der Mitte des 20. Jahrhunderts endlich eine Stufe der moralischen Entwicklung erreicht, auf der es für die Leiden des Krieges keine wie immer geartete Rechtfertigung mehr geben kann?

Die klassische Doktrin hatte gelehrt, daß eine gerechte Sache den Krieg rechtfertige. Bis ins 16. Jahrhundert hinein stellte die Verteidigung und die Verbreitung der christlichen Religion eine solche gerechte Sache dar. Die Kreuzzüge des 12. und 13. Jahrhunderts waren nach dieser Lehre gerechte Kriege. Für die Opfer dieser Bekehrungskriege galt der berühmte Aufruf des machtvollen Zisterziensiermönches Bernhard von Clairvaux von 1147: »Taufe oder Tod«. Die mehr oder weniger frommen Krieger dagegen nahmen an diesen »gerechten Kriegen« durchaus freiwillig teil; sie wurden nicht etwa dazu gezwungen. Was uns heute an der Idee eines gerechten Religionskrieges abstößt, ist daher auch nicht mehr so sehr die Idee, die Religion mit Gewalt, Mord und Plünderung verbreiten zu wollen – dies ist nun wirklich weltweit überwunden –, sondern das erst im Zeitalter der Staatlichkeit hinzutretende neue Element des den Individuen auferlegten Zwanges zum Kriegertum. Unter den modernen Bedingungen der disziplinierenden Macht des Staates bedeutet die Idee des »gerechten Krieges« nichts weniger, als daß der Staat das Recht haben soll, das Leben seiner eigenen Bürger für eine von ihm autoritativ festgelegte »gerechte Sache« aufzuopfern und über andere Menschen Leid und Tod zu bringen. Unser geläutertes Rechts- und Moralbewußtsein sagt uns aber, daß kein Staat das Recht erhalten soll, im Namen überpersönlicher Werte und Ideen Krieg zu führen und um einer »gerechten Sache« willen das Opfer von Menschen zu erzwingen.

Aber nötigt uns diese Einsicht dazu, untätig zuzusehen, wenn grausamstes Unrecht an anderen Menschen verübt wird? Wenn wir erkannt haben, daß der Krieg kein zulässiges Mittel der Lösung internationaler Konflikte ist, müssen wir dann im Namen dieses Prinzips nun unsererseits Menschen »aufopfern«, indem wir denjenigen, die von ihren Regierungen mißhandelt, verfolgt, vertrieben und gemordet werden, unsere Hilfe verweigern? Wer hier hilft und das Regime der Unterdrückung mit militärischen Mitteln beseitigt, der handelt gewiß im Einklang mit universellen Ideen wie denen der Menschenrechte und der globalen Gerechtigkeit – zuallererst aber nimmt er sich bedrückter und unglücklicher Menschen an. Dies ist eine gegenüber der traditionellen Lehre grundlegend verschiedene Konzeption des »gerechten Krieges«: Es geht nicht um abstrakte Prinzipien des Heils und der Gerechtigkeit, sondern um konkretes Unrecht an konkreten Menschen. Dennoch, fast unvermeidlich werden dabei auch, ja wahrscheinlich sogar in erster Linie, unschuldige Dritte getötet und zu Schaden kommen. Werden dann nicht auch hier Menschen einer »gerechten Sache« geopfert? Begegnen wir hier nicht dem grausamen Paradox, daß Menschen sterben müssen, damit andere frei und würdevoll leben können? Und wenn das so ist, wer soll das Recht haben zu entscheiden, wer sterben soll und wer leben darf?

Solch tragischen Konflikten kann der Mensch nicht immer ausweichen. Wer glaubt, mit makellos sauberen Händen durchs Leben, zumal durch ein politisches Leben zu kommen, gibt sich einer kindlichen Illusion hin. Aus der Tatsache, daß wir durch aktives Handeln häufig schuldig werden, folgt nicht, daß wir durch Unterlassen unsere Unschuld bewahren. Untätig beiseitezustehen, wenn andere getreten und mißhandelt werden, weil eine wirkungsvolle Nothilfe auch unbeteiligte Dritte schädigen könnte, löst das moralische Dilemma nicht. Es gibt auch keine unanfechtbare Lösung. Man kann aber wenigstens einige einschränkende Bedingungen festlegen, unter denen die »humanitäre Intervention« verantwortbar ist: Die Opfer, die sie fordert, sind nur gerechtfertigt, wenn eine Beendigung der Unterdrückung der gequälten Menschen nicht nur angestrebt, sondern auch mit großer Wahrscheinlichkeit erreicht werden wird. Niemandes Leben soll für eine von vornherein aussichtslose Sache, also nur noch für ein Prinzip aufgeopfert werden – dies unterscheidet die humanitiäre Intervention vom gerechten Krieg. Darüber hinaus müssen die Segnungen des angestrebten Friedens- und Rechtszustandes deutlich die Leiden des Krieges übersteigen. In anderer Version lautet dieselbe Bedingung, daß die Leiden, denen abgeholfen werden soll, moralisch so schwer wiegen müssen, daß zu ihrer Überwindung auch die Opfer und Leiden zu rechtfertigen sind, die eine militärische Intervention mit größter Wahrscheinlichkeit verursachen wird.

Ob solche und ähnliche Einschränkungen wirksam sind, ist nicht sicher. Effektiver sind wahrscheinlich ganz andere Barrieren gegen eine leichtfertige Ausweitung der militärischen humanitären Intervention. Zum einen ist es nach dem, was ich oben zur abnehmenden moralischen Kriegsführungsfähigkeit entwickelter Gesellschaften gesagt habe, nicht sehr wahrscheinlich, daß sich die Staaten geradezu danach drängen, im Namen humanitärer Werte in entfernten Weltgegenden Krieg zu führen und ihren Bürgern zuzumuten, dafür ihr Leben aufs Spiel zu setzen. Zusätzlich wirken auch die immensen finanziellen Aufwendungen derartiger Feldzüge, wie das Beispiel der Mitwirkung Deutschlands an der Ordnungssicherung in Afghanistan gezeigt hat, fast prohibitiv.

Es kommt aber noch etwas Weiteres hinzu. Die Erfahrung hat bestätigt, was viele schon immer wußten, daß die bloße isolierte militärische Intervention in einem Land zwar für eine gewisse Zeit aktuelle Gewalttätigkeiten beenden oder verhindern, aber nicht die ihnen zugrundeliegenden politischen, wirtschaftlichen, kulturellen oder ethnischen Konflikte lösen kann. Deswegen kann das militärische Eingreifen in die Angelegenheiten eines zerfallenen oder zerfallenden Staates nur dann zu einer auch langfristigen Problemlösung beitragen, wenn es von massiven zivilen Interventionen und Hilfeleistungen begleitet ist. Dabei geht es nur in der allerersten Phase um die Verteilung von Versorgungsgütern für die verelendete Bevölkerung. In der Hauptsache und für eine relativ lange Zeitperiode ist die Aufgabe ungleich anspruchsvoller. Es geht dann um den Aufbau leidlich funktionierender Einrichtungen der Verwaltung, der Gerichtsbarkeit, des elementaren beruflichen und höheren Bildungswesens, um die Schaffung der grundlegenden institutionellen Voraussetzungen für (markt-)wirtschaftliche Tätigkeit, Handel und

Kreditwesen, schließlich um die Herstellung der Grundelemente einer physischen Infrastruktur, kurz, es geht um den Import von Staatlichkeit. Das ist eine so komplexe Aufgabe, daß unter den vielen Problemen einer humanitären Intervention das geringste wohl dasjenige sein dürfte, daß ihre völkerrechtliche Anerkennung einen Anreiz zur Kriegführung schaffen könnte. Nicht eine Militarisierung der Außenpolitik ist zu erwarten, sondern eher im Gegenteil eine schleichende Umwandlung professioneller militärischer Kombattanten in Experten für *nation building* in feindlicher Umwelt. Die gegenwärtige internationale Situation: *the Americans fight, the UN feed, and the Europeans pay* wird noch um einige Grade komplizierter, wenn auch die Europäer kämpfen sollen, vor allem aber, wenn sie nicht nur zahlen, sondern die abschließende Verantwortung für den Aufbau einer funktionierenden Staatlichkeit übernehmen sollen. Man kann sich leicht vorstellen, in welche interkulturellen Verstrickungen und Konflikte sie dadurch geraten werden.

Wenn unter diesen Bedingungen eine humanitäre Intervention tatsächlich stattfindet, dann wird dies sicherlich meist nur deswegen geschehen, weil zusätzliche Motive und Interessen hinzutreten. Im Falle des Kosovo befürchteten die Europäer negative Auswirkungen auf die Stabilität ihres gesamten Kontinents. In Afghanistan verfolgten die Amerikaner ihr spezifisches nationales Interesse an der Ergreifung der Übeltäter des 11. September. Vor allem aber sagt man – vermutlich nicht zu Unrecht – den USA ein lebhaftes Interesse daran nach, daß die zukünftigen Leitungen von den Öl- und Gasreserven Zentralasiens auf keinen Fall durch Rußland und den Iran, sondern durch Afghanistan geführt werden, und das erfordert eine stabile Ordnung mit politischen Kräften an der Macht, die den USA wohlgesonnen sind. Dennoch: Wenn in einem solchen Krieg Menschen ums Leben kommen oder Schaden an ihrer Gesundheit erleiden, geben sie nicht ihr Blut für das Öl der Amerikaner, noch werden sie einer abstrakten Idee aufgeopfert, wie dies die klassische Doktrin des gerechten Krieges erlaubte. Sie sterben als die unglücklichen Opfer in einem Konflikt, dessen militärische Lösung den moralischen Makel trägt, daß neben altruistischen Motiven strategische Kalküle und materielle Interessen eine bedeutsame Rolle gespielt haben. Doch kann die Moral in der Regel ohnehin nur als Parasit des Interesses überleben. (Man kann dazu übrigens einiges Lehrreiche bei Adam Smith nachlesen.) Immerhin verspricht eine solche Intervention einen Neuanfang, der vielen Menschen die Chance einer politisch, sozial und ökonomisch würdigeren Lebensführung eröffnet.

Die Behauptung, daß der Krieg prinzipiell und unter keinen Umständen ein geeignetes – und damit moralisch zulässiges – Instrument der Konfliktlösung sei, ist angesichts des Eingreifens der USA in den Zweiten Weltkrieg immer schon von fragwürdiger Überzeugungskraft gewesen; schließlich verdanken wir diesem Eingreifen die Befreiung Europas von Hitler. Wer seine Augen vor der Mißachtung, der Unterdrückung, der Hoffnungslosigkeit und dem Unglück, das das Taliban-Regime mit seiner Mischung aus religiöser Verbohrtheit, archaischer Starrheit und alltäglicher Gewalttätigkeit über die afghanischen Frauen und Mädchen verhängt hatte, nicht verschließen will, der muß starke moralische Gründe dafür haben, daß es richtiger ist, eine oder zwei Generationen von Frauen in ihrem unaussprechlichen Elend zu belassen, als mit dem Mittel des militärischen Zwanges – unter Beachtung der oben genannten Voraussetzungen – ein Regime zu beseitigen, das dieses Elend verantwortet und zudem noch zu einer Bedrohung der internationalen Sicherheit geworden war. Ich kann solche Gründe nicht erkennen. Oder hätte die Tatsache, daß die Amerikaner gar nicht an der Befreiung des afghanischen Volkes, sondern an den Ölleitungen interessiert sind, ein Grund sein sollen, die Afghanen dem Terrorregime der Taliban zu überlassen?

Militärische Interventionen der Art, wie wir sie im letzten Jahrzehnt in Somalia, Kosovo und Afghanistan erlebt haben, sind keine »gerechten Kriege« in dem vormodernen Sinne dieses Begriffs. Ebenso gewiß sind sie aber auch nicht ausschließlich von dem Motiv der humanitären Hilfe für die Opfer schwerer Menschenrechtsverletzungen getragen. Die Welt ist nun einmal nicht so beschaffen, daß die Elenden und Unterdrückten dieses Planeten durch die Selbstlosigkeit und den Edelmut der Wohlhabenden errettet werden. Ihnen wird – selektiv – geholfen, wenn ihr Leid eine Qualität erreicht und Folgen zeitigt, welche die internationale Sicherheit und Stabilität zu beeinträchtigen beginnen. In den sensiblen Demokratien des Westens ist das manchmal bereits der Fall, wenn das moralische Gewissen ihrer Bürger durch Bilder grauenvollen Elends erschüttert wird. Manchmal bedarf es des geostrategischen oder wirtschaftlichen Interesses eines mächtigen Staates oder einer Staatenkoalition, um eine Intervention auszulösen. In einem solchen Fall verbindet sich das Interesse des Hegemons und seiner Verbündeten mit den unter einem Vollzugsdefizit leidenden Menschenrechten der Weltgesellschaft, in deren Namen diese Staaten eine »weltpolizeiliche« Ordnungsaktion starten. Als ein notwendiger »Kollateralnutzen« tritt im Falle des Gelingens der Import eines Mindestmaßes an ziviler Staatlichkeit einschließlich großer Mengen von Versorgungsgütern für die Bevölkerung hinzu. Wer an diesem durch strategische Interessen kontaminierten Humanitarismus Anstoß nimmt, mag in der ruhigen Gewißheit leben, daß er seine moralische Reinheit bewahrt. Ebenso gewiß aber ist, daß er die Welt um keinen Deut erträglicher gemacht hat.

Zweiter Teil

Blasphemie

I. Warum wir die Kategorie »des Bösen« zum Verständnis unserer Welt benötigen

Bisher war nur von Krieg und Verbrechen die Rede, als gäbe es nur diese beiden Begriffe, mit denen man das grauenhafte Geschehen des 11. September erfassen könnte. Die Attentäter waren keine Krieger, sondern Verbrecher; also begegne man ihren überlebenden Mittätern und Hintermännern nicht mit der Gewalt des Schwertes, sondern mit der Autorität des Gesetzes. Man stelle sie vor Gericht, damit sie sich dort verantworten und in einem rechtlich geordneten Verfahren der irdischen Gerechtigkeit zugeführt werden. Dieser nicht übermäßig komplizierte Schluß dürfte durch das Rechtsgefühl aller »billig und gerecht Denkenden« in einer rechtsstaatlich geprägten politischen Kultur beglaubigt werden, wie sie im euro-atlantischen Raum vorherrscht. Er mag auch das dort ebenfalls sehr verbreitete Bedürfnis nach Sühne für einen beispiellosen Frevel befriedigen, soweit dies in den Maßen der irdischen Gerechtigkeit überhaupt möglich ist. Es wird sich noch zeigen, daß diese auf den ersten Blick so einleuchtende und einfache »Lösung« durchaus ihre Tükken hat. Doch stelle ich das einstweilen zurück und verfolge statt dessen eine andere Frage.

Die hier skizzierte rechtsstaatliche Antwort auf den Terrorismus mag unser Rechtsgefühl befriedigen und auch ein wenig unserer Neigung zur Selbstgerechtigkeit entgegenkommen; aber es melden sich Zweifel, ob diese ein wenig platte Logik des Entweder-Oder uns alles oder auch nur das Wesentliche des so grauenvollen wie rätselhaften Geschehnisses des 11. September erklären kann: kein Krieg, also Verbrechen.

Es gibt eine dritte Möglichkeit des Begreifens, die allerdings eher eine Form des Nicht-Begreifens ist, weil sie mit dem Schauer des Schreckens über uns kommt: die Erkenntnis, daß wir in diesem Ereignis dem Bösen selbst begegnet sind.

Bei vielen regte sich diese Assoziation in ihrem sprachlosen Schrecken sogar spontan als erste und unmittelbarste Reaktion auf ihre Begegnung mit den apokalyptischen Bildern aus New York. Aber viele schämten sich, sie auszudrücken. In unserer aufgeklärten säkularen Welt hat sich die Vorstellung des Bösen bei den meisten Menschen seit ihrer Kindheit fortschreitend in die untersten Schichten ihres Unbewußten zurückgezogen, wo man es vor sich selbst und vor allem vor seinen Mitmenschen als einen ein wenig peinlichen Rückstand aus vermeintlich infantilen Zeiten verbirgt.

Tatsächlich ist aus zwei Gründen Vorsicht geboten, diesen metaphysischen Begriff auf die Welt des Sozialen und des Politischen zu übertragen. Erstens: Er lädt zum Mißbrauch geradezu ein. Als Präsident Reagan vor der großen Weltenwende von 1989/91 die Sowjetunion als das »Reich des Bösen« bezeichnete, da hätte man das leicht als eine Rechtfertigung für eine mögliche Vernichtung dieser Macht verstehen können. Gleiches gilt für die späteren Identifizierungen des Bösen mit Chomeini, Ghadafi, Saddam Hussein und heute mit Bin Laden. Mittlerweile hat Präsident Bush eine neue »Achse des Bösen« – bestehend aus Irak, Iran und Nordkorea – identifiziert und damit nur den Eindruck verstärkt, daß diese Kategorie mit gefährlicher Gedankenlosigkeit verwendet wird. Hier wird ein tiefes metaphysisches Konzept in die kleine Münze der politischen Propaganda umgewechselt, mit der man allerhand Unreines bezahlen kann.

Der zweite Grund ist grundsätzlicherer Natur: Ist nicht der Begriff des Bösen ein theologischer Begriff, der seinen Sinn nur im Zusammenhang einer spezifischen Religion entfalten kann und daher auch nur den Gläubigen der jeweiligen Religionsgemeinschaft etwas sagt? Können Nicht-Christen etwas mit dem christlichen Begriff des Bösen und der Sünde anfangen? Können Christen den islamischen, Muslime den christlichen Begriff des Bösen verstehen? Und wie ist es mit den anderen Weltreligionen, die zum Teil, wie der Buddhismus und der Konfuzianismus, keinen persönlichen Schöpfergott kennen und daher einen grundsätzlich anderen Zugang zum Verständnis der Übel dieser Welt haben? Geraten wir nicht in eine babylonische Begriffs- und Sprachverwirrung, wenn wir ein Ereignis, dessen Bilder in allen Teilen unseres Planeten gesehen worden sind, mit Kategorien zu deuten versuchen, die selbst im westlichen Kulturkreis nur noch von einer Minderheit verstanden und akzeptiert werden? Oder ist das Böse eine universelle Kategorie, die spontan in allen Kulturen verstanden wird, weil sie die existentielle Erfahrung unverständlichen Leidens ausdrückt, ebenso wie Geburt und Tod überall als Zeugnis der Endlichkeit des Menschen verstanden werden?

Das Böse ist eine Chiffre für das *sinnlose Leiden* des Menschen. *Sinnlos* bedeutet, daß der, der zu diesem Begriff Zuflucht sucht, erklärt, daß er dem Leiden, das er erduldet oder andere erdulden sieht, keinen Sinn abgewinnen kann. Gemeint ist ein Sinn in der Welt der moralischen Prinzipien, nicht in der Welt der kausalen Erklärungen: Wenn ein Mensch einen anderen tötet, so kann man vermutlich erklären, wie es dazu kommen konnte, zum Beispiel indem man die Interessen und Motive des Täters untersucht, seine psychische Dynamik und die in ihm tobenden destruktiven Kräfte oder die sozialen Umstände seiner Existenz. Aber wird man verstehen, warum ein junger Mann ein zehnjähriges Mädchen, das mit erwartungsvollen und neugierigen Augen in die verwirrende und unendlich rätselhafte Welt voller Versprechen und Verheißungen blickte, das aus der Geborgenheit elterlicher Liebe jedem neuen Tag mit den kleinen Kümmernissen und der unsagbaren Lebenshoffnung des unschuldigen Kindes entgegensah, das arglos und voller Vertrauen in seine Mitmenschen täglich sich ein Stück mehr dieser Welt eroberte – kann man erklären, warum der Mann dieses Menschenkind, das nichtsahnend, gedankenverloren und gutartig auf dem Weg zum Musikunterricht schicksalhaft seinen Weg kreuzte, vom Rad stieß, es würgte und knebelte, in den Wald zerrte, mißbrauchte und dann erschlug? Vielleicht kann man sogar erklären, warum er das tat – aber kann man erklären, warum ER das zuließ? ER ist der allmächtige und allgütige Schöpfer, an den diese Frage nur diejenigen richten können, die an ihn glauben oder an ihm verzweifeln, wie Hiob. Alle anderen haben diese Frage ebenso, wenn sie denn überhaupt noch zu menschlichen Empfindungen fähig sind; nur haben sie keinen Gott, dem sie diese Frage stellen können. Es ist aber auch für sie die Frage nach dem Warum des Bösen – das, was wir nicht verstehen, weil es unseren Intuitionen über die Ordnung der moralischen Welt zuwider ist. Wenn wir nicht mehr begreifen und die *Sinnlosigkeit menschlichen Leidens* erleben, sind wir dem Bösen begegnet.

Es ist daher nur allzu verständlich, daß die Kategorie des Bösen vor allem ein Problem der Religionen ist, jedenfalls derer, die einen allmächtigen und allgütigen Schöpfergott kennen: Wenn er allmächtig ist, dann konnte er diese Welt vor dem Bösen, vor Satan, bewahren. Tat er es nicht, weil er es nicht konnte, so ist er nicht allmächtig; tat er es nicht, weil er zwar konnte, aber es nicht anders wollte, so ist er nicht allgütig. Wie sollte der Gläubige also nicht am Glauben verzweifeln, wenn ER dieses Böse zuließ? Die drei auf Abraham zurückgehenden großen Weltreligionen – Judentum, Christentum, Islam – finden letztlich eine Antwort in dem unermeßlichen Abstand und der absoluten Verschiedenheit zwischen Schöpfer und Geschöpf, die es dem Geschöpf, dem Menschen, unmöglich machen, die Gründe zu verstehen, warum Gott das Übel in der Welt zugelassen hat. Gott ist der Souverän, der zwar den Menschen Gebote auferlegt, aber selbst über diesen Geboten steht und an sie nicht gebunden ist, schon gar nicht durch die Rechthaberei seines Geschöpfes. »Ich bin Jahre und keiner sonst, der das Licht bildet und Finsternis schafft, der Heil wirkt und Unheil schafft – ich, Jahve, bin es, der alles bewirkt«, heißt es im Alten Testament (Jesaja Kapitel 45, Vers 7).

Das Böse in der Welt ist kein Grund, den Glauben an Gott zu verlieren: Hiob fällt nicht vom Glauben ab, weil er die Unbedingtheit seiner Verpflichtung gegenüber Gott anerkennt und weil er von ihm nicht erwartet, daß der Schöpfer die Welt nach den Vorstellungen seines Geschöpfes lenkt. Der Christ weiß, daß im Heilsplan Gottes die Erlösung von dem Bösen durch den Opfertod seines Sohnes vorgesehen ist. Der Muslim schließlich, unter den Gläubigen der drei abrahamitischen Religionen wohl derjenige, der in seinem Glauben an Gott und in seinem Vertrauen auf seine Güte am wenigsten irre zu machen ist, weil er sich durch Verrichtung der fünf täglichen Gebete und der vorgeschriebenen Rituale das Bewußtsein der ständigen Gegenwart Gottes schafft, hat die Gewißheit, daß auch das Böse ein Zeichen der Güte Gottes ist. Alle drei wissen, daß das Böse nicht etwa eine Schöpfung Gottes ist, kein Wesen, das mit ihm um die Herrschaft über die Welt ringt. Kein Wesen – der Satan, der Teufel – kann als das absolut Böse von Gott geschaffen worden sein, weil Gott als Schöpfer das absolut Gute will und die Schöpfung der Ausdruck dieses Willens ist. Das Böse ist nicht durch ihn, sondern durch seine Geschöpfe in die Welt gekommen – durch ihre Schwäche, durch ihr Versagen, seine Gebote zu befolgen, durch ihren Abfall von Gott, durch die Zurückweisung seiner Botschaft, kurz: durch ihre Sünde.

Über den dänischen Atomphysiker und Nobelpreisträger Nils Bohr wird folgende kleine Geschichte berichtet: Er hatte einst einige Freunde unter den Größen seines Faches in sein Ferienhaus eingeladen. Über dem Eingang zu der Hütte bemerkten sie ein Hufeisen – bekanntlich ein Gegenstand, dem vor allem von der ländlichen Bevölkerung die Fähigkeit zugesprochen wird, das Haus, über dessen Eingang es hängt, vor Unglück zu bewahren. Sie waren nicht wenig erstaunt, daß ihr Kollege, zu seiner Zeit der Mensch, der am weitesten in die Geheimnisse der Materie eingedrungen war, offenbar eine Neigung zum Glauben an magische Kräfte habe. »Ach wissen Sie«, erklärte er ihnen, »ich glaube natürlich nicht daran, aber ich habe gehört, so ein Hufeisen soll auch bei denen wirken, die nicht daran glauben.« In solch einem Paradox leben heute viele Menschen: Obwohl sie den Glauben an einen allmächtigen, allwissenden und allgütigen Schöpfergott ablehnen, deuten sie die Welt um sich herum in einer Weise, die einen tiefen Glauben an die Wirksamkeit einer überpersönlichen Macht erkennen läßt, die das Schicksal der Menschen lenkt. Ein Erdbeben oder ein Vulkanausbruch sind moralisch unerhebliche Naturkatastrophen, und dennoch fragen sich viele Menschen angesichts des Elends, das ein solches Ereignis über die dort lebenden Menschen bringt, womit diese das wohl verdient hätten. Es ist die Frage nach dessen Sinn, die auch dann nicht verstummen will, wenn die Geowissenschaftler verläßlich erklärt haben, wieso es dazu kommen konnte und mußte.

Wieviel mehr gilt das in der Welt der menschlichen Handlungen. Wir wissen, daß es für unser Zusammenleben wichtig ist, eine bestimmte Handlung, zum Beispiel einen Diebstahl, als rechtswidrig zu bezeichnen; häufig aber genügt uns das nicht, und wir empfinden die Tat zusätzlich noch als moralisches Unrecht, wenn beispielsweise durch den Diebstahl einem Armen seine letzte Habe genommen wird. Darin liegt eine Steigerung unserer moralischen Empfindungen. Diese verwandeln sich in Abscheu und Erschrecken, und unser moralisches Urteil erreicht den höchsten Grad an Mißbilligung, wenn die Handlung ein nicht mehr überbietbares Maß an Verworfenheit und Niedertracht zum Ausdruck bringt; wenn diesem Armen seine letzte Habe aus Freude und im Genuß daran genommen wird, ihn leiden zu sehen. Diese letzte Stufe einer intensiv schmerzhaften und qualvollen Verletzung unserer moralischen Empfindungen handelt vom Bösen – um diese Empfindungen zu haben, braucht man keinen persönlichen Gott. Um deren Qual zu ertragen, brauchen viele Menschen ihn. Die anderen helfen sich vielleicht mit dem, was ich hier der Kürze halber einmal das »Nils-Bohr-Syndrom« nennen möchte: die Suche nach einem Sinn – und damit insgeheim die Anerkennung, daß es ihn »eigentlich« geben muß – in einer Welt, von der man verstandesmäßig weiß, daß sie gar keinen moralischen, geschweige denn heilsgeschichtlichen Sinn in sich trägt. Und dennoch ist die Bestätigung dessen, was man kognitiv weiß, schmerzhaft, hatte man doch insgeheim gehofft oder für möglich gehalten, daß es doch so etwas wie eine höhere moralische Ordnung in dieser Welt gebe. Die schmerzliche Erfahrung der Sinnlosigkeit können daher auch Ungläubige machen. Und so können sie auch der Erfahrung des Bösen begegnen: der Erfahrung *sinnlosen menschlichen Leidens.*

Welchen Sinn kann es ergeben, die Katastrophe des 11. September als eine mögliche Erscheinungsform des Bösen zu untersuchen? Mit einer Mischung aus mißbilligendem Kopfschütteln und nachsichtigem Humor haben wir die Nachrichten aus den USA gelesen, wonach einige prominente Fernsehprediger aus dem berüchtigten *bible belt* den 11. September als die Strafe Gottes für all die

Schlechtigkeiten erklärten, die in dem Sündenbabel New York in konzentrierter Häufung an der Tagesordnung sind: Ehebruch, Abtreibung, Ehescheidungen, vorehelicher Geschlechtsverkehr, sittenlose Vergnügungssucht, Atheismus und ähnliche »Delikte«, wie sie mit Sicherheit auch auf der Liste der Gottlosigkeiten des seligen Ayatollah Chomeini oder der Taliban zu finden sein dürften. Für sie sind die brennenden Türme des World Trade Centers gar nicht das Böse, sondern der Ausdruck des lodernden Zornes Gottes, eine von ihm auferlegte Strafe. In diese Welt des religiösen Fundamentalismus sollen uns meine Überlegungen natürlich nicht führen. Meine Frage geht vielmehr dahin, ob die Täter des 11. September das metaphysische Verbrechen des Bösen begangen haben. Das wäre darin zu sehen, daß sie von einer unergründbaren Wut der Mißachtung, der Zerstörung, der Gewalttätigkeit, der Lust am Untergang, kurz: vom Furor der Verneinung der Gemeinschaft zwischen sich und der übrigen Menschheit getrieben waren, der jedes Sinnverstehen ausschließt.

II. Warum es möglich ist, daß tiefempfundene Religiosität monströse Handlungen wie die des 11. September hervorbringt

Kein Zweifel, die Untaten des 11. September waren Verbrechen, aber es waren doch offenkundig Verbrechen besonderer Art. Ihre teuflische Niedertracht und mitleidslose Konsequenz beruhte auf einem Antrieb, der keinerlei Maß in der Berechnung des menschlichen Leidens und des materiellen Schadens im Verhältnis zu dem Ertrag erkennen ließ, den solch eine Untat dem Frevler ja doch bringen soll. Man sage nicht, daß es hier angesichts des unermeßlichen Blutvergießens durch die Tötung einer so großen und vollkommen willkürlich zusammengesetzten

Menschenmenge keine Berechnung gegeben haben könne. Es hat sie gegeben, denn wie anders soll man sich die Auswahl des World Trade Centers, des Pentagon und wohl auch des Weißen Hauses als Objekte der Zerstörung erklären als damit, daß die Urheber einen größtmöglichen symbolischen Effekt der Demütigung der amerikanischen Nation erzielen wollten? Man hat übrigens darüber räsoniert, daß der Angriff auf das World Trade Center doch wohl eher dem Symbol des globalen Kapitalismus gegolten und nicht auf etwas so Altmodisches wie einen Staat und seine politische Macht gezielt habe. Wir wissen nicht, was in den Hirnen der Urheber des Verbrechens vorgegangen ist und welche Botschaften sie damit mitteilen wollten. Bei den Empfängern, der Weltöffentlichkeit, ist jedenfalls die Erkenntnis angekommen, daß das World Trade Center, ebenso wie das Pentagon und das Weiße Haus, Symbol hin oder her, nun einmal auf dem Sanktuarium des Territoriums der USA standen und daß dessen sicher geglaubte Unverletzlichkeit gegenüber einem mit äußerster Niedertracht geführten Anschlag nicht bewahrt werden konnte. (Theoretiker des globalen Kapitalismus sollten bei dieser Gelegenheit übrigens erkennen, daß auch der ständige Fluß weltweit grenzüberschreitender monetärer Transaktionen bestimmte ortsfeste Knotenpunkte benötigt, die dann notwendigerweise der Territorialität eines Staates unterliegen – den vollständig ortlosen Kapitalismus gibt es nicht.)

Die ganze Maßlosigkeit des Verbrechens zeigte sich sowohl in der kaltschnäuzigen, geradezu gleichgültigen Aufopferung Hunderter friedlicher Passagiere der zu Bomben umfunktionierten Flugzeuge als auch in der tödlichen Eigeninstrumentalisierung der Täter selbst. Im ersten Augenblick überkam mich der starre Schrecken des Verdachts, daß hier eine der Grundannahmen menschlicher Existenz, nämlich die Furcht vor dem Tode, für diese Täter, nein: für diese Kategorie von Tätern, keine Geltung habe. Selbst Jesus Christus spürte die Angst vor dem bevorstehenden Tode.

Hobbes' Fundament für eine geordnete Gesellschaft, für die Stiftung von Erwartungssicherheit, Berechenbarkeit, Vertrauen und letztlich für die Herausbildug menschlicher Kultur selbst schien mit dieser Tat zerbrochen. Die von ihm in aller wünschenswerten Deutlichkeit herausgearbeitete Voraussetzung seiner Staatskonstruktion, von der wir zum Teil heute noch zehren, ist die Furcht des Menschen vor dem Tode. Nur aus dieser Furcht heraus unterwirft sich der Mensch der Disziplin der staatlichen Autorität und erwirbt dafür die Früchte der Zivilisation – angefangen von der Rechtssicherheit bis zu den Hervorbringungen der geistigen Kultur. Diese Voraussetzung sollte nicht mehr gelten? Wäre es so, dann wäre etwas noch viel Größeres als das World Trade Center unter dem Ansturm der apokalyptischen Reiter des Bin Laden zusammengebrochen.

Es hatte diese sogenannten Selbstmordattentate bereits im Kampf der Palästinenser gegen Israel gegeben; während ich diesen Essay schreibe, im Frühsommer 2002, hat diese Form kalkulierter Unmenschlichkeit sich sogar noch gesteigert und in eine rasende Hydra verwandelt. Doch hier waren und sind die Attentäter, soweit man etwas darüber erfährt, subproletarische, ungebildete, in der Hoffnungslosigkeit der palästinensischen Lager ohne jede Lebenschance und Perspektive aufgewachsene, durch verantwortungslose Agitatoren aufgehetzte, im Grunde unreife Jugendliche, denen versprochen wurde, sie würden durch einen heroischen Akt einen respektierten Platz in der jenseitigen Welt erwerben, für den in der diesseitigen nicht die geringste Aussicht bestand. Im Falle des 11. September aber hatten im Westen akademisch ausgebildete, nach ihrem äußeren Lebensweg zu urteilen geradezu kosmopolitisch geprägte junge Männer, zum Teil aus gutbürgerlichen Elternhäusern stammend, als eine neunzehnköpfige Gruppe sich nicht etwa in einem Akt besinnungsloser Verzweiflung oder Euphorie in den Tod gestürzt, sondern mit der professionellen Präzision und technischen Sachlichkeit von Ingenieuren ihr Leben dazu benutzt, Amerika und seinem Volk ein ungeheures Leid und eine global sichtbare Erniedrigung zuzufügen. Oben wurde dafür bereits der Begriff des »strategischen Selbstmordes« zitiert.

Es mag zynisch klingen, doch tatsächlich spürte ich eine gewisse Erleichterung, als ich einige Tage später las, daß sich in der aufgefundenen letzten Instruktion an die Täter ein Abschnitt unter der Überschrift »Die letzte Nacht« fand, der im wesentlichen der Angst der Täter vor dem Tode gewidmet war. »Denke daran, daß Du Dich in dieser Nacht vielen Herausforderungen stellen mußt«, heißt es dort (nach meiner Übersetzung aus den englischsprachigen, aus dem Arabischen übersetzten Auszügen, die die »International Herald Tribune« in ihrer Ausgabe vom 29./30. September veröffentlichte). »Aber Du mußt Dich ihnen stellen und das 100prozentig verstehen ... Gehorcht Gott und seinem Propheten, und kämpft nicht untereinander, wenn ihr schwach werdet, und seid standfest, Gott wird denen beistehen, die standfest sind.« Alle dann folgenden Aufrufe, sich durch Gebete zu stählen und die Hilfe Gottes zu erflehen, gründen in der entscheidenden Feststellung: »Jedermann haßt den Tod, fürchtet den Tod. Aber nur jene, die Gläubigen, die vom Leben nach dem Tode und von der Belohnung nach dem Tode wissen, sind diejenigen, die den Tod suchen.«

Die Todesfurcht galt also offenbar auch für die Täter, und erst Gebete, die Anrufung Gottes und vor allem das Versprechen des paradiesischen Lebens nach dem Tod konnten ihnen jene Kraft geben, die notwendig war, diese Furcht zu überwinden und freiwillig in den Tod zu gehen. Von einer Hemmung, Tausende unschuldiger Menschen zu töten, ist hier allerdings nicht die Rede, doch dazu sogleich. Wenn es der zu einer derartigen Unbedingtheit führende religiöse Glaube der Täter war, der sie moralisch und psychisch zu diesen Handlungen befähigte, die jedes unbefangene moralische Gewissen als ruchlos empfinden muß und die von Millionen von Menschen weltweit auch so empfunden wurden, dann besteht Grund, die Macht der Religion über einzelne Menschen nochmals zu bedenken.

Ist es möglich, daß tiefempfundene Religiosität solche monströsen Handlungen hervorbringt? Unser historisches Gedächtnis ist voller Geschichten über religiöse Helden der verschiedensten Art, über begeisterte Seher, weise Lehrer, grüblerische Einsame, sittenstrenge Heilige, sanftmütige Helfer, düstere Asketen, militante Eiferer, vornehme Charismatiker, sendungsbewußte Stolze, weltabgewandte Leidende und verschlossene Mystiker, über Barmherzige, Mitleidige und Rechtgläubige – kurz, wir finden alle menschlichen Charaktere unter ihnen, deren Seele irgendwann einmal von der Musikalität der Religion in Schwingungen versetzt worden ist. Manche von ihnen waren herrisch, grausam und mitleidslos mit sich und ihren Mitmenschen, nicht anders als der Gott, für den sie das taten. Müssen wir dieser Liste religiöser Charaktere den Typus des selbstaufopfernden Massenmörders hinzufügen? Was wäre das für eine Religion, die einen solchen »religiösen Helden« zuließe?

Wir wissen, daß gerade die drei auf Abraham zurückgehenden monotheistischen Religionen mit den Menschen sehr ungeduldig waren, ja von ihren Voraussetzungen her geradezu ungeduldig sein mußten. Das Erdendasein bestand nur aus der äußerst kurzen Zeitspanne zwischen der Schöpfung der Welt durch Gott und dem Weltenende, an dem Gericht über die Menschen gehalten wird. Das Verhalten in dieser kurzen Zeit aber sollte über das Leben in der Ewigkeit entscheiden – ewige Verdammnis oder ewige himmlische Glückseligkeit. Das Leben ist dann gewissermaßen eine Wette mit einem furchtbaren Einsatz. Verbunden mit der Idee eines persönlichen Gottes, der die Einzigartigkeit eines jeden Menschen erkennt, damit aber auch die höchstpersönliche Verantwortung eines jeden für sein Handeln auf Erden begründet, wurde aus Ungeduld häufig Unduldsamkeit. Wenn der Schöpfer für seine Geschöpfe einen Heilsplan entworfen hatte, dann war dessen Zurückweisung durch seine Geschöpfe Rebellion, das größte nur denkbare Verbrechen, denn es bedeutete nichts Geringeres als die Leugnung Gottes. Die angemessene Strafe konnte nur die ewige Verdammnis sein. Doch mußte und durfte man hier auf Erden so lange nicht warten. Die Leugnung Gottes war ja nicht nur eine unsagbare Herausforderung Gottes, sondern auch für seine gläubigen Geschöpfe selbst ein unerträglicher Zustand, nicht nur eine andauernde Beleidigung ihres Glaubens, sondern eine Infragestellung ihrer Existenz. Dagegen mußte man sich zur Wehr setzen. (Lassen wir hier die für die Theologie aller Schöpferreligionen schwierige Frage beiseite, warum denn der allmächtige und allgütige Schöpfer, ohne dessen Willen nichts auf dieser Welt existiert, diese Möglichkeit seiner Geschöpfe zur Rebellion geschaffen hat – die Antwort würde uns zu weit von unserem Wege abführen).

So ist die Geschichte der Schöpfungsreligionen von einer Inbrunst der Glaubensbehauptung geprägt, die vor kaum einer Grausamkeit zurückschreckte. Dabei begnügte man sich keineswegs mit drastischen Ausschmükkungen der Höllenqualen, die der Ungläubige nach seinem Tode erleiden muß. Schon daß sie ewig und unaufhebbar sind, zeigt ihre Maßlosigkeit, und die Strafe des ewigen Feuers tut ein übriges, um den Menschen auf Erden davon zu überzeugen, daß er besser den Glauben annimmt als ihn auszuschlagen. Im Islam, für den die Anerkennung des Schöpfers durch bedingungslose Unterwerfung unter seinen Willen den Kern seiner Glaubenslehre darstellt – das Wort *Islam* ist eine Ableitung aus dem arabischen *aslama* und bedeutet Unterwerfung unter einen höchsten Willen –, ist das Höllenfeuer noch näher am diesseitigen Menschen und dadurch noch sinnlicher, insofern dort, anders als bei den Christen, nicht nur seine Seele, sondern auch sein Leib die Marter des Höllenfeuers erdulden muß (Sure 11, Verse 20–22). Den naheliegenden Einwand, daß eine solche Strafe den Körper des Ungläubigen sofort vernichten würde, entkräftet der Koran im selben sensualistischen Geiste: »Sooft dann ihre Haut gar ist, tauschen wir ihnen eine andere dagegen ein, damit sie die Strafe richtig zu spüren bekommen. Gott ist mächtig und weise« (Sure 4, Vers 56).

Die Erwartung des Höllenfeuers reichte häufig nicht aus, den Ungläubigen rechtzeitig von seinem sündigen Irrtum zu befreien, und so mußten die gläubigen Geschöpfe Gottes das Skandalon des Unglaubens bereits hier beseitigen, indem sie die Ungläubigen gewaltsam bekehrten oder töteten. Dabei war niemals ganz klar, ob die Bekehrungsgewalt gegen die Ungläubigen mehr der Rettung von deren Seelen oder der Besänftigung der eigenen Empörung über die Rebellion gegen den Schöpfer diente. In jedem Falle galt, was für die Christen der Kirchenvater Aurelius Augustinus in dem Satz zusammenfaßte: »Es gibt eine ungerechte Verfolgung, die Verfolgung der Kirche Christi durch die Gottlosen; und es gibt eine gerechte Verfolgung, die der Gottlosen durch die Kirche Christi ... Die Kirche verfolgt aus Liebe, die Gottlosen aus Grausamkeit.«[1] Die Rechtgläubigen jeder der beiden anderen Schöpferreligionen hätten – natürlich unter Berücksichtigung der Besonderheiten ihres Glaubens – diese Unterscheidung für ihre Religion jeweils ganz genauso formulieren können.

Freud hat in seinen drei Abhandlungen über den »Mann Moses und die monotheistische Religion« diese Unduldsamkeit monotheistischer Religionen auf die tiefste Überzeugung der »Frommgläubigen« zurückgeführt, daß die Idee eines einzigen Gottes »ein Stück der ewigen *Wahrheit* ist, die lange verhüllt, endlich zum Vorschein kam und dann alle mit sich fortreißen mußte«[2]. Die Wahrheit hat eine erlösende Kraft, weil sie dem Tasten im Nebel des Ungewissen ein Ende setzt. Es gehört zu ihren rätselhaften Eigenschaften, daß sie, obwohl ein knappes Gut, doch nur vollkommen ist, wenn sie von möglichst vielen, am besten von allen Menschen erkannt und angeeignet wird. Wer die Wahrheit kennt, zumal eine universelle Wahrheit, die sich auf das Heil der Menschheit als Ganze bezieht, der kann die Blindheit und den Irrtum derer, die sich dieser Wahrheit verschließen, nicht in Geduld ertragen. In dieser Hinsicht ist die jüdische Religion unter den monotheistischen noch die toleranteste, da ihre Heilsbotschaft einem auserwählten, relativ kleinen Volk gilt und nicht der gesamten Menschheit.

Aber diese wütige Wahrheitsgewißheit hat ihre Kehrseite, deren Verständnis uns ebenfalls Freud ermöglicht. Seit er das begriffliche Instrumentarium geschaffen hat, die Tiefenschichten der menschlichen Seele und ihrer Triebkräfte besser zu verstehen, können wir die innere Aggressivität und Gewaltbereitschaft der monotheistischen Schöpferreligionen auch als den Versuch deuten, den eigenen inneren Zweifel an der Wahrheit der Botschaft zu unterdrücken. Wenn es nur den *einen*, zudem absolut verschiedenen und unbegreiflichen Urheber des Weltgeschehens gibt, dann hat jede Erschütterung des Einverständnisses mit der Welt, die jeden Menschen in seinen Nöten, Qualen und Ängsten mehr als einmal in seinem Leben befällt, immer nur den *einen* Adressaten, dessen Allmacht, Allgüte und Allwissenheit damit aber bereits in Zweifel gezogen wird. Der Haß auf den Ungläubigen ist so unbändig, weil er die Verkörperung des eigenen Zweifels ist, den man sich selbst aus Angst vor den Höllenqualen, die den Ungläubigen erwarten, nicht einzugestehen wagt. Die wütende Vernichtung des Ungläubigen ist der Versuch, die eigenen Zweifel abzutöten.

III. Warum monotheistische religiöse Gemeinschaften Verschiedenheit so schwer ertragen

Wenn wir die Entstehung und Rechtfertigung auch intensivster und grausamster Gewalttätigkeit durch die Kraft der Religion besser verstehen wollen, so müssen wir auch ihre Bedeutung für die Bildung von Gemeinschaften untersuchen, seien diese nun politischer oder nicht-politischer Natur.

Die Offenbarung des *einen* Schöpfergottes durch Moses, durch Jesus von Nazareth und durch Mohammed war gleichbedeutend mit der Stiftung irdischer Gemeinschaften. Die Reinheit und Stärke des Glaubens war daher zugleich ein Unterpfand für den Zusammenhalt der Gemeinschaft. Umgekehrt bewirkte diese enge Verbindung des Glaubens an die Allmacht Gottes mit der Gemeinschaftsbildung, daß Glaubenszweifel immer auch den Zusammenhalt der Gemeinschaft bedrohten. Unduldsamkeit gegenüber dem Ungläubigen war daher Verteidigung des Glaubens und zugleich des sozialen Zusammenhalts der Gemeinschaft der Gläubigen. Doch es gab eine klare Rangfolge: Der Ungläubige beleidigt Gott, und dies können die Gläubigen nicht hinnehmen; sie müssen ihn um des Glaubens willen aus der Gemeinschaft ausstoßen. Die Einheit der Gemeinschaft ist eine Folge der Reinheit des Glaubens.

Bei der jüdischen Religion ist der Zusammenhang zwischen Religionsstiftung und Gemeinschaftsbildung offenkundig. Moses hat durch den Bund zwischen Jahwe und Israel aus den verschiedenen hebräischen Stämmen das Volk der Juden geschaffen, das selbst nach jahrtausendelanger Diaspora noch heute eine Gemeinschaft bildet.

Diese hat sich im Jahre 1948 in Palästina auf territorialer Grundlage zum Staat Israel verdichtet und sich damit – nach dem Trauma des Holocaust – den Anforderungen moderner effizienter, vor allem auch wehrhafter politischer Gemeinschaftsbildung gebeugt. Aber es kann keinen Zweifel daran geben, daß Israel als der Staat des Volkes der Juden nicht existieren könnte ohne die vorstaatliche Gemeinschaft, die Moses gestiftet hat.

Auch für die Christen gilt die Einheit von Offenbarung und Gemeinschaftsbildung, denn Jesus Christus ist der Stifter der allumfassenden – katholischen – Kirche. Seit sie vom römischen Kaiser Konstantin durch das Toleranzedikt von Mailand des Jahres 313 als eine wichtige Klammer des weitreichenden und heterogenen Römischen Reiches anerkannt, im Jahre 380 dann sogar zur »Staats«religion erklärt worden war, erhob sie – trotz des eigentlich »unpolitischen« Charakters ihrer allumfassenden Liebesethik – in Westeuropa bis in die frühe Neuzeit hinein den Anspruch, die Gemeinschaft der Christenheit zu verkörpern und in einem gewissen Sinne auch politisch zu repräsentieren. Begriffe wie »Christenvolk« und »christliche Nation« kann man zuweilen sogar heute noch hören, wobei dies natürlich nur für die katholische Kirche gilt – der protestantische Individualismus mit seiner Betonung der freiwilligen Vereinsbildung spiegelt bereits die im 16. Jahrhundert einsetzende Trennung von säkular-politischer Gemeinschaft und universaler Christengemeinschaft oder »Christenvolk«.

Zwar setzte der Staat als der neue Typus einer rein politischen Gemeinschaft mit dem oben bereits erwähnten Prinzip des *Cuius regio, eius religio* diese Einheit noch einmal für etwa eineinhalb Jahrhunderte durch, doch nun verändert sich das Verhältnis zwischen der Verteidigung des Glaubens und der Wahrung des Zusammenhalts der Gemeinschaft: Bilden in vormodernen Zeiten die Reinheit des Glaubens und der soziale Zusammenhalt der Gemeinschaft eine untrennbare Einheit wechselseitiger Bedingtheit, so wird nun die Einheit des Glaubens zu einem Instrument der Wahrung der Stabilität der in ihren Anfängen noch höchst fragilen staatlichen Gemeinschaft. Wer von dem Glauben abwich, den der Souverän für alle Untertanen bestimmt hatte, der beleidigte Gott. Doch das war nicht der Grund, warum er das Land verlassen mußte und damit aus der Gemeinschaft der staatlichen Untertanen ausgestoßen wurde. Hierfür gab es zwei Gründe: Zum einen beleidigte er den Souverän, indem er den von diesem festgelegten Glauben abwies und ihm damit den Gehorsam verweigerte. Zum anderen aber bedeutete allein die Tatsache der Abweichung von dem befohlenen Glauben eine Störung der öffentlichen Ordnung. In der frühen Neuzeit galt – wenn auch unter veränderten Vorzeichen – das Prinzip, das ein mittelalterlicher Kämpfer für die christliche Glaubensreinheit auf die Formel gebracht hatte: »Das Verschiedene ist immer das Falsche.« Der falsche Glaube war dadurch zum weltlichen Ungehorsamsdelikt geworden und hatte jedenfalls für die politische Ordnung seine metaphysische Bedeutung als eine Todsünde abgelegt.

Überhaupt erwies sich die Staatenbildung in Europa als einer der wirkungsmächtigsten Faktoren in dem langen Prozeß der Verdrängung der Religion aus den Angelegenheiten der politischen Gemeinschaft. Er hatte bereits im 11. Jahrhundert mit der »Gregorianischen Revolution« begonnen, wie der amerikanische Mediaevist Harold J. Berman den Streit zwischen Papst und Kaisertum über die Befugnis zur Investitur der Bischöfe genannt hat, der durch den Gang Kaiser Heinrichs IV. nach Canossa noch heute in unserer Erinnerung fortlebt. Es ging dabei um viel mehr als um diese »juristische« Kompetenzfrage. Es ging darum, wer die Verantwortung für das Seelenheil aller Christen am Tage des Jüngsten Gerichts innehatte – der Kaiser als der oberste Herrscher der Christenheit oder der Papst als der oberste Bischof der Kirche und Stellvertreter Christi auf Erden. Der »juristische« Streit über die Investitur endete in einem Kompromiß, doch die für das Schicksal Europas und des Christentums folgenreiche Frage nach der »Zuständigkeit« für das Seelenheil der Christen endete mit einem deutlichen Sieg des Papstes.

Das war der Beginn des streitbaren und jahrhundertelangen Dualismus zwischen geistlicher und weltlicher Macht in der Christenheit, der die Bedingung dafür schuf, daß sich nach der Auflösung der Einheit durch die Reformation die Frage der Verantwortung für das Seelenheil der Christen neu stellte beziehungsweise von den verschiedenen Kräften unterschiedlich beantwortet wurde. Der Protestantismus vertrat in seinen verschiedenen Spielarten den Gedanken, daß der Christ vor Gott nicht durch den Papst, geschweige denn durch den bereits als »weltlich« wahrgenommenen Kaiser oder gar durch den Landesherrn repräsentiert werden könne, da jeder einzelne in einer höchstpersönlichen Beziehung der Gnade oder der Verdammnis zu Gott stehe. Die katholische Kirche war auf den Status einer von drei konkurrierenden Konfessionen herabgesunken und konzentrierte sich auf die Verantwortung für das Seelenheil der Christen *ihrer* Konfession. So konnte sich dann im 16. und 17. Jahrhundert mit der Herausbildung des souveränen Staates die Idee der säkularen politischen Ordnung durchsetzen, in der es mehr um religiösen Frieden unter den Christen als um das Seelenheil einer gar nicht mehr existierenden »katholischen«, das heißt allumfassenden Christengemeinschaft ging. Aus dem Chaos der Konfessionskriege des 16. und 17. Jahrhunderts waren unter dem disziplinierenden Zwang souveräner Staatlichkeit verschiedene Varianten von Toleranzordnungen entstanden.

Seit den Verfassungsrevolutionen Amerikas und Frankreichs am Ende des 18. Jahrhunderts ist für den euro-atlantischen Raum die Entwicklung von der religiösen Toleranz zur rechtlich garantierten – zunächst individuellen, dann auch korporativen – Religionsfreiheit vorgezeichnet. In einigen Ländern Europas dauerte dieser Prozeß bis in das 20. Jahrhundert hinein, doch selbst in den auch noch in der zweiten Hälfte des 20. Jahrhunderts fortbestehenden Staatskirchensystemen Großbritanniens und Schwedens löste sich die Religion von der Umklammerung durch den säkularen Staat und streifte ihre dienende Rolle für den Zusammenhalt seiner Ordnung ab. Der Zusammenhang zwischen Glaubenswahrheit und Gemeinschaftsordnung hat sich im Europa des 20. Jahrhunderts aufgelöst. Die Wahrung der Integrität des Glaubens ist eine Angelegenheit jedes einzelnen Bürgers, seiner Kirchen und religiösen Vereinigungen, um die der Staat sich nicht kümmern darf; umgekehrt können Forderungen des Glaubens – der ohnehin keine Einheit mehr darstellt – keinen Anspruch auf Verbindlichkeit für das weltliche Gemeinwesen allein deshalb beanspruchen, weil sie die absolute Wahrheit der Botschaft Gottes enthalten. Es ist niemand mehr da, der das verbindlich für alle Bürger des modernen säkularen Gemeinwesens beurteilen könnte.

Immer noch gibt es für den Gläubigen die »wahre«, das heißt von Gott geoffenbarte Botschaft. Doch ist der Glaube an diese Wahrheit und dessen sichtbares Bekenntnis in der Gemeinschaft mit allen anderen im säkularisierten Gemeinwesen nicht mehr die notwendige Bedingung für die Zugehörigkeit zu ihm. Die Wahrheit der Botschaft und ihre Verbindlichkeit für das Gemeinschaftsleben treten auseinander. Auch der Ungläubige kann (und muß) die für die Mitglieder des Gemeinwesens geltenden Pflichten erfüllen. Das bedeutet nichts weniger, als daß es Gemeinwesen gibt, in denen Gläubige und Ungläubige nebeneinander leben und die trotz dieser »Verschiedenheit« funktionieren. Umgekehrt gilt dann auch, daß der Mangel an rechtem Glauben nicht die Ursache für Krisen und Fehlentwicklungen sein kann, die ein Gemeinwesen unter Umständen erleidet. Denn sein Wohlergehen beruht auf glaubensunabhängigen Pflichten seiner Mitglieder; und dabei schließt es ja ausdrücklich die Ungläubigen ein.

Wenn das aber so ist, dann ist es natürlich gänzlich abwegig, dem Ungläubigen oder dem Irrenden den wahren Glauben mit Gewalt aufzwingen zu wollen. Die Zwangsbekehrung oder die Vernichtung des Ungläubigen gehören einer Entwicklungsstufe der menschlichen Vergemeinschaftung an, in der der Zusammenhalt der Gemeinschaft auf der unbefragten Anerkennung der Wahrheit der geoffenbarten Botschaft Gottes beruhte. Die ursprüngliche Einheit von Wahrheit und Verbindlichkeit hat heute ihren evolutionären Sinn verloren: Politische und andere Gemeinschaften sind für ihren Zusammenhalt nicht mehr darauf angewiesen, daß alle ihre Mitglieder an Gott glauben, geschweige denn an einen gemeinsamen.

Wenn Glaubensmangel danach auch nicht den sozialen Zusammenhalt moderner säkularer Gemeinschaften beeinträchtigt, so ist seine Duldung für den Gläubigen dennoch schmerzhaft, weil er die Ablehnung der geoffenbarten Botschaft als Angriff auf die Wahrheit der geoffenbarten Botschaft selbst wahrnehmen muß. Eine wissenschaftlich erzeugte Erkenntnis verliert ihren Wahrheitsgehalt nicht dadurch, daß nicht alle einsichtsfähigen Menschen dieses Wissen als wahr anerkennen. Offenbarungswissen dagegen bezieht seine Wahrheit aus der Anerkennung durch die Gläubigen, und darin ist zugleich auch seine Verbindlichkeit für das Verhalten der Gläubigen enthalten. Die für das wissenschaftliche Wissen charakteristische Trennung zwischen der objektiven Erkenntnis und den normativen Konsequenzen, die daraus gezogen werden können, gilt für das Offenbarungswissen nicht: Man kann nicht die Botschaft als Wahrheit erkennen und anerkennen und zugleich die darin enthaltenen Gebote als nicht-verbindlich behandeln, ohne eine Sünde zu begehen. Vor allem aber büßt die Offenbarungswahrheit durch die Verweigerung ihrer Anerkennung gleichsam an Wahrheit ein, denn ihre Botschaft ist ja nicht eine von menschlicher Anerkennung unabhängige kognitive Erkenntnis, sondern eine Heilsgeschichte über Anfang und Ende der Welt und über die Bedeutung des Menschen in dem darin enthaltenen Heilsplan. Sie ist eine Wahrheit über und für den Menschen und verheißt seine Erlösung – wird sie nicht angenommen, so verliert sie ihre Leuchtkraft, denn sie ist, wie ich oben sagte, als Erlösungsbotschaft für die gesamte Menschheit auf universelle Geltung angelegt.

Der säkulare Staat mit seiner Entkoppelung der religiösen Heilsbotschaft von den Normen des Gemeinschaftslebens stellt daher für die Gläubigen eine schwer erträgliche Zumutung dar. Sie müssen erdulden, daß die Wahrheit ihres Glaubens durch die erzwungene Gemeinschaft mit Ungläubigen verdunkelt wird und gleichzeitig tatenlos dem moralischen Niedergang des säkularen Gemeinwesens zusehen, in dem sie nur Dinge wie den Zerfall der Familie, Rücksichtslosigkeit und Entfremdung der Menschen untereinander, Interesselosigkeit für den Zustand des Gemeinwesens, sexuelle Permissivität, die Verwahrlosung des öffentlichen Raumes oder ähnlich unerfreuliche Erscheinungen wahrnehmen. Das Christentum benötigte einige Jahrhunderte, um diese »Zumutung« zu verarbeiten. Die katholische Kirche konnte sich erst auf dem Zweiten Vatikanischen Konzil im Jahre 1965 zur Anerkennung der Religionsfreiheit als Grundlage moderner politischer Gemeinwesen durchringen und damit das Prinzip zurückweisen, das Papst Pius XII. noch im Jahre 1953 aufgestellt hatte: »Was nicht der Wahrheit und dem Sittengesetz entspricht, hat objektiv kein Recht auf Dasein, Propaganda und Aktion.«

IV. Warum es für den Islam so schwer ist, zwischen spiritueller und weltlicher Sphäre zu unterscheiden

Diese »Zumutung« ist nun für den Islam von besonderer Bedeutung. Für das Judentum spielte sie in der geschichtlichen Entwicklung eine immer geringere Rolle, weil dank der Zerstreuung der Juden in alle Welt die Zugehörigkeit zum Volk Israel nicht durch die Disziplin eines theokratischen Herrschaftsverbandes, sondern allein durch die Gemeinsamkeit des Glaubens an Jahwe und die Autorität der Heiligen Schriften der Tora und des Talmud bewirkt wurde. Im Christentum der römischen Kirche unterlag sie den geschilderten Wandlungen mit dem Ergebnis eines mehr oder weniger gleichgültigen Nebeneinander von säkularer politischer Ordnung und den verschiedensten Erscheinungsformen »zivilgesellschaftlicher« Religiosität. Dem Islam aber muß es aufgrund seiner geschichtlichen Entwicklung und seiner Lehre besonders schwerfallen, die im Judentum und im Christentum durch das Wirken der Geschichte vollzogene Trennung zwischen der Behauptung der Glaubenswahrheit der Botschaft ihrer Religion und der Gemeinschaftsbildung unter den Gläubigen durchzuführen, das heißt zwischen religiöser Wahrheit und sozialer Verbindlichkeit des Glaubens konsequent zu unterscheiden.

Nicht zufällig beginnt die islamische Zeitrechnung am 6. Juli 622 unserer Zeitrechnung, dem Tag der Übersiedlung des Propheten Mohammed von Mekka nach Medina. Dieses Datum und nicht der Tag, an dem ihm zwölf Jahre zuvor der Engel Gabriel erschienen war und geoffenbart hatte, daß er der Gesandte Gottes sei, ist für den Islam der Tag mit der höchsten Symbolkraft. Er bezeichnet den Beginn der Karriere Mohammeds als politischer und militärischer Führer. Erst aufgrund glücklicher politischer Konstellationen in Medina schlägt seine Botschaft von dem *einen* Gott dort Wurzeln, während die Mekkaner sich durch ihn von der Verehrung ihrer verschiedenen lokalen Stammesgottheiten nicht hatten abbringen lassen. Auch die Verbreitung des neuen Glaubens in Medina erfolgt nun keineswegs durch die Überwältigung der Herzen der Ungläubigen, sondern durch Eroberung der politischen Macht in der Stadt und bald auch, dank verschiedener erfolgreicher militärischer Feldzüge, auf der gesamten arabischen Halbinsel. Acht Jahre nach der Übersiedlung nach Medina unterwarf sich auch Mekka seiner Herrschaft, und im Jahr seines Todes 632 übte Mohammed die unumschränkte Herrschaft über die vielen Stämme der arabischen Halbinsel aus. Binnen kürzester Zeit dehnten dann seine Nachfolger, die Kalifen – der arabische Ausdruck für den Stellvertreter des Propheten – ihre Herrschaft weit über Arabien hinaus aus und beherrschten hundert Jahre nach seinem Tod große Teile Afrikas und Asiens einschließlich Persien, Afghanistan und Teile Indiens, sowie in Europa für nicht weniger als achthundert Jahre Spanien.

Die meisten Autoren, die sich mit der weltgeschichtlichen Bedeutung Mohammeds beschäftigen, heben natürlich seine Rolle als Schöpfer einer der drei monotheistischen Weltreligionen hervor, doch werden bei ihm, anders als bei den beiden anderen großen Stiftern Moses und Jesus Christus, stets auch seine politischen und militärischen Fähigkeiten unterstrichen, die es ihm ermöglicht hätten, die zerstreuten nomadischen Stämme Arabiens unter dem Banner des Islam zu einigen. Auch Moses ist der Gründer eines Volkes, und, wie erwähnt, kann man Christus als den Stifter des Körpers des Christenvolkes bezeichnen. Doch Moses' Stiftung gründet in dem Bund zwischen Jahwe und Israel, und Christus lehrte ausdrücklich, daß sein Reich nicht von dieser Welt sei. Er erstrebte die Herrschaft über die Seelen, nicht über die Leiber der Menschen, und folglich breitete sich das Christentum während der ersten drei Jahrhunderte seiner Existenz –

bis es dann im Jahre 380 zur römischen Staatsreligion wurde – durch Werbung für die christliche Liebesbotschaft unter den Heiden aus, nicht durch das Schwert. Dies aber war gerade in den ersten Jahrhunderten seiner Existenz das Kennzeichen des Islam, für den die Ausbreitung des Glaubens gleichbedeutend war mit der Anerkennung des Kalifen als politisch-militärischem Herrscher.

Allerdings findet sich hier eine Zweideutigkeit, die zeigt, daß diese Eroberungen nicht notwendigerweise mit religiöser Intoleranz gleichzusetzen sind. Zwar lehrt Mohammed im Koran: »Kämpft gegen diejenigen, die nicht an Gott und den jüngsten Tag glauben und nicht für verboten erklären, was Gott und sein Gesandter verboten haben, und nicht der wahren Religion angehören – von denen, die die Schrift erhalten haben – kämpft gegen sie, bis sie kleinlaut aus der Hand Tribut entrichten!« (Sure 9, Vers 29). doch wie der letzte Satz zeigt, verfolgten die muslimischen Herrscher mit der Eroberung fremder Länder nicht stets das Ziel der Zwangskonversion, jedenfalls nicht gegenüber den »Schriftbesitzern«, das heißt den Juden und Christen. Das hängt offenbar damit zusammen, daß die Vorväter und Stifter dieser beiden anderen monotheistischen Religionen – Abraham, Isaak, Moses und Jesus – im Koran als Vorläufer des Propheten Mohammed und als Rechtschaffene bezeichnet werden (Sure 6, Verse 84–87). Jedenfalls gibt es in der Geschichte des Islam viele Beispiele für islamische Toleranz gegenüber jenen Andersgläubigen. Das wirkliche Ärgernis für den Islam und Auslöser seiner Militanz war wohl ursprünglich die Vielgötterei zunächst unter den Stämmen Arabiens, die als erste zur religiösen und politischen Einheit geformt wurden, danach dann unter den anderen heidnischen Völkern Afrikas und Asiens.

Welche religiöse Tiefe der neue Glaube an den *einen* Gott bei den durch den Islam bekehrten Heiden erreichte, läßt sich schwer sagen. Helmut von Glasenapp schreibt zu den Anfängen, daß »die einfache Gottes- und Unsterblichkeitslehre Mohammeds und die strengen, aber leicht erfüllbaren Vorschriften, durch welche sie das Leben ihrer Bekenner regelt, ... den geistigen Bedürfnissen der arabischen Stämme, unter denen sie entstanden waren, und den Wünschen der breiten Masse der Neubekehrten (entsprachen)«[3], während sie den Ansprüchen höher entwikkelter Kulturen wie der jüdischen und der christlichen nicht genügen konnten. Mit der Festigung seiner Herrschaft und der Vermehrung seines geistigen Austauschs mit den Traditionen und den kulturellen Eigenheiten der eroberten Länder entwickelte der Islam dann ab dem 9. Jahrhundert ein reiches kulturelles Leben mit bedeutenden geistigen Schöpfungen in der Philosophie, der Mathematik, der Medizin, der Ethik und der Dichtung. Sie bezeugten eine Strahlkraft dieser Religion, die mit der Eroberung durch das Schwert allein niemals hätte erreicht werden können. Ohne Übertreibung kann man sagen, daß der Islam, oder besser: die islamische Zivilisation in ihrer Blütezeit bis ins 13. Jahrhundert hinein die prägende kulturelle Kraft des Orients und in Teilen Europas gewesen ist, die ein ausgewiesener Kenner des Islam einmal als »gradlinige Fortsetzung der hellenistischen Zivilisation des Ostens« im Gewande der arabischen Sprache kennzeichnete.[4]

Dennoch hat der Islam niemals die an seinem Ursprung aufs engste geknüpfte Verbindung von religiösem Offenbarungsglauben und politischer Machtbildung aufgegeben. Sie prägt ihn bis auf den heutigen Tag. Es ist eine Verbindung, in der die innere Spannung zwischen diesen beiden Elementen nur mit äußerster Mühe ausbalanciert, ja im Grunde nur unterdrückt werden kann, mit problematischen Folgen sowohl für die Reinheit des Glaubens als auch für die Legitimität politischer Macht. Unterwerfung unter das Schwert und Unterwerfung unter den allmächtigen Gott und seine Gebote müssen nicht notwendigerweise zusammenpassen. Die frühe Geschichte der militärisch-politisch betriebenen Ausbreitung des Islam bietet übrigens selbst ein bemerkenswertes Beispiel dafür, daß die Interessen des Staatsmannes und die des Propheten durchaus in Gegensatz treten können: Nach dem damaligen muslimischen Recht mußten die Muslime – außer der Armensteuer – keine Steuern zahlen, während alle nichtmuslimischen Untertanen eine Kopfsteuer zu entrichten hatten. Für die muslimischen Herrscher war es daher vorteilhaft, wenn die Untertanen der neu eroberten Gebiete nicht zum Islam konvertierten und statt dessen die Kopfsteuer zahlten. Unter den Christen und Juden der eroberten Gebiete wurde dies auch lange Zeit so gehandhabt. Das islamische Herrschaftssystem war so konstruiert, daß es religiösen Eifer für die Verbreitung des Glaubens dämpfte, Toleranz durch materiellen Anreiz ermutigte und dennoch an der frommen Absicht des Kalifen keinen Zweifel zuließ, da die Ungläubigen schlechter gestellt waren als die Gläubigen und für deren irdisches Wohlergehen aufkommen mußten. Es erinnert übrigens an die autoritär-aufgeklärte, vorkonstitutionelle Staatspraxis Preußens am Ende des 18. Jahrhunderts, die von der landesherrlich festgelegten »Leitreligion« abweichenden Angehörigen verschiedener religiöser Sekten gegen Zahlung von Sondersteuern von bestimmten Untertanenpflichten, insbesondere der Verpflichtung zum Wehrdienst, zu befreien. Daraus hat sich dann zwei Generationen später das verfassungsmäßige Recht auf die Freiheit der Religion entwickelt.

Diese Konstruktion könnte man daher vielleicht als eine erstaunliche Frühform der Trennung zwischen weltlicher und geistlicher Gewalt deuten, die im christlichen Europa im 11. Jahrhundert mit der erwähnten »Gregorianischen Revolution« begann und nach einem langen und widerspruchsvollen Entwicklungsprozeß schließlich achthundert Jahre später zur Herausbildung des modernen religiös und konfessionell neutralen Verfassungsstaates führte. In ihm etablierte sich dann die Religion als eine autonome und rein geistig-geistliche Macht. Doch eine parallele Entwicklung hat es im Islam nicht gegeben. Falls also jener erstaunliche muslimische Pragmatismus die Frühform eines möglichen Dualismus von geistlicher und weltlicher Macht im Islam gewesen sein sollte, dann hat sich jedenfalls daraus im Laufe der Geschichte keine reife institutionelle Gestalt entwickelt. Die tiefe Religiosität der Muslime hat im Verein mit dem Despotismus der auf verschiedene Reiche verteilten Herrschaftsgewalt des Islam überall dem Einbruch des Zweifels in die Welt der Schöpfung und der Umstellung des theozentrischen in ein anthropozentrisches Weltbild im Zeitalter der Aufklärung widerstanden. So hat sich der Islam der Spannung zwischen den Anforderungen einer weltlichen, am diesseitigen Wohl der Menschen orientierten Ordnung und den Pflichten aus der geoffenbarten Glaubenswahrheit nicht ausgesetzt. Noch heute beharrt er in der Theorie – nicht unbedingt in der meist mit schlechtem Gewissen betriebenen Praxis der sich als islamisch verstehenden modernen Staaten – auf der Einheit von politischer und Glaubensgemeinschaft.

Nach dieser Theorie ist die Einheit von spiritueller und politischer Gemeinschaft für das fromme Leben der Gläubigen von wesentlicher Bedeutung. Der einzelne Gläubige kann sein dem Glauben gemäßes diesseitiges Leben nur in der Gemeinschaft der Gläubigen, der *Umma*, führen. So wenig wie nach unserer westlichen Vorstellung ein Individuum »Bürger« ohne die Zugehörigkeit zu einem politischen Verband sein kann – diese Zugehörigkeit ist das definierende Element des Begriffs »Bürger« –, so wenig kann nach der islamischen Konzeption des »richtigen« Lebens jemand ein Muslim außerhalb der *Umma* sein. Auch wenn am Tag des Jüngsten Gerichts jeder einzelne Gläubige nur für sein eigenes Leben einsteht, so hat doch die *Umma* als die Gemeinschaft der Geschöpfe Gottes die Bedeutung, ihn mit den anderen Gläubigen zu verbinden und die Heilsbotschaft als ein Versprechen für die Menschen als Gottes Volk zu empfangen.

Da diese Gemeinschaft im diesseitigen Leben besteht, ist sie notwendigerweise ein den diesseitigen Bedürfnissen zugewandter sozialer Organismus, in dem profane und religiöse Regeln ungetrennt mit- und ineinander verwoben sind. Letzte Autorität für beide Arten von Regeln beansprucht der Koran als das Heilige Buch der geoffenbarten Wahrheit des Glaubens. Er gewährleistet, daß die *Umma* in ihrem sozialen Selbstvollzug niemals ihren Status als eine Gemeinschaft verliert, die durch den gemeinsamen Glauben an Allah begründet ist. Religiöser Dissens ist daher Ausdruck des moralischen Verfalls und des Zerfalls der Gemeinschaft als Folge der Mißachtung der koranischen Gebote. Bei vielen Gläubigen findet religiöse Uneinigkeit sogar die eschatologische Deutung, daß sich darin das Herannahen des Weltenendes und des Jüngsten Gerichts ankündige.

Es ist unschwer zu erkennen, daß diese Legierung religiöser und weltlich-sozialer Regeln unter der Dominanz der Heiligen Schrift des Korans das Ideal einer theokratischen Ordnung enthält. In ihr kann es keinen Vorbehalt des individuellen Gewissens gegenüber den Geboten der Gemeinschaft geben. Nicht nachvollziehbar ist hier die in den christlichen Gesellschaften des Westens entstandene Idee der individuellen Religionsfreiheit. Man muß dies als einen fatalen Entwicklungsrückstand der dominanten Strömungen des Islam ansehen, sollte dabei aber nicht übersehen, daß es insbesondere seit dem 18. Jahrhundert – als die Herrscher des Osmanischen Reiches, Hüter und Schutzmacht des Islam, ihre wissenschaftliche, wirtschaftliche und militärische Unterlegenheit gegenüber den europäischen Mächten bemerkten – bis in die Gegenwart immer intellektuelle Strömungen gegeben hat, die für eine Öffnung ihrer Religion zum Geist der Aufklärung und zu den modernen Entwicklungen von Wissenschaft und Technik eingetreten sind. Dazu gehört nicht zuletzt die Anwendung textkritischer Methoden bei der Auslegung des Korans. Daß diese Reformkräfte heute noch überall unterlegen, häufig ins Exil getrieben sind, ist gewiß auch das Ergebnis der für den Islam charakteristischen engen Verbindung von Religion und Politik; sie erlaubt es den konservativen muslimischen Kräften, sich beim Kampf gegen die Erneuerer der jeweiligen Staatsmacht zu bedienen.

Dennoch erstaunt die Unbefangenheit, mit der viele Muslime, auch Intellektuelle, dem vormodernen Ideal einer Einheit von religiöser und weltlicher Gemeinschaft anhängen und darauf gestützt die ethische Überlegenheit des Islam über das westliche Modell der Trennung von Religion, Staat und Politik, der Geltung universeller, religionsunabhängiger Menschenrechte und speziell des Rechts auf religiösen Dissens behaupten. Es dürfte ihnen eigentlich nicht entgangen sein, daß der in diesem Ideal enthaltene Selbstzwang zur Einigkeit auf die islamischen Gesellschaften als eine Fessel wirkt, die ihnen zunehmend die geistige Lebensluft raubt. In dem Bestreben, fast um jeden Preis religiöse – und damit auch soziale – Einigkeit zu wahren, können sie keinen Raum für legitimen Dissens, geistige Freiheit und soziale Phantasie zulassen und müssen, wo sich solche Kräfte rühren, die geistige Reinheit des Islam mit dem Schwert der weltlichen Gewalt des Staates bewahren. Daß es unter den gegenwärtigen Staaten mit überwiegend islamischer Bevölkerung nur sehr wenige, wenn überhaupt einen gibt, der die Mindestanforderungen an eine demokratische Ordnung erfüllt, ist unter diesen Umständen nicht erstaunlich.

V. Warum eine persönliche Bereicherung an den Heilsgütern der Religion Blasphemie ist

Wir sollten diesen Hintergrund kennen, um besser zu verstehen, was an jenem schicksalsschweren 11. September geschah und was weiter geschehen kann. Da die Welt nach diesem Tag noch etwas näher zusammengerückt ist und es ohnehin nützlich ist, Näheres über seine Nachbarn zu wissen, kann es uns nicht unberührt lassen, wie sehr ihr Fühlen, Denken und Handeln durch ihre Religion bestimmt wird. Mag uns daran auch einiges befremden, so kann man sich manchmal vielleicht eines heimlichen Anflugs von Bewunderung und Neid nicht erwehren – Bewunderung für die Unbeirrtheit des Glaubens an ein heiles Leben in einer unheilvollen Welt, Neid auf die Unbefangenheit des zweifelsfreien Einsseins mit sich selbst. Wie dem auch sei, wir müssen den Konsequenzen dieses Glaubens ins Auge blicken, und diese führen uns nun wiederum in fremdes Gelände. Kehren wir zu dem Schluß zurück, zu dem ich oben gelangt war: Die noch lebenden Täter müssen der irdischen Gerechtigkeit zugeführt und einem internationalen Strafgerichtshof überstellt werden.

Wenn es denn der unbedingte religiöse Glaube der Täter war, der sie moralisch und psychisch zu den Untaten des 11. September befähigte, dann verfallen allerdings zwei stillschweigende Voraussetzungen, die die Staaten und die internationale Rechtsgemeinschaft für die Einrichtung einer Strafgerichtsbarkeit machen: zum einen die, daß der Straftäter als Teil der Ordnung, deren Recht er verletzt hat, den Unterschied zwischen Recht und Unrecht versteht und daher seine Tat im Bewußtsein ihres Unrechtes begeht; nach der weiteren Annahme bewirkt die Bestrafung des Täters, selbst wenn ihr generalpräventiver Effekt nicht allzu hoch zu veranschlagen ist, doch immerhin seine soziale Isolierung und darüber hinaus so etwas wie eine Befriedung der Rechtsgemeinschaft und die Wiederherstellung der Integrität der Rechtsordnung.

Beide Unterstellungen werden durch den religiös leidenschaftlichen Täter außer Geltung gesetzt. Er erkennt natürlich kognitiv den Unterschied zwischen Recht und Unrecht, doch ist diese Unterscheidung nichtig im Angesicht der ihn beherrschenden Unterscheidung zwischen Heil und Unheil. Der Glanz der von ihm leidenschaftlich gewollten Heilsordnung und ihrer Belohnungen blendet seine moralische Wahrnehmungsfähigkeit und macht ihn rechtsblind. Ein solcher Täter kann durch die Sanktionen der Rechtsordnung gar nicht erreicht, geschweige denn in den Bannkreis der Rechtsordnung zurückgeholt werden. Die Gestalt des Überzeugungs- oder Gewissenstäters ist den westlichen Verfassungsstaaten wohlbekannt. Der Gewissenstäter genoß eine Zeitlang sogar einen gewissen Respekt und eine rechtlich privilegierte Behandlung, so wie ja auch heute noch in vielen Verfassungsordnungen einschließlich der des Grundgesetzes die Freiheit des Gewissens die Entbindung von bestimmten Rechtspflichten ermöglicht, insbesondere von der Pflicht zum Töten im Namen und Auftrage des Staates. Ähnlich großzügig verfuhr man häufig mit Anarchisten, die im Kampf für ihre Überzeugung ihr eigenes Leben aufs Spiel setzten. Mit anderen Worten, »religiöse Virtuosität« ist eine in den westlichen, vom römischen Christentum geprägten Verfassungsstaaten durchaus geehrte, zumindest respektierte Haltung. Doch ist das erst das Ergebnis jenes oben erwähnten langen und blutigen Domestizierungsprozesses, in dem die christliche Religion gewissermaßen entpolitisiert und mit der Rechtsordnung des Staates kompatibel, zu Zeiten ihr sogar dienstbar gemacht worden ist. Eine Konsequenz dieser wechselseitigen Akkomodierung von Staat und (christlicher) Religion war die Tatsache, daß der religiöse Überzeugungs- oder Gewissenstäter eine individuelle Ausnahme geblieben ist, dessen totalisierendes Gewissen ihn in der säkularisierten Welt des modernen Staates strukturell isolierte. Sein Konflikt war weniger eine Herausforderung an das politische Monopol des Staates als eine Frage der Toleranz und des Respekts für eine gewissermaßen aus dem Ruder der Normalität gelaufene hypertrophe Religiosität.

Eine derartige Eindämmung der religiösen Energien ist bekanntlich nicht überall gelungen, und nicht alle Religionen eignen sich dafür in gleicher Weise. Ob sie für den Islam gelingen kann, ist eine umstrittene Frage, die stets dann auf der Tagesordnung steht, wenn über einen möglichen »Euro-Islam« diskutiert wird. In der jetzigen Verfassung, in der die heute vorherrschenden Strömungen nach wie vor durch ihre arabische Herkunft geprägt werden, sind nach allem, was ich oben über den Zusammenhang von Glauben und Gemeinschaft gesagt habe, Zweifel angebracht. Die maßgeblichen Strömungen des Islam, die in vielen Staaten an der Macht sind, lehnen bekanntlich die Trennung von säkularer Rechts- und religiöser Heilsordnung als politisches Organisationsprinzip ab. Sie repräsentieren dabei allem Anschein nach das Lebensgefühl der breiten Massen jedenfalls in den arabischen Ländern, die vermutlich die Trennung von Staat und Religion zusätzlich auch noch deswegen zurückweisen dürften, weil es eine aus dem Westen eingewanderte Anforderung ist. Zu sehr hat in der Vergangenheit bis in die unmittelbare Gegenwart hinein der Westen das Selbstgefühl der arabischen Völker gedemütigt, als daß ein auf seine Selbstachtung bedachter Muslim bereit sein könnte, grundlegende Wahrheiten seiner Religion zugunsten eines westlichen Prinzips aufzugeben – auch wenn ihm vielleicht seine Vernunft sagen mag, daß irgendwann einmal der Islam diese tiefe Krise der Trennung von Heilserwartung und weltlicher Ordnung wird erleiden müssen, um danach mit neuen Kräften wieder zu erstehen.

Dies führt zu der zweiten der oben erwähnten Voraussetzungen einer nationalen oder internationalen Strafrechtspflege. Die Bestrafung des rechtsblinden religiösen Überzeugungstäters bedeutet jedenfalls in der heutigen islamischen Welt nicht unbedingt die soziale Isolierung und die Wiederherstellung der durch den Frevler gestörten Rechtsordnung. Im Gegenteil, die Bestrafung – eine Sanktion der weltlichen Ordnung – gilt in der Wahrnehmung nicht nur des Täters selbst, sondern auch für viele andere durchaus rechtstreue Gläubige als das Erleiden eines Martyriums. Dieses Martyrium entzündet Energien der religiösen Vergemeinschaftung bei den Glaubensgenossen, die den Verurteilten nicht nur nicht isolieren, sondern noch intensiver in die religiöse Gemeinschaft integrieren. Seine strafrechtliche Verurteilung schafft also einen ständigen Anreiz zur Nachahmung, oder, um es noch drastischer auszudrücken, die Bestrafung religiöser Überzeugungstaten dieser kulturellen Prägung und Einbettung wirkt infektiös für die Begehung immer weiterer und womöglich in ihrer Furchtbarkeit noch gesteigerter Taten.

Ein Element ihres rätselhaften und furchterregenden Charakters besteht zweifellos in der Kaltschnäuzigkeit der Instrumentalisierung des eigenen Lebens der Täter, um den sicheren Erfolg ihres Verbrechens zu gewährleisten. Wenn man bedenkt, daß die Haupttäter monatelang in einem langen und mühseligen Prozeß das Führen eines Flugzeuges erlernten und dabei – Gipfel einer makabren Rationalität – sich an den Manövern des Startens und Landens ausdrücklich desinteressiert zeigten, dann kann man, im Verein mit den vielen anderen minutiösen, vielleicht sogar jahrelangen Vorbereitungen von einem strategischen Vorgehen sprechen. Aber ein »strategischer Selbstmord«?

Kann es so etwas geben? Der Selbstmörder mag in einem Akt der Verzweiflung seinem Leben ein Ende setzen, weil ihm der Tod eine Erleichterung von der Qual seines Lebens verheißt. Er mag auch, nachdem er in überlegter

Abwägung die Bilanz seines Lebens gezogen und sie für negativ befunden hat, dieser Rechnung durch den Selbstmord die existentielle Beglaubigung geben. In beiden Fällen hat das Leben für diese Menschen seinen Wert verloren, der Tod erscheint ihnen vorzugswürdiger. Dennoch handelt keiner von beiden strategisch, das heißt mit der Berechnung dessen, der damit seinen eigenen Vorteil befördern will. Denn der Tod ist für sie kein »Vorteil« gegenüber dem Leben, sondern eine Art Erlösung. Aber auch ein Selbstmörder wie Jan Palach, der sich nach dem gewaltsamen Ende des Prager Frühlings des Jahres 1968 öffentlich auf dem Wenzelsplatz selbst verbrannte und damit ein Zeichen für die Welt setzen wollte, handelte nicht strategisch, auch wenn er durch sein freiwilliges Sterben einen Zweck verfolgte. Aber er berechnete nicht einen Vorteil, den er durch die Hingabe seines Lebens erwerben könnte, denn nach dem Tode hört alle Berechnung auf – der Mensch kann mit seiner eigenen Existenz nicht strategisch umgehen. Jan Palach gehörte zu der Klasse von Menschen, die ihr Leben für eine überpersönliche Sache oder für andere Menschen aufopfern. Dies ist die äußerste Form der liebenden Hingabe eines Menschen. Sie hat nichts mit Selbstmord zu tun; sie ist sein Gegenteil. Wer sich aufopfert, hat nicht den Lebensmut verloren. Er schätzt nicht etwa den Tod höher als das Leben. In der Wertschätzung des eigenen Lebens liegt die sittliche Bedeutung des Opfers.

In den Mythen der monotheistischen Religionen gibt es daher viele heldenhafte Menschen, die sich für den Glauben an die geoffenbarte Wahrheit aufgeopfert haben und als Märtyrer verehrt werden. Jan Korczak, der katholische Priester, der mit den ihm anvertrauten Kindern gemeinsam in Auschwitz in die Gaskammern ging, um sie bis zu ihrem furchtbaren Ende zu begleiten und zu trösten, obwohl es ihm freistand, sein eigenes Leben zu retten, beging keinen Selbstmord, sondern legte Zeugnis für seinen

Glauben und die von diesem verheißene Gottesröstung ab und ist daher ein Märtyrer. Der Selbstmord ist den Gläubigen aller monotheistischen Religionen auch gar nicht erlaubt. Als Geschöpfe Gottes haben die Menschen keine Verfügung über ihre Existenz; sie ist in Gottes Hand gelegt, nur er kann die Geschöpfe, die er schuf, auch wieder abberufen. Der Selbstmord ist daher eine Versündigung an seinem Wollen. Dagegen werden den Märtyrern Belohnungen in der jenseitigen Welt versprochen.

So versteht auch in der islamischen Welt niemand die Attentäter des 11. September als Selbstmörder, sondern als Märtyrer. Die an sie gegebenen Instruktionen haben diese Vorstellung, die sie ganz gewiß auch selbst hatten, auch zu bestärken gesucht. Es ist bemerkenswert, daß die Belohnungen nach dem Tode das entscheidende Argument sind, und das ist auch verständlich. Denn in dem islamischen System der Belohnungen und Bestrafungen nehmen die Märtyrer einen bevorzugten Platz ein. Ganz allgemein scheint das Vertrauen auf eine Beziehung des gerechten Tausches zwischen Gott und den Menschen die Haltung der Gläubigen stark zu beeinflussen. Im Gebet an den Allerhöchsten heißt es in fast schon forderndem Ton: »Und gib uns, Herr, was du uns durch deine Gesandten versprochen hast! Und laß uns am Tag der Auferstehung nicht zuschanden werden! Du brichst nicht, was du versprochen hast« (Sure 3, Vers 194). Und tatsächlich, Gott erfüllt diese Erwartungen, als eile er, das Vertrauen in die Ernsthaftigkeit seiner Versprechungen nicht zu enttäuschen. In kaum verhülltem Bezug auf die eigene Emigration des Propheten Mohammed von Mekka nach Medina und seine vielen militärischen Kämpfe erklärt er: »Ich werde keine Handlung unbelohnt lassen, die einer von Euch begeht. Darum werde ich denen, die um meinetwillen ausgewandert und aus ihren Häusern vertrieben worden sind und Ungemach erlitten haben, und die gekämpft haben und dabei getötet worden sind, ihre schlechten Taten tilgen, und ich werde sie in Gärten eingehen lassen, in deren Niederungen Bäche fließen. Das soll ihre Belohnung von seiten Gottes sein. Bei Gott wird man dereinst gut belohnt« (Sure 3, Vers 195). Die besondere Auszeichnung für diejenigen, die für den Glauben gefallen sind, wird noch zusätzlich dadurch hervorgehoben, daß die »normalen Gestorbenen« vom Zeitpunkt ihres Todes bis zum Tag der Auferstehung und des Jüngsten Gerichts eine Art Wartezeit verbringen, in der sie nach ihren Taten im diesseitigen Leben peinlich befragt, zuweilen auch bereits so etwas wie reinigende Strafen erdulden müssen und jedenfalls dem endgültigen Urteil über Seligkeit oder Verdammnis durchaus ungewiß entgegensehen müssen.

Nicht so der Märtyrer, der im Kampf für die Sache Gottes Gefallene. Ihm bleibt diese Wartezeit der Ungewißheit erspart, denn er sieht seinen festen Platz im Paradies vor sich, ihm werden sofort seine Sünden vergeben, Gott erhört seine Fürbitte für 70 seiner Verwandten, er erhält eine Edelsteinkrone, und ihn erfreuen nicht weniger als 72 liebliche Paradiesjungfrauen. Diese sogenannten *Houris*, die nicht schlafen, nicht schwanger werden, nicht menstruieren, spucken, schnäuben oder krank werden, pflegen natürlich seit je in besonderer Weise die Phantasie der männlichen Muslime anzuregen. Wie ich einer ausführlichen Studie über die islamischen Vorstellungen über Tod und Wiederauferstehung entnehme, machen viele Kommentare islamischer Autoren zu den Koranstellen über diese *Houris* auch keinen Hehl daraus, daß diese Wesen speziell als eine Belohnung für die männlichen Muslime existieren, die Allah treu gedient haben.[5] Ein anderer, westlicher Autor, merkt dazu im lakonischen Tonfall des neutralen Wissenschaftlers an, daß Mohammeds Bilder der Glückseligkeit, die den Gläubigen im Paradies erwarten, in Ausdrücken geschildert würden, die männliche Vorlieben erkennen ließen.[6] Auch wenn in der

Literatur darauf hingewiesen wird, daß die *Houris* himmlische, wenn auch nicht körperlose Wesen seien und sich somit jegliche sensuale, geschweige denn sexuelle Konnotation verbiete, kann man doch wohl vor allem bei schlichteren Gemütern ein stärker weltliches Verständnis der sie erwartenden Seligkeit nicht gänzlich ausschließen. Jedenfalls findet sich in der seriösen Literatur durchaus die kritische Bemerkung, daß »die grobsinnlichen Vorstellungen von der Seligkeit der Frommen« nicht wenig dazu beigetragen hätten, den Mut der islamischen Krieger zu entfachen.[7] Fairerweise wird aber hinzugefügt, daß keineswegs alle Muslime die einschlägigen Schilderungen des Koran in einem buchstäblichen Sinne verstünden. Gleichwohl ist unbestritten, daß der Märtyrer – um es in den Worten eines islamischen Korangelehrten aus dem 11. Jahrhundert auszudrücken – die »höchste Lohnstufe im Jenseits« erreicht.

Die Herrlichkeit der Belohnung für den Märtyrer in der Ewigkeit legt die Frage nahe, ob jemand das Opfer des Lebens für den Glauben und für die Gemeinschaft der Gläubigen bringt und dafür im Jenseits belohnt wird, oder ob jemand danach trachtet, auf schnellstem Wege in den Genuß dieser Belohnung zu gelangen und dazu die Gelegenheit des Sterbens für den Glauben sucht. Im äußeren Verhalten lassen sich diese beiden Möglichkeiten in der Regel kaum unterscheiden, doch in Hinsicht auf die ethische Qualität könnte der Gegensatz zwischen ihnen kaum größer sein. Wenn jemand den Glauben und die Reinheit der göttlichen Botschaft dazu benutzt, um die Belohnungen der Seligen zu erschleichen, indem er das ihm vom Schöpfer gegebene Leben dafür aufopfert, ist das dann ein Martyrium, ein Blutzeugnis für den Glauben, oder ist es jener »strategische Selbstmord«, dessen Möglichkeit doch so zweifelhaft erscheint? Kann sich der Mensch unter gewissen Umständen zu seinem eigenen Leben eben möglicherweise doch strategisch verhalten, indem er das

Leben nach dem Tode in seine Berechnungen einbezieht? Das wäre nur möglich, wenn das jenseitige Leben gegenüber dem diesseitigen nicht als vollkommen unvergleichlich, nicht als etwas kategorial ganz anderes, nicht als das Absolute erkannt wird. Wenn man wie in einem Tausch das diesseitige Leben für die Wonnen des jenseitigen hingibt, dann wird letzteres im Grunde als eine attraktivere Version des ersteren angesehen, wobei dann die Attraktionen offenkundig sind: Es kennt nur die seligen Seiten des diesseitigen Lebens, und es dauert ewig.

Jeder unbefangene Betrachter, auch der »religiös Unmusikalische«, würde hier wohl von Blasphemie sprechen. Ich bin davon überzeugt, daß die meisten islamischen Geistlichen dies ebenso sehen würden. Es ist eine doppelte Blasphemie, denn sowohl der Glaube wie das menschliche Leben werden zu Mitteln persönlicher Bereicherung an den Heilsgütern der Religion degradiert. Man mag das ganze Argument für eine absurde Verstiegenheit halten. Doch können wir es so abwegig finden, daß Menschen ihr diesseitiges Leben im Hinblick auf die Folgen im jenseitigen einrichten? Schließlich sind doch auch in unserer Kultur die Heilsversprechen des Jenseits eine der stärksten Triebkräfte für unser sittliches Verhalten im Diesseits. Und ist es so unwahrscheinlich, daß zumindest Gemüter mit einem mehr sinnlich-anschaulichen Zugang zur Welt des Geistigen und ausgestattet mit einer leicht entzündbaren Phantasie sich die jenseitige Welt als eine phantastische Steigerung dessen vorstellen, was sie sich in ihrem Erdendasein schon immer gewünscht haben?

Aber natürlich gibt es ein gravierenderes Argument gegen diese gewiß befremdliche Vorstellung einer »Erschleichung« des Seelenheils gegen Aufopferung des eigenen Lebens: Wie sollte Gott diesen Betrug nicht erkennen, wo er doch alles weiß und sieht? Natürlich läßt er sich nicht täuschen. Aber liegt denn hier auch wirklich eine Täuschungsabsicht vor? Könnte es nicht sein, ja ist es angesichts des uns vorliegenden, mehr als fünf Jahre vor dem Anschlag aufgesetzten Testaments des Haupttäters Mohammed Atta, das ihn als einen vielleicht ein wenig verbohrten, aber jedenfalls tiefgläubigen Muslim ausweist, nicht sogar wahrscheinlich, daß er vor allem sich selbst über seine innersten Absichten täuschte? Vielleicht hatte er gar nicht die Absicht, Allah zu täuschen, sondern war fest davon überzeugt, daß er mit der Selbstaufopferung für die Sache des Glaubens die dafür versprochene Belohnung in voller Übereinstimmung mit der geoffenbarten Wahrheit des Islam erwerben würde? Warum werden die Belohnungen des Jenseits denn so suggestiv, in einer gerade einfache Gemüter entfachenden Lebhaftigkeit geschildert, wenn nicht deswegen, daß sie sich diesen seligen Zustand auch ganz buchstäblich vorstellen? Dafür, daß Atta nicht betrügen wollte, sondern inbrünstig glaubte, könnte immerhin sprechen, daß die ihn seelisch auf die letzte Nacht vorbereitenden Instruktionen eines unbekannten Einsatzleiters von der Todesfurcht sprechen, die auch diese Täter heimsuchen würde. Das unterstellt denn doch so etwas wie den Schauer vor dem ganz anderen der jenseitigen Welt.

VI. Warum die muslimische Pflicht zum Jihad nichts mit den Aktionen des 11. September zu tun hat

Doch wir wissen es nicht. Wir müssen es aber auch nicht wissen, um einige allgemeinere Einsichten in die religiöse Dimension der Verbrechen des 11. September zu gewinnen. Ich beharre auf dem Begriff des »Verbrechens«, obwohl sie im Kategorienrahmen des Islam möglicherweise eine geheiligte oder zumindest religiös gerechtfertigte Handlung ist. Sollte es so sein, dann müßte das schwerwiegende Konsequenzen für die Möglichkeiten eines friedlichen Zusammenlebens in unserer Welt haben, die durch das Schrumpfen der räumlichen Entfernungen und durch die Beschleunigung der Zeit immer enger zusammenrückt und damit zunehmend empfindlicher für die Unterschiede und den Eigensinn von Lebensformen wird, die der globalen Nivellierung trotzen. Dies gilt vor allem im Verhältnis zu geistigen Systemen, die bestimmten globalen Veränderungen bereits seit dem 15. Jahrhundert trotzen. Das macht die heutigen Begegnungen nur noch schmerzhafter.

Es gibt jedenfalls Gründe für die Frage nach dem genaueren religiösen Status der Morde des 11. September, die mit dem pauschalen Hinweis auf den islamischen Fundamentalismus und dessen geistige Rückständigkeit nicht vollständig erledigt ist. Wenn der islamische Fundamentalismus solche tiefgreifenden destruktiven Wirkungen entfalten und große Massen in vielen islamisch geprägten Staaten ansprechen kann, dann ist er sozial und politisch nicht randständig, sondern von bedeutendem Einfluß auf die geistige Gestalt und die politische Orientierung der Religion, die die dritthöchste Verbreitung unter der Weltbevölkerung gefunden hat. Darauf muß sich dann auch die übrige Welt einstellen.

»Gott liebt diejenigen, die um seinetwillen in Reih und Glied kämpfen und fest stehen wie eine Mauer« (Sure 61, Vers 4) – diese und verschiedene andere, ähnlich kampffreudige Äußerungen des Propheten begründen den sprichwörtlich militanten Charakter des Islam, der natürlich die Erfahrungen spiegelt, die der Prophet bei der Durchsetzung seiner Offenbarung machte und die bekanntlich überwiegend militärisch-politischer Natur waren. Diese Militanz steht in bemerkenswertem Gegensatz zur Sanftmut, die der von Mohammed als Vorläufer anerkannte Jesus von Nazareth predigte und die dessen Anhänger bei der Verbreitung ihres Glaubens jedenfalls in den ersten vier Jahrhunderten nach der Entstehung der ersten Christengemeinden auch praktizierten. Irrtümlicherweise ist aus der im Koran vielfach variierten kämpferischen Grundhaltung der Schluß gezogen worden, daß der Islam seine Lehre mit Feuer und Schwert verbreitet habe und auch heute noch eine innere Tendenz zur gewaltsamen Durchsetzung seines Glaubens habe. Dabei werden jedoch zwei Dinge verwechselt: Es ist eines, die Macht der durch den Propheten begründeten politischen Herrschaftsorganisation durch bewaffneten Kampf zu erweitern, es ist etwas anderes, mit Feuer und Schwert den Glauben an Allah und die dem Propheten geoffenbarte Heilswahrheit zu verbreiten und den Ungläubigen aufzuzwingen. Während ersteres, wie oben erwähnt, die Praxis des Islam über Jahrhunderte gewesen ist – die Einnahme Konstantinopels im Jahre 1453 bedeutet dabei für Europa einen schwerwiegenden historischen Einschnitt – stellt letzteres eher eine historische Ausnahme der Frühzeit dar, die für uns heute nicht mehr von Belang ist. Insbesondere in Hinsicht auf Juden und Christen, die Anhänger jener beiden Religionen, die wie der Islam selbst eine geschriebene Offenbarung besitzen und daher stets die Schriftbesitzer genannt werden, hatte schon Mohammed selbst bestimmt, daß sie zwar zu bekämpfen seien, das Ziel des Kampfes aber nicht ihre Bekehrung, sondern ihre Unterwerfung und damit einhergehende Tributpflichtigkeit sei. Bis weit ins Mittelalter hinein war der Islam gegenüber den Juden und Christen in seinem Herrschaftsbereich ausgesprochen tolerant, ganz im Gegensatz zu der aggressiven Intoleranz, die das Christentum seit den Kreuzzügen bis ins 18. Jahrhundert gegenüber den Muslimen predigte und häufig genug auch tatkräftig praktizierte. So scheint es denn reine Missionskriege, das heißt Kriege, die von den Kalifen im ausschließlichen Interesse der Verbreitung des muslimischen Glaubens geführt wurden, im Islam nicht gegeben zu haben.

Es gibt aber im Islam durchaus so etwas wie die Heiligkeit des bewaffneten Kampfes. Doch liegt sie jenseits des Gebietes der auf Eroberung, Unterwerfung und Tribut gerichteten »offiziellen« Kriege der islamischen Herrscher. Das ist der inzwischen auch in unserer politischen Alltagssprache angekommene *Jihad*, den man nach den für mich sehr überzeugenden Forschungen von Albrecht Noth über den Heiligen Krieg im Islam und im Christentum nicht als heiligen Krieg, sondern als heiligen Kampf bezeichnen sollte. Denn es handelt sich dabei um die Aktivität der einzelnen Person in Erfüllung einer religiösen Obliegenheit – so wie jemand in Betätigung seines Glaubens betet, fastet, nach Mekka reist oder ein Almosen gibt, so macht er *Jihad*. *Jihad* bedeutet: Kampf gegen Ungläubige. Wenn es nicht ein wenig frivol klänge, so könnte man sagen: *Jihad* machen ist so etwas wie religiöses *bashing*, das natürlich nur gegenüber Ungläubigen möglich ist. Die dafür im Koran versprochenen Belohnungen habe ich bereits erwähnt; es ist nur hinzuzufügen, daß es dort eine Fülle äußerst suggestiver Beschreibungen der Verlockungen gibt, die den Kämpfer für die Sache Gottes erwarten. Offenbar mit Blick auf den mehr aufs Praktische und Nächstliegende gerichteten geistigen Horizont der überwiegend nomadischen arabischen Stammesangehörigen, die er zum Kampf für die neue Religion motivieren will, schreckt Mohammed auch nicht vor der Metapher eines platten Handels zurück: »Ihr Gläubigen! Soll ich euch zu einem Handel weisen, der euch dereinst von einer schmerzhaften Strafe erretten wird? Dann rate ich euch: Ihr müßt an Gott und seinen Gesandten glauben und mit eurem Vermögen und in eigener Person um Gottes willen Krieg führen. … Wenn ihr das tut, dann vergibt er euch dereinst eure Schuld und läßt euch in Gärten eingehen, in deren Niederungen Bäche fließen, und in gute Wohnungen in den Gärten von Eden. Das ist dann das große Glück …« (Sure 61, Verse 10–12). Nicht zu vergessen der

Vorteil, daß während des *Jihad* andere religiöse Pflichten, insbesondere die des Fastens, suspendiert waren.

Der *Jihad* hat stets den Charakter eines religiösen Gebotes gehabt, doch den Status einer Pflicht im strengen Sinne – wie den der fünf Grundpflichten des Glaubens an Gott, des nach bestimmten Formen und zu bestimmten Zeiten zu verrichtenden Gebets, des Fastens während des Ramadans, der Zahlung der Armensteuer sowie der wenigstens einmaligen Pilgerfahrt nach Mekka – hat er wohl niemals gehabt. Er kam ihr sehr nahe, insofern er im Koran und anderen religiösen Schriften durchgängig als eine – freilich sehr einladende – Möglichkeit des Gläubigen dargestellt wurde, die Ernsthaftigkeit seines Glaubens unter Beweis zu stellen. Vor allem darf man ihn nicht etwa mit der uns geläufigen staatlichen Wehrpflicht identifizieren. Er war ein gutes Werk. (Daß Frauen wegen dieser Verbindung des Glaubens mit dem bewaffneten Kampf von diesem Beweis ihrer Rechtgläubigkeit ausgeschlossen waren und vermutlich noch sind, ist keine Überraschung.) Andererseits darf der durch und durch religiöse Charakter des *Jihad* nicht über seine jedenfalls ursprünglich recht derbmilitärische Wirklichkeit hinwegtäuschen. Noth zitiert Schriften islamischer Autoren, nach denen zum Beispiel der Prophet selbst, nach der vorzüglichsten Art des *Jihad* befragt, nicht eben ironisch gesagt haben soll: »Wenn jemandes Blut vergossen und sein Pferd verwundet wird.«

Man weiß nicht genau, was den jungen Männern in den vielen Koranschulen überall in der Welt gelehrt wird, aber man kann sich vorstellen, daß Worte des Propheten darunter stets eine besondere Autorität besitzen, kaum geringere vermutlich als seine Offenbarungen im Koran. Man weiß daher auch nicht, ob sie dort erfahren, daß der *Jihad* in späteren Zeiten eine zunehmende Vergeistigung erfahren hat, durch die er sich zu einer spezifischen Form der Askese und der religiösen Devotion wandelte, eine

Form des Gottesdienstes, in der der Heidenkampf nicht so sehr militärisch geführt wurde – etwa durch Teilnahme als Freiwilliger bei irgendwelchen militärischen Expeditionen des Herrschers und seines Heeres –, sondern durch *Ribat*, eine Art klösterliche Einkehr vor allem in Festungen an Grenzen zu heidnischen Gebieten. Die *Sufis*, die Mystiker unter den Muslimen, gingen mit der Verinnerlichung des *Jihad* sogar so weit, daß sie ihn als einen Kampf gegen die Begierde auffaßten, der vor allem eine reine und lautere Verbindung mit Gott erfordere. Man ist geneigt anzunehmen, daß *Jihad* in dieser nach innen gewendeten Religiosität der Selbstheiligung des von Max Weber beschriebenen Typus des »religiösen Virtuosen« näher steht als dem militärischen Kämpfertum des Propheten selbst.

Doch ungeachtet dessen konnte der *Jihad* eine so beachtliche Karriere unter den vielfältigen islamisch inspirierten Terrorgruppen vor allem des Nahen Ostens machen, weil er die religiöse Legitimierung einer Form des Kampfes leistet, der nichts mit der Disziplin eines regulären staatlichen militärischen Verbandes unter der Herrschaft des internationalen Rechts zu tun hat, noch aber auch mit den Kämpfen von Guerilla- oder Partisanenverbänden der irregulären Kriegführung, die das Völkerrecht mittlerweile in einem beschränkten Maße ebenfalls seinem Schutz unterstellt. Die durch seine wesentlich religiöse Natur geprägte Eigenart des *Jihad* besteht darin, daß es sich um eine der individuellen Selbstheiligung dienende religiöse Betätigung einzelner handelt, die in keinem Zusammenhang mit staatlichen Kriegen steht und auch keiner staatlichen Kontrolle unterliegt. In unserer modernen Terminologie könnte man sagen, der *Jihad* ist, wenn er die erwähnte Sublimierung im Sinne einer asketischen Lebensführung nicht vollzieht, ein Privatkampf oder Privatkrieg, der im religiösen System des Islam denselben Status hat wie eine Pilgerreise, die ja auch, wiewohl allen Gläubigen als Pflicht vorgeschrieben, von jedem einzelnen individuell erfüllt wird. In Ländern, in denen der Staat die Trennung der weltlichen von den religiösen Pflichten (noch) nicht vollzogen hat, ließe sich daher auch das staatliche Gewaltmonopol nicht ohne Verstoß gegen die Gebote der Religion durchsetzen. Das ist sicherlich einer der Gründe, warum viele arabische Staaten Schwierigkeiten haben, die in ihrem Territorium agierenden Terrorgruppen zu zerschlagen – wie könnten sie das auch vor ihren Volksmassen rechtfertigen, da sie doch nach der islamischen Konstruktion ihres Staatswesens den *Jihad* nicht ablehnen können? Wenn der heilige Kampf eine der Pflichten jedes einzelnen gläubigen Muslim ist und junge Männer ihn als eine ihrem Heldenideal entsprechende Form der Religiosität wählen, was könnte denn ein Staat, der in seinen geistigen Grundlagen die Phase der Modernität noch nicht erreicht hat, dem entgegensetzen?

Es ist bezeichnend, daß jene Gruppen mit den kaum noch überblickbaren Bezeichnungen wie *Islamischer Jihad, Hamas, Hisbollah* oder *Al Qaida*, die jeweils eine bestimmte Variante des militanten bewaffneten Kampfes bis hin zum Terrorismus repräsentieren, sich nicht etwa als Befreiungsbewegungen definieren, sondern als Krieger *für die Sache Gottes* – so lautet die Formulierung des Koran, wenn von kriegerischen Unternehmungen für die Religion die Rede ist. Als Befreiungsbewegungen würden sie mehr oder minder klar definierte Ziele verfolgen, die identifizierbare Gegner hätten, und sie würden die vielleicht nur undeutliche, aber doch für sie inspirierende Vision einer zukünftigen politischen Ordnung entwickeln, in der die verschiedenen Kräfte der Gesellschaft ihren Ort und ihre Rolle finden könnten. Der Kampf *für die Sache Gottes* dagegen entbindet sie von derartigen Aufgaben, die elementare Pflichten eines jeden sind, der in das politische Geschehen eingreift. Der Gotteskämpfer handelt politisch, ohne die damit verbundene Verantwortung zu übernehmen.

Nun bedeutet natürlich der Kampf *für die Sache Gottes* strenggenommen gar nichts, denn die *Sache Gottes* ist seine Schöpfung, das heißt die Erde und die Menschheit; für sie braucht man nicht zu kämpfen, da sie durch seine Schöpfungstat existieren. Die *Sache Gottes* ist es sicherlich, daß seine durch den Propheten geoffenbarte Heilsbotschaft, ja zunächst seine Existenz selbst erkannt und geglaubt wird. Doch müßte man dafür wohl eher missionieren, als die Ungläubigen mit Waffengewalt angreifen. Das ist wohl auch tatsächlich gar nicht das Ziel, wenn man bei den Aktionen dieser Gruppen von einem Ziel in einem präzisen Sinne überhaupt sprechen kann. Sollte sich in den terroristischen Aktionen zum Beispiel von Al Qaida überhaupt ein Sinn erkennen lassen, dann ist es wohl der des Kampfes gegen Satan, das Teuflische. Dieser Satan hat im Denken dieser Gruppen einen Namen und einen Ort: USA. Claus Offe trifft in seiner Analyse des 11. September den Kern der Antwort auf die Frage nach dem Sinn der Aktionen, wenn er feststellt, daß die USA nicht für ihre Politik, nicht für einzelne ihrer politischen oder militärischen Aktionen angegriffen werden, nicht für das, was sie »tun«, sondern für das, was sie »sind« – sie sind der machtvollste und sichtbarste Repräsentant der Werte und Lebensformen, die in der Lesart des Islam, der den Anschluß an die Moderne noch nicht gefunden hat, als das Satanische schlechthin gelten. Die USA angreifen heißt den Satan selbst bekämpfen – da geht es nicht um Missionierung und Bekehrung, denn der Teufel muß nicht bekehrt, sondern vernichtet oder doch, wenn diese Vernichtung bis zum Jüngsten Tag warten muß, gedemütigt werden.

Diesem Ziel entsprechen die Mittel: Wer *für die Sache Gottes* gegen den Satan kämpft, der muß die Furcht und den Schrecken seiner Größe und Allmacht verbreiten, jene Bereitschaft zur Unterwerfung, die für den Gläubigen des islamischen Gottes charakteristisch ist. Gott erzeugt diesen frommen Schrecken durch die verschiedenen Erscheinungsformen seiner unbegreiflichen Heiligkeit. Diese stehen den Menschen natürlich nicht zur Verfügung. So ist denn die irdische Form, Schrecken unter den Menschen zu erzeugen, der Terrorismus – nichts anderes bedeutet die wörtliche Übersetzung für das lateinische *terror*. Der Terror, wie er am 11. September und in den ihm vorangegangenen Anschlägen der Al Qaida verbreitet wurde, sollte vielleicht unbewußt jenen heiligen Schrekken hervorrufen, den die Erscheinung Gottes bei den Menschen auslöst – dies könnte die tiefere Bedeutung des Kampfes *für die Sache Gottes* sein. Wäre es so, so stünden wir vor einer ungeheuren Anmaßung. Die Terroristen würden dann Gottesfurcht in Menschenfurcht verwandeln, ohne über die Eigenschaften zu verfügen, die Gott eigen sind: Allmacht, Güte, Gerechtigkeit am Tage des Jüngsten Gerichts und natürlich die Fähigkeit zur Schöpfung selbst. Der Terror *für die Sache Gottes* wäre eine Usurpation seines Namens und die Vortäuschung seiner unbegreiflichen Macht, er wäre nichts Geringeres als die Erzeugung des Gottesschreckens durch menschliche Untat. Er wäre Blasphemie.

Gewiß, es gibt die muslimische Pflicht zum *Jihad*. Doch selbst wenn man daraus – in der vormodernen Lesart des Korans von vor fast 1400 Jahren – auch heute noch die Befugnis zum gewaltsamen Kampf gegen Ungläubige ableiten wollte, so gibt es im Islam selbst Regeln, welche die unterschiedslose, auf die Erzeugung von Angst und Schrecken gerichtete Gewalt verbieten. Auch der *Jihad* ist, kaum weniger als der alteuropäische Begriff des Krieges, ein Rechtszustand. Dieses Recht stellt selbst noch in der denkbar konservativsten Auslegung sicher, daß keines der Gebote des Islam tückische Terrortaten rechtfertigt. Wäre es anders, müßten wir annehmen, daß die Ethik einer der großen monotheistischen Weltreligionen sich aus dem Gleichklang mit dem Rechts- und Moralempfinden der zivilisierten Menschheit in die Wüste der Barbarei, der Ignoranz und der seelischen Verwahrlosung davongemacht hat. Das wäre eine schwere Beleidigung von Millionen gläubiger Muslime in aller Welt.

VII. Warum eine Ausstoßung der Mörder des 11. September eine gerechte Bestrafung ihres Frevels wäre

Was mögen die Mörder des 11. September eigentlich über ihre Opfer gedacht haben? Haben sie überhaupt den leisesten Gedanken an sie verschwendet? In den Instruktionen für die letzte Nacht zeigt sich der uns unbekannte Führungsoffizier fast zärtlich besorgt und einfühlsam gegenüber dem Gemütszustand seiner Auftragsmörder, doch verliert er nicht ein Wort über diejenigen, die in wenigen Stunden dem Grauen des ihnen mit bösartiger Plötzlichkeit gegenübertretenden Todes begegnen werden. Auch hier wissen wir wiederum nichts. Man muß spekulieren.

Denkt man an die jüdische Tradition des Alten Testaments oder an die Zeit der verschiedenen christlichen Kreuzzüge zwischen dem Ende des 11. bis etwa zum letzten Drittel des 13. Jahrhunderts, so wird man viele Beispiele für grausamste Menschenschlächtereien finden, die in den Augen der Gläubigen gottgefällig und also wohlgetan waren. Doch rechtfertigte der Glauben stets nur die Tötung von Ungläubigen und der von Gott Abgefallenen. Auch wenn die unseligen christlichen Kreuzzüge nicht selten den Charakter von Raub- und Beutezügen annahmen, so fanden sie doch ihre innere Rechtfertigung nur durch die Idee der Verbreitung des Christentums und der Befreiung seiner heiligen Stätten in Jerusalem von der Besetzung durch die islamischen Herrscher. Die oben zitierten militanten Äußerungen des Korans belegen, daß auch der Islam mit dem Leben von Ungläubigen nicht gerade zimperlich umging. Aber es müssen eben

Ungläubige sein. Ansonsten gilt das koranische Prinzip: »Ihr sollt niemand töten, den zu töten Gott verboten hat, außer wenn ihr dazu berechtigt seid« (Sure 6, Vers 151). Was immer man als einen berechtigenden Grund auch ansehen mag, ganz gewiß könnte die Tötung eines gläubigen und frommen Muslim durch keinen Grund gerechtfertigt werden.

Wenn man nun gegen eine religiös so plurale Gesellschaft wie die der USA, in der es eine beträchtliche Zahl islamischer Gemeinden und gläubiger Muslime gibt, einen grausamen religiösen Kreuzzug führt, der die Ungläubigen nicht schont, so müßte man doch immerhin die gläubigen Muslime schonen – sie zu töten kann Gott nicht wohlgefällig sein. Wenn man nach Art der Attentate des 11. September Tausende von zufällig an bestimmten Orten anwesende Menschen tötet, ohne zu wissen, wie viele gläubige Muslime sich unter ihnen befanden, dann kann auch dies keine Gott wohlgefällige Tat sein. Woher sollten die Täter wissen, ob sich nicht unter den von ihnen entführten todgeweihten Flugzeugpassagieren und unter den Toten des World Trade Centers einige, vielleicht sogar eine beträchtliche Zahl frommer Muslime befanden? In den ihnen für die letzte Nacht aufgetragenen Gebeten findet sich kein Hinweis darauf, daß sie Gott um Verzeihung dafür bitten sollten, daß sie mit einiger Wahrscheinlichkeit auch Menschen würden töten müssen, die selbst in ihrem religiös verengten Sinne Unschuldige waren, nämlich fromme Muslime.

Man könnte meinen, daß die Täter selbst und ihre Auftraggeber und Hintermänner es vielleicht mit der Religion doch nicht so genau nahmen und sie ihnen eher als geeignete und willkommene Rechtfertigung für ihre rein politischen Verbrechen diente. Gegen diese Vermutung spricht allerdings, daß sie sich um eine Rechtfertigung vor der Weltöffentlichkeit gar nicht erst bemüht haben. Sie haben nichts erklärt, und daher brauchten sie nicht den Vorwand der Religion. Es besteht doch wohl aller Grund, den religiösen Sinnzusammenhang ihrer Untaten ernst zu nehmen. Man könnte daran denken, daß die Täter die unschuldigen Toten gleichsam als »Kollateralschaden« ihres Kampfes gegen den Satan ansahen und hinnahmen, so wie auch Kriegführende in ihrem Kampf gegen Kombattanten die Opfer unter der Zivilbevölkerung und den Nichtkombattanten in Kauf nehmen – gewiß mit Bedauern, aber doch als unabweisbare Notwendigkeit. Aber könnte man dann nicht erwarten, daß ihrer wenigstens für einen Augenblick gedacht würde? Oder hatte sich der terroristische Furor bereits so weit in die Seelen der Täter eingefressen, daß sie vollkommen blind für Erwägungen dieser Art waren?

Man kann vielleicht eine Erklärung in einer Eigenart des Islam finden, die der muslimische Gelehrte Adnan Aslan an dem Beispiel eines Verkehrsunfalles erläutert, von dem fünf gute und praktizierende Muslime in verschiedener Weise betroffen sind: Einer starb an dem (von ihm nicht verschuldeten) Unfall, einer verlor eine Hand, einer kam unverletzt davon. Einer wurde Zeuge des Unfalls, der fünfte ist ein Patient, der auf eine Leber für eine Transplantation wartet. Was bedeutet der Unfall für diese fünf Personen? Der Verstorbene sei, da er am Unfall unschuldig und zudem ein guter Muslim war, ins Paradies gelangt. »Daß sich für den Verstorbenen Übles ereignet habe, würde von anderen Muslimen in Anbetracht seines endgültigen Zustandes nicht angenommen.« Bezüglich der Person mit der verlorenen Hand räumt Aslan ein, daß sie

> »gemischte Gefühle hat. Auf der einen Seite ist sie Gott dankbar, noch am Leben zu sein, aber auf der anderen Seite empfindet sie höchste Trauer über den Verlust der Hand. Als ein Muslim glaubt sie außerdem, daß dies eine offensichtliche Prüfung für sie ist, die ihr helfen kann, das ewige Leben zu erlangen. Die Person, die unverletzt überlebt hat, ist glücklich.

Sie glaubt, daß Gott sie absichtlich vor Tod oder Verletzungen bewahrt hat. Sie kann auch denken, daß sie eine Warnung vom Himmel erhalten hat, und sie wird entschiedener ein guter Mensch sein wollen. Die Person, die auf ein Leber-Transplantat wartete, ist ebenfalls glücklich, da die Leber-Transplantation nun vollzogen werden kann. Der Zeuge des Unfalls hat diesen nicht eigentlich erfahren, aber er wurde betrübt und erschreckt und wurde eine Zeitlang ein vorsichtigerer Fahrer«.

Der Autor resümiert dieses Beispiel mit dem bemerkenswerten Schluß:

> »Das Ergebnis des Unfalls ... war nicht so schlecht. Jede Person wurde verschieden betroffen und nahm das mit dem Unfall einhergehende Übel unterschiedlich wahr. Die erwähnten fünf Personen haben davon sogar in unterschiedlichen Graden profitiert.« [8]

Natürlich wird jemand, der, wie der Durchschnittsbewohner der westlichen Hemisphäre, zu Misanthropie, Pessimismus und allgemeiner Verdrossenheit über die unguten Zustände dieser Welt neigt, mit Gefühlen der Hochachtung und auch ein wenig Neid auf jene glücklichen Menschen blicken, denen ihr Glaube die Fähigkeit gibt, ein Unglück im Grunde als ein Glück zu empfinden. Solange man nur ein guter Muslim ist, muß man die Fährnisse dieser Welt nicht fürchten, und selbst das Schicksal, Opfer einer ungerechten Tat zu werden, verliert dann seinen Schrecken und seinen Charakter als eine moralische Katastrophe. Die Belohnungen des Paradieses wirken nicht nur bei den rechtgläubigen muslimischen Tätern, sondern auch bei den rechtgläubigen muslimischen Opfern. Für beide ist das diesseitige Leben im Vergleich zu der sie in der Ewigkeit erwartenden Seligkeit von untergeordneter Bedeutung. So konnten denn die Attentäter nicht nur ihr eigenes Leben leichten Herzens im Kampf gegen den Satan hergeben, sondern auch ohne Skrupel das Blut der rechtgläubigen Muslime vergießen, die sich möglicherweise unter ihren Opfern befanden. Wie sich das mit der zitierten Sure 6: 151 vereinbaren läßt – »Ihr sollt niemand töten, den zu töten Gott verboten hat, außer wenn ihr dazu berechtigt seid« –, mögen dann die islamischen Gelehrten untereinander austragen. Als Außenstehende nehmen wir mit einem gewissen Unbehagen wahr, daß, wie man es auch dreht und wendet, in der Vorstellungswelt jedenfalls des islamischen Traditionalismus, der unter den breiten Volksmassen der islamischen Länder stark verankert ist, das Leben der Menschen kein sehr hohes und daher auch kein sehr sicheres Gut ist – sei es das Leben der Rechtgläubigen, sei es das der Ungläubigen.

Man sollte diesen Hintergrund berücksichtigen, wenn man der Frage nachgeht, welche Bedeutung das Attentat des 11. September in der sozialen und politischen Welt des Islam haben könnte. Denn auch wenn es seine innere Triebkraft und seine zerstörerische Energie aus der religiösen Verbohrtheit der Täter bezieht, so zielt es natürlich auf diesseitige Wirkungen. Das ist angesichts des im Islam vorherrschenden Ideals einer Einheit von Glaubensgemeinschaft und politischer Organisation nur zu verständlich. Eine rein weltliche Botschaft können wir daher ausschließen. Welches aber war denn die Botschaft?

Gewiß waren diese so spektakulären Mordinszenierungen kein Mittel, um eine wie immer geartete Ideologie der Befreiung zu propagieren. Wir sahen bereits, daß die Idee der politischen Emanzipation islamisch-fundamentalistischen Gruppen fremd ist. Auch den Zweck der Machtüberwältigung der Hegemonialmacht USA oder gar den der Ausbreitung des Islam dürften die Täter kaum verfolgt haben. Dazu waren diese Verbrechen gänzlich ungeeignet und konnten angesichts der offenkundigen Intelligenz der Täter auch von ihnen kaum so gedacht worden sein. Wenn man denn diese ungeheuren Verbrechen nicht von vornherein als puren Wahnsinn einiger Seelen- und Geistesverwirrter ansehen und statt dessen doch noch so etwas wie eine eigene Logik in ihnen entdecken will, so liegt sie doch wohl in dem unbändigen Wunsch, die USA und die von ihr repräsentierte Lebensweise zu demütigen. Durch eine Demütigung wird die Schwäche eines Starken und Unbesiegbaren vor den Augen derjenigen, die an seine Macht glauben und von ihr abhängig sind, sichtbar gemacht. Ohne diesen Chor der Umstehenden kann es keine Demütigung geben. Sie ändert zunächst nichts an den äußeren Machtverhältnissen, jedoch wird der Glaube an die Überlegenheit des Machthabers in einer für ihn besonders schmerzhaften Weise getroffen, nämlich durch die Anwendung der dem Schwachen eigenen Mittel, die nicht solche der Macht sind, sondern die der List, des Witzes, der Phantasie, kurz: solche des Geistes. Und daher ist die Anerkennung, Bewunderung und Schadenfreude der Zuschauenden stets bei dem Schwachen, dem der Schlag gegen den Starken gelungen ist.

In dem Fall der Attentate des 11. September war wohl auf seiten der Täter viel List und Intelligenz am Werk, doch es war die abgefeimte und durchtriebene Hinterlist des Bösen, eine Art von Tücke und teuflischer Vorsätzlichkeit, die nur bei vollkommen gewissenlosen und moralisch verwahrlosten Menschen Anerkennung, Bewunderung und Schadenfreude auslösen könnte. Auch das dürfte den Tätern bekannt gewesen sein. Aber sie zielten vermutlich, ja ganz gewiß nicht auf das moralische Gewissen der Welt, sondern auf die verarmten Massen in der Welt des Islam, in der sie am ehesten die Bereitschaft zum Haß auf die westliche Lebensweise und deren sichtbarsten und mächtigsten Repräsentanten, erwarten dürfen. Und während auch bei diesen ganz gewiß die elementaren moralischen Impulse vorhanden sind, die es verbieten, mit tückischer List unschuldige Menschen zum Mittel einer tödlichen Demonstration zu machen, sehen die Dinge schon ein wenig anders aus, wenn sich diese Tat als eine durch die gemeinsame Religion gebotene und damit Gott gefällige darstellen läßt. Der gemeinsame Gott stiftet eine Gemeinschaft, deren Zusammenhalt manchmal auch die Geltung universalistischer moralischer Impulse und Überzeugungen außer Kraft setzen kann.

So ist denn die islamische Religion für die Täter das Mittel, ihre Verbrechen in die sittliche Infrastruktur der Gemeinschaft der Muslime einzupflanzen und ihnen damit das Grauenhafte zu nehmen, das sie für jeden unbefangenen sittlich gefestigten Menschen hat, sei er nun Hindu, Jude, Buddhist, Christ, Muslim oder religionslos. Sie begehen eine Art Geiselnahme an der weltweiten religiösen Gemeinschaft der Muslime. Solange es ihnen gelingt, die religiösen Muster, Symbole und Deutungen des Islam für ihre niederträchtigen Handlungen zu beanspruchen, werden sie auch unter den Volksmassen, die in der Regel ja nur einen Islam im Entwicklungszustand des Mittelalters kennen, genügend Zustimmung und Solidarität finden, um daraus eine Bestärkung für ihr Tun zu erfahren.

Diese Verknüpfung von Religion und Politik zeigt, daß wir mit den beiden Begriffen Krieg und Verbrechen nicht auskommen, um vollständig zu begreifen, was am 11. September geschah. Vor allem aber engen sie uns in unseren Gedanken darüber ein, wie wir diesem Übel entgegentreten sollen.

Die elementare Notwendigkeit bleibt die Erfüllung des Gebotes der Gerechtigkeit, das eine Ergreifung und Bestrafung der Täter gebietet. Da es ein entwickeltes internationales Strafrechtssystem, das dem eines zivilisierten Staates nahekommt, nicht gibt, kann der Rechtszwang der internationalen Gemeinschaft (noch) nicht die Formen einer innerstaatlichen Strafverfolgung annehmen. Das gilt insbesondere für die Durchsetzung des Rechts gegen Staaten, die, selbst wenn sie nicht selbst elementare Gebote des humanitären internationalen Rechts verletzen, häufig genug nichtstaatlichen bewaffneten Gruppen den Schutz ihrer Staatlichkeit verleihen. Um diese Täter zu ergreifen, muß daher selbst bei einem grundsätzlich international-polizeilichen Charakter der Intervention zunächst dieser – in der Regel militärisch befestigte und verteidigte – staatliche Schutzpanzer zerstört werden, bevor die Ergreifung der Täter zum Zwecke eines strafgerichtlichen Verfahrens möglich ist. Die Intervention hat dann den paradoxen Charakter eines Militäreinsatzes im rechtlichen und politischen Rahmen einer internationalen Polizeiaktion – zugegebenermaßen eine Grauzone, für die die völkerrechtlichen und moralischen Prinzipien durchaus noch unklar sind.

Doch die zentrale Dimension der Taten ist die religiöse. Sie liegt allerdings nicht in der etwaigen, wie immer fehlgeleiteten und verwirrten Religiosität der Täter – darüber wissen wir nicht viel und müssen wir auch nicht viel wissen, um den Anteil der Religion an den Verbrechen zu erkennen. Sie liegt vielmehr in der Anmaßung der Täter, *für die Sache Gottes* zu kämpfen und damit den stummen Taten des Terrors Symbolik und Sinnfülle der Religion anzuheften. So erreichen sie die gedemütigten Seelen der islamischen Volksmassen, die häufig genug unter der Arroganz des Westens zu leiden haben, dessen Achtung sie seit den Anfangszeiten des Kolonialismus entbehren müssen. Es ist die Semantik der Religion, in der sie den Widerstand gegen fortdauernde Mißachtung und Demütigung ausdrücken, und sie verbindet sich mit dem Ressentiment des Unterlegenen, dem weltweit bislang noch jeder Hegemon ausgesetzt gewesen ist; da machen auch die USA keine Ausnahme.

Daß es eine Verbindung der Religion selbst zum Terror geben kann, hat sicher auch einen Grund darin, daß der Islam im Gegensatz zu den verschiedenen christlichen Denominationen keine zentralisierte Lehrautorität kennt, die den Inhalt des Glaubens verbindlich auslegt. Es gibt Rechtsschulen sowie theologisch und juristisch ausgebildete Gelehrte – sogenannte »Mullahs«; unter den Schiiten im Iran erhalten die besonders hervorragenden unter ihnen den Ehrentitel des »Ayatollah« –, doch niemandem kommt die Befugnis zu, in dieser Eigenschaft die jeden Gläubigen bindende Glaubenslehre festzustellen. Dafür bedarf es denn der im Islam ohnehin angelegten Verbindung mit der politischen Macht. Wo ein solcher staatlicher Zwang in Gestalt eines theokratischen oder quasitheokratischen Regimes nicht besteht, da deutet jeder gläubige Muslim für sich selbst, was die in den Heiligen Schriften festgehaltenen Gebote seines Glaubens in konkreten Situationen von ihm verlangen. Es liegt daher nichts Ungebührliches und Ungewöhnliches darin, daß jemand »seinen« *Jihad* als bewaffneten Kampf gegen einen anderen Staat definiert. Man verwechsle jedoch diese Abwesenheit einer verpflichtenden Lehrdoktrin nicht mit religiösem Individualismus, der sich zuvörderst in der Anerkennung der Gewissensfreiheit ausdrückt. Die Anerkennung des Gewissens bedeutet, daß die Person einen Vorbehalt gegenüber einer überpersönlichen Autorität anmelden kann. Einen solchen Vorbehalt kennt der Islam nicht. Im Gegenteil, die von der »Organisation der Islamischen Konferenz« im August 1990 in Kairo angenommene Deklaration der »Menschenrechte im Islam« erklärt sogar ausdrücklich in Artikel 24: »Alle Rechte und Freiheiten, die in dieser Erklärung genannt werden, unterstehen der islamischen Scharia.«

So folgt denn konsequenterweise das religiöse und sittliche Handeln der einzelnen Muslime durch den Bezug auf die Autorität der Scharia, dem aus dem Koran und der

Tradition (*Sunna*) bestehenden islamischen Recht, das als von Gott gesetzte Ordnung angesehen wird. Entscheidendes Motiv ist das Streben nach der Einheit der Gemeinschaft der Muslime, der *Umma*. Sie ist das weltliche Abbild der absoluten Einheit Gottes, wie sie im Koran geoffenbart worden ist. Rechtgläubigkeit ist für den gläubigen Muslim daher eine Frage der Befolgung der höchsten Quellen seines Glaubens, des Korans samt dessen authentischen Kommentaren durch die Gefährten und die Nachfolger des Propheten (*Hadith*). Es gibt also trotz der Abwesenheit einer zentralen Lehrautorität so etwas wie eine innere Tendenz oder doch ein Bestreben der islamischen Rechtsschulen und Gelehrten zu einer einheitlichen Auslegung und Handhabung der Glaubenslehre, auch wenn in vielen Fragen unüberbrückbare Gegensätze bestehen.

Nach dem 11. September hat dieses Bestreben bereits mehrfach zu einer Verurteilung jener grausamen Verbrechen durch islamische Theologen und Rechtsgelehrte geführt. Im Blick auf die muslimischen Gläubigen in aller Welt, von denen viele durch die Usurpation der Symbolik und der Semantik ihres Glaubens durch die Terroristen in die Irre geführt werden können, gebietet der Glauben selbst eine Klärung, welche Gewalt nicht nur keine gottgefällige Tat sind, sondern dem islamischen Gott zuwider ist. Es geht dabei aber nicht nur um Fragen der theologischen Doktrin. Es geht auch, ja vielleicht sogar in erster Linie um eine Akkommodierung des Islam an die Bedingungen einer durch Recht geordneten pluralen und sehr heterogenen Weltgesellschaft mit Akteuren, die aus sehr unterschiedlichen kulturellen Sinnzusammenhängen heraus handeln: Staaten, supranationale Organisationen, Nichtregierungsorganisationen, Religionsgemeinschaften, Unternehmen, Wirtschaftsverbände, transnationale Bürgerinitiativen und viele andere Akteure, die darauf angewiesen sind, daß keiner von ihnen für seine jeweilige kulturelle

Weltsicht Absolutheitsansprüche stellt oder gar mit physischer Gewalt durchzusetzen trachtet. So sollten denn die Staatenlenker und politischen Führer der Welt sich nicht darauf beschränken, den Rechtszwang gegen die Länder auszuüben, die dem Terrorismus ihren Souveränitätspanzer schützend und kollaborierend zur Verfügung stellen, und ein internationales Strafverfahren gegen die Urheber der Verbrechen des 11. September einzurichten. Sie sollten auch die geistigen und politischen Führer der weltweiten muslimischen Gemeinschaft darum bitten, Bin Laden und seine Spießgesellen als Ungläubige aus der Gemeinschaft der Muslime auszustoßen.

Epilog

Der Schrecken über ein maßloses Verbrechen verblaßt mit der Zeit. Die Zeit, sagt man, heilt alle Wunden. Aber das stimmt nur für die Wunden, die ein grausames Schicksal in die Seelen des einzelnen geschlagen hat, so wenn der Tod ihm einen nahen Menschen vorzeitig von seiner Seite reißt. Es löst sich allmählich die Unmittelbarkeit der Schreckensstarre; der brennende Schmerz geht in einen Zustand dumpfer Beklommenheit und weltabgewandter Gleichgültigkeit über, bis sich langsam – manchmal erst nach Jahren – die Aufmerksamkeit wieder schüchtern und zögernd dem einen oder anderen Ereignis oder Menschen zuwendet. Ein wenig betreten und mit schlechtem Gewissen zunächst melden sich die Forderungen des täglichen Lebens zurück, drängen dann, ermutigt durch einen schwächer werdenden Widerstand, immer selbstbewußter nach vorne, um auf sich aufmerksam zu machen. Am Ende dann sind die Wunden nicht verheilt, aber vernarbt, und das Leben geht weiter. Nie mehr aber wird dieser Mensch derselbe sein, der er war, bevor sein Leben einmal für jene schicksalhafte Sekunde stillstand. Über alles, was er tut, sagt oder sonstwie ausdrückt, wird sich der kaum wahrnehmbare Schleier der Erfahrung unsagbaren Leidens legen. Mit dem Tode dieses Menschen stirbt dann endgültig die Erinnerung an das einmal gefühlte Entsetzen.

Nicht so bei Kollektiven. Kollektive sterben nicht. Kollektive vergessen nicht. Kollektive sind nachtragend. Manchmal »erinnert« sich eine Nation an Vorgänge, die sechshundert Jahre zurückliegen, um ihre »gerechten Ansprüche« und ihre Aggressivität von heute zu rechtfertigen. Kollektive kennen auch keinen seelischen Schmerz, weil sie keine Seele haben. Oder doch? Hobbes bezeichnete in seinem *Leviathan* die Souveränität als die künstliche Seele des Staates, welche dessen Körper Leben und Bewegung einhaucht, um mit diesem Bild deutlich zu machen, was diesen »sterblichen Gott« im Innersten zusammenhält. Tatsächlich ist dies nur eine Metapher, aber sie verweist auf soziale Tatbestände, die nicht weniger wirklich sind als die seelischen des Individuums. Was eine Gemeinschaft zusammenhält und ihr einen unverwechselbaren Charakter gibt, kann man als ihre Seele bezeichnen. Auch eine Gemeinschaft – eine Nation – kann Gefühle haben: Stolz und Freude empfinden, unter Kränkungen leiden, Haß und Vorurteile gegen andere Gemeinschaften und deren Angehörige entwickeln oder auch Großherzigkeit gegen Schwache zeigen.

Es hat den Anschein, als werde Amerika das Trauma des 11. September 2001 nicht so schnell vergessen. Mit einer Mischung aus verzweifelter Wut und verbissener Entschlossenheit geht die politische Führung des Landes daran, die Welt neu zu vermessen. Die Vorstellung einer neuen Ordnung wird sichtbar, in der das Prinzip gilt, alle möglichen Quellen von Unsicherheit zu kontrollieren. Wer – zumal als Weltmacht – einmal Opfer einer solch teuflischen Ruchlosigkeit wie der des Terrorismus des 11. September geworden ist, dem ist nicht zu verdenken, daß er überall Bedrohung und Hinterhalt sieht und sich dazu hinreißen läßt, nur noch zwischen Freund und Feind zu unterscheiden und präventiv aus Gründen der Sicherheit jeden als Feind zu betrachten, der nicht erwiesenermaßen ein Freund ist.

Die Freunde Amerikas muß dies mehr beunruhigen als seine Feinde. Diese werden frohlocken, daß es ihnen gelingen könnte, einer mißgünstigen Welt die von angespanntem Mißtrauen, kleinmütiger Vorsicht und unnachsichtiger Machtgewißheit verzerrte Fratze einer einst ebenso freigibigen wie liberalen Großmacht zeigen zu können. Jene aber werden sich besorgt fragen, ob der aus verletztem Stolz geborene Wunsch nach unzweideutiger Sicherheit durch unnachsichtige Beherrschung aller Quellen möglicher Bedrohung das Übel einer heillosen Erschütterung der vormaligen Selbstgewißheit nicht noch steigert. Muß nun nicht alles Unbekannte zur möglichen Bedrohung werden? Verliert dieses Land, einst Zuflucht für Dissidenten und Hort beispielloser sozialer Geduld mit allen Arten von Anderssein und Fremdheit, womöglich die Fähigkeit zum Umgang mit Ungewißheit und Unbekanntem? Niemand kann das wünschen. Es scheint aber auch nirgends eine Alternative sichtbar, die die Mehrheit der Amerikaner davon überzeugen könnte, daß es Wege zu ihrer Sicherheit nicht im Mißtrauen gegen die übrige Welt gibt, sondern in der Gemeinsamkeit mit ihr.

Die auf den ersten Blick so tröstende Gewißheit, daß die Gerechtigkeit die Bestrafung der noch lebenden Täter und Hintermänner der Verbrechen des 11. September fordert, läßt jedenfalls keine rechte Beruhigung aufkommen. Gerechtigkeit setzt eine leidlich geordnete Welt voraus, die über den sicheren Besitz einiger universell anerkannter und moralisch evidenter Prinzipien verfügt. Davon sind wir noch ein beträchtliches Stück entfernt. Die ungefestigte Stellung des gerade neu geschaffenen permanenten Internationalen Strafgerichtshofs zeigt, welch tiefgreifende Uneinigkeit selbst unter den westlichen Verfassungsstaaten über die Maßstäbe strafender Gerechtigkeit besteht.

Doch selbst das in einem fairen Verfahren gewonnene Urteil eines unabhängigen Gerichtes über die Schuldigen des 11. September würde das hinter einem solchen Prozeß lauernde Ordnungsproblem nicht lösen können: Die namens der islamischen Religion in vielen Teilen der Welt angestachelte Rebellion gegen die moderne Lebensform, wie sie sich im euroatlantischen Raum entwickelte und entfaltete, würde keine ihrer Ursachen und Motive dadurch verlieren, daß einzelne Individuen für einzelne Verbrechen bestraft werden, durch die dieser Konflikt zum gewalttätigen und bösartigen Ausbruch gekommen ist. Ähnliche Handlungen werden sich wiederholen, solange die Beziehungen zwischen der Welt der säkularen Verfassungsstaaten des Westens und dem politisch hegemonialen Islam ungeklärt, um nicht zu sagen: ungeordnet sind. Wirtschaftliche Abhängigkeit, nachwirkende koloniale Erbschaften und die Unterschreitung heute geltender zivilisatorischer Minima – die rechtliche Hegung innerstaatlicher Gewalt und eine gewisse Beteiligung der Unterworfenen an der Ausübung politischer Herrschaft – verbinden sich in vielen Staaten, in denen der Islam politisch hegemonial ist, zu Ordnungsformen und Massenorientierungen, die für die internationalen Beziehungen außerordentlich konfliktträchtig sind. Dagegen kann man nicht mit militärischer Gewalt vorgehen. Schließlich gehört es zu den heute geltenden zivilisatorischen Minima, daß militärische Gewalt kein legitimes, geschweige denn ein legales Mittel der Bewältigung internationaler Konflikte ist. Man kann sie – so habe ich oben argumentiert – zur Abwendung einer humanitären Katastrophe anwenden. Aber Kriege mit dem Ziel, Staaten auf den Stand des heute geltenden Zivilisationsniveaus zu heben, würden jenes Zivilisationsniveau in grotesker Weise verfehlen und zudem noch seine normative Geltung in Frage stellen.

Was also ist zu tun? Überall müssen Menschen lernen, einander zu ertragen. In der Welt der Staaten findet dieses Gebot in den Prinzipien der souveränen Gleichheit aller Staaten und der grundsätzlich friedlichen Beilegung von Streitigkeiten seinen völkerrechtlichen Ausdruck. Doch die Beziehungen der Staaten bilden, wie mit blitzartig erhellender Plötzlichkeit die Verbrechen des 11. September gezeigt haben, die komplexen Machtbeziehungen der Weltgesellschaft nicht mehr zuverlässig ab. Sie liefern auch nicht länger den alleinigen Maßstab für die Normen, die in den internationalen Beziehungen herrschen. Denn die Triebkräfte und Energien, die zu internationalen Konflikten führen, sind nicht mehr ausschließlich an staatliche Akteure gebunden. Das Völkerrecht – in Wirklichkeit ein Recht der Staaten – reicht nicht mehr aus, Ordnung auf globaler Ebene zu stiften. Wie wir bei der Erörterung der »neuen Kriege« gesehen haben, sind internationale Konflikte heute nicht mehr notwendig zwischenstaatliche Konflikte – sei es, weil blutige Bürgerkriege infolge ihrer destabilisierenden Wirkungen auf die Nachbarn die internationale Sicherheit bedrohen, sei es, weil transnational operierende Akteure wie Terrorgruppen, Verbrechersyndikate oder Unternehmen, aber auch ethnische Nationen wie die Kurden oder die Palästinenser sich in ihren Aktionen auf andere Ressourcen und Legitimationen stützen als auf die vom völkerrechtlich geordneten Staatensystem anerkannten oder bereitgestellten.

Überall sind die Staatsgrenzen porös geworden, und in vielen Staaten hat das zur Schwächung einer meist ohnehin nicht sehr robusten Staatsbürgerloyalität beigetragen. Immer häufiger empfinden Menschen ihre Zugehörigkeit zu einer ethnischen oder religiösen Gemeinschaft als bedeutungsvoller als ihre im Vergleich dazu abstraktere und gefühlsärmere Rechtsstellung als Staatsbürger. Wenn, wie meistens, die ethnischen und die staatlichen Grenzen nicht übereinstimmen, bedarf es mitunter nur eines Funkens, um aus dem schwelenden Loyalitätskonflikt den zerstörerischen Feuersturm des mit äußerster Grausamkeit geführten ethno-nationalen »Existenzkampfes« auszulösen. In vielen Staaten Afrikas, Asiens und Europas hielt die Staatsbürgernation diesem Ansturm der Sehnsucht nach vorpolitischer Zugehörigkeit nicht stand – man denke nur an die Überlegenheit der serbischen und der kroatischen Ethnizität über die jugoslawische Staatsnation; selbst in den Staaten, in denen Volksgruppen keine geschlossenen Siedlungsgebiete bewohnen und daher den Anspruch auf politische Unabhängigkeit und staatliche Souveränität nicht stellen, verliert die Loyalität des Staatsbürgers ihre unbezweifelte Priorität über die des Angehörigen einer partikularen ethnischen Nation oder religiösen Gemeinschaft.

Ein Völkerrecht der Staaten ist heute kein angemessenes Ordnungsmodell mehr. Tatsächlich gibt es bereits die Entwicklung zu einem Recht der Weltgemeinschaft. Experten sprechen davon, daß sich das Völkerrecht aus einem Koordinationsrecht der Staaten zu einem Recht als Grundlage der internationalen Gemeinschaft wandele. Um diese Entwicklung zu fördern, sollte man zum Beispiel den Terrorismus nicht durch eine Ausdehnung des in Artikel 51 der Charta der Vereinten Nationen anerkannten »naturgegebenen« Selbstverteidigungsrechts der Staaten bekämpfen, sondern eher das dort enthaltene Konzept der kollektiven Sicherheit unter der Verantwortung des Sicherheitsrates stärken und auf diese Weise die Anwendung militärischer Gewalt in internationalen Konflikten besser kontrollieren. Tatsächlich ist ja der internationale Terrorismus ein Übel, unter dem die gesamte Menschheit leidet; er ist nicht die spezielle Obsession einzelner Staaten. So wäre es nur konsequent, seine Bekämpfung unter die Verantwortung des Sicherheitsrates zu stellen.

Daß eine solche Entwicklung von der Hegemonialmacht USA nicht befürwortet wird, kann man leicht verstehen, da sie sich durch die Einbindung in einen gemeinschaftlichen Willensbildungsprozeß nicht ihre weltpolitischen Optionen nehmen lassen will. Immerhin geben die Erfahrungen, die die Welt mit dem Konfliktmanagement der UN gemacht hat, auch Anlaß zu Skepsis – man denke nur an Srebrenica. Auch in Europa hat ja nach dem Trauma des Zweiten Weltkrieges die Idee einer europäischen (Staaten-)Gemeinschaft – angefangen von dem Projekt eines gemeinsamen Marktes bis hin zu dem Ziel einer gemeinsamen Sicherheit – erst Wurzeln geschlagen, als den Völkern deutlich geworden war, daß die Vergemeinschaftung von Teilen ihrer Souveränität nicht eine Minderung, sondern ein Mittel der Bewahrung ihrer selbständigen Staatlichkeit darstellte. Hätte es nach 1945 noch eine europäische Hegemonialmacht gegeben, wäre es wohl kaum zur Gründung der Europäischen Gemeinschaften gekommen. Einer ähnlichen Entwicklung auf globaler Ebene stehen ungleich größere Schwierigkeiten im Wege. Jedenfalls zeigen die USA wenig Neigung, sich ihren Status als einzig verbliebene Weltmacht durch völkerrechtliche Normen mindern zu lassen.

Daran wird sich in absehbarer Zeit wohl kaum etwas ändern. Aber die Geschichte lehrt, daß selbst die mächtigsten Reiche nicht ewig dauern. Im Kampf gegen ihre Feinde waren sie militärisch selten unterlegen; was sie zum Einsturz brachte, war meist ihre innere moralische Erschöpfung im Angesicht der Riesenaufgabe, eine ganze Welt kontrollieren zu wollen oder zu müssen. Denn an ihrer Macht hing ja doch zumeist die jeweilige Ordnung der Welt. Im 21. Jahrhundert sollten wir das Prinzip Ordnung durch Hegemonie eigentlich überwunden und an seine Stelle eine Ordnung durch Recht gesetzt haben. Offenkundig ist das Ziel noch nicht erreicht, aber wir stehen ja auch erst am Anfang dieses Jahrhunderts. Den geistigen Vorrat für den langen und beschwerlichen Weg sollten wir uns jedoch so früh wie möglich anlegen.

Ordnung durch Recht lautete auch einmal die Parole im Frühstadium moderner Verfassungsstaatlichkeit, als es darum ging, die Ordnung, die durch den Schrecken des Leviathan geschaffen wurde, in eine durch Rechtsgewißheit gestiftete Erwartungssicherheit zu überführen. Als es gelungen war, soziales Vertrauen durch Recht zu erzeugen, bedeutete dies einen revolutionären Durchbruch zu einer beispiellosen Ausweitung der Räume gesellschaftlichen Handelns, denn das Recht erlaubte einen angstfreien, unbefangenen und routinemäßigen sozialen Verkehr unter Fremden. Damit das allerdings gelingen konnte – in England 1688, in den USA 1787, in Frankreich zunächst nur vorübergehend im Jahre 1791 –, hatten die Menschen lernen müssen, daß konfessionelle Verschiedenheit ein Zusammenleben in einer politischen Gemeinschaft nicht hindern mußte. Der Ordnung durch Recht ging das Erlernen sozialer Geduld voraus – Toleranz, das Ertragen selbst des schier Unerträglichen. Toleranz umschließt ein breites Spektrum von Haltungen: Sie kann von der schmerzensreich-passiven Duldung über das mißmutige Ertragen und die stoische Langmut bis hin zur verständnisbereiten Anerkennung, ja zum liebenden Begreifen des anderen und der fremden Lebensweise reichen.

Im modernen Verfassungsstaat waren und sind dies anspruchsvolle soziale Tugenden, die durch die religiös-weltanschauliche Neutralität des Staates und durch seinen Verzicht auf kulturelle Homogenität und exklusive Identität seiner Bürger eine dauerhafte institutionelle Grundlage finden. Innerhalb des Gehäuses des Gewalt- und Rechtsetzungsmonopols des modernen Staates kann sich Toleranz gut entfalten. Gleiches gilt auch für die im traditionellen Völkerrecht abgebildete zwischenstaatliche Ebene. Hier ist Toleranz in allen genannten Spielarten gleichsam in das internationale Recht eingeschrieben, denn die völkerrechtlichen Prinzipien der gleichen Souveränität aller Staaten und das Verbot der Einmischung in deren innere Angelegenheiten haben soziale, politische und kulturelle Duldsamkeit zur Grundlage, machen sie jedenfalls zur Pflicht. Auf beiden Ebenen – der inneren und der äußeren – dämmt das Prinzip der Staatlichkeit die destruktiven Energien ein, die aus der als unerträglich empfundenen Nachbarschaft des Fremden und der fremden Art entstehen können.

Doch das »Prinzip Staatlichkeit« ist in den letzten beiden Jahrzehnten im Innern wie auf der internationalen Ebene deutlich geschwächt worden. Die Idee der egalitären nationalen Staatsbürgerschaft, die seit der französischen Revolution weltweit zum politischen, rechtlichen und kulturellen Leitbild der Binnenordnung des modernen Staates geworden ist, verlangt die Ausschließlichkeit, zumindest aber den unbezweifelten Vorrang der Loyalität des einzelnen zum Staat vor allen anderen – partikularen – Bindungen, seien diese nun religiöser, ethnischer oder ideologisch-politischer Natur. Wir sehen, daß gerade auch im klassischen Einwanderungsland USA sich mehr und mehr Menschen nicht länger über die eine und einzige Zugehörigkeit zu »ihrer« Nation – ihrem Nationalstaat – definieren, sondern sich als »Bindestrich-Amerikaner«: als Afro-, Italo-, Hispanic-American fühlen, identfzieren und identifiziert werden wollen. Die Entwicklung ist nicht auf Amerika beschränkt. Selbst in Deutschland, wo man sich schwertut, den Tatbestand einer signifikanten Einwanderung anzuerkennen, spricht man immer häufiger von Deutschen »türkischer« oder »arabischer« oder »afrikanischer Herkunft«. Bald werden wir vermutlich ebenfalls »Bindestrich-Deutsche« in beträchtlicher Zahl haben. In der Europäischen Union verstärkt die zur jeweiligen nationalen Staatsbürgerschaft hinzutretende Unionsbürgerschaft noch die Tendenz zur »multiplen Identität«, für die jedenfalls die nationale Staatsangehörigkeit nur mehr eine unter mehreren Zugehörigkeiten darstellt.

In der internationalen Sphäre können wir eine ähnliche Entwicklung beobachten. Im Zusammenhang mit den »neuen Kriegen« ist ja in diesem Essay vom Zerfall der Staatlichkeit bereits die Rede gewesen. Dabei handelte es sich um Extremfälle politischer Pathologie. An dieser Stelle ist dagegen von der Normalität des internationalen Rechts zu sprechen. Auch diese ist durch eine Schwächung des Prinzips Staatlichkeit gekennzeichnet. Staatliche Souveränität und Eigensinn »innerer Angelegenheiten« werden zunehmend durch den moralischen Druck der international vereinbarten Menschenrechte relativiert, ein Druck, der sich im Falle einer »humanitären Intervention« durchaus zu einem politisch-militärischen steigern kann. In vielen Krisengebieten dieser Welt haben lokale und transnationale humanitäre Gruppen und Organisationen Verantwortlichkeiten und Zuständigkeiten für die Basisversorgung der jeweiligen Bevölkerungen übernommen, weil die souveräne Entscheidungsmacht von Staaten für die Erfüllung dieser Funktionen wenig tauglich, ja häufig genug geradezu hinderlich ist.

Auch im Völkerrecht der Zukunft wird die Kategorie der Souveränität durchaus weiterhin eine bedeutende Rolle spielen, schon allein deswegen, um Staaten wegen ihrer umfassenden Verantwortung gegenüber anderen Akteuren der internationalen Politik auszuzeichnen und mit hervorgehobenen Handlungsmöglichkeiten auszustatten. Aber genau an die Einlösung der einem Staat zukommenden Verantwortung für Leben, Gesundheit und ein Dasein in Würde der in seinen Grenzen lebenden Bevölkerung wird die Souveränität und der mit ihr verbundene Anspruch auf Achtung und Unverletzlichkeit im entstehenden neuen Völkerrecht rückgebunden werden. Mehr und mehr wird Souveränität zu einem Instrument für die loyale und verantwortungsvolle Erfüllung der Normen, die das Zusammenleben der Weltgemeinschaft regulieren. Sie wird nicht länger ein Gut sein, das es den herrschenden Eliten der Staaten erlaubt, sich von der Weltgesellschaft abzuwenden, sich ihr und ihren Ansprüchen gegenüber abzugrenzen und sich dem Genuß und den materiellen und immateriellen Erträgen des von allen zu respektierenden und von niemandem zu hinterfragenden Gewaltmonopols hinzugeben. Im Gegenteil, sie wird sich zu einem institutionellen und moralischen Kapital entwikkeln, dessen Nutzung an universellen Maßstäben des Gemeinwohls gemessen werden wird. In einem Wort, in einem im Werden begriffenen neuen Völkerrecht, das sich vom Koordinationsrecht souveräner Staaten zum Recht der internationalen Gemeinschaft entwickelt, bedeutet die Kategorie der Souveränität nicht oberste, ausschließliche und ungeteilte Herrschaftsmacht, sondern rechtsgebundene und rechenschaftspflichtige Amtsgewalt.

Auch das andere Herzstück des Staates, seine Territorialität, verliert zunehmend an Bedeutung für die Definition politisch handelnder Menschengruppen. Grenzüberschreitende Wanderungsbewegungen sowohl von Flüchtlingen wie von Wirtschafts- und Arbeitsmigranten haben Bindungen und Verbindungen zwischen weltweit verstreuten Diasporagemeinden und ihren Heimatstaaten entstehen lassen, in denen lebhafter ökonomischer Austausch, wechselseitige Bekräftigung kultureller Gemeinsamkeit sowie vielfältige staatsunabhängige politische Willensbildungsprozesse stattfinden. Grenzüberschreitende Gemeinschaften und Loyalitäten aus Gründen religiöser Zusammengehörigkeit bilden eine weitere Kategorie von Solidaritäten, die die staatliche Territorialität und deren gemeinschaftsprägende Funktion unterlaufen. Schließlich hat auch das mit dem Schlagwort »Globalisierung« angesprochene Unvermögen der Staaten, die Dynamik der durch staatliche Grenzen unbehinderten Kapital- und Finanzströme zu regulieren und an politische Willensbildung und Entscheidung rückzubinden, fast überall zu Enttäuschungen über die begrenzten Möglichkeiten der im Staate organisierten und demokratischem Legitimationsdruck ausgesetzten Politik geführt. Dort, wo nach 1989 politische Freiheit neu errungen wurde, führte diese ernüchternde Erfahrung dann nicht selten zur Wiederentdeckung – häufig genug auch lediglich zur Erfindung – einer vorpolitischen Identität, für die die gegebenen Staatsgrenzen ohne Bedeutung sind.

Diese grobe Skizze gibt vielleicht eine Ahnung davon,

warum wir von einer Tendenz zur Transformation des Völkerrechts vom Recht der Koordinierung von Staaten zum Recht der internationalen Gemeinschaft sprechen können. Gegenüber den Rechtskomplexen, die um die staatliche Souveränität kreisen, gewinnen die Normen des humanitären Völkerrechts in ihrer Verbindung mit den Menschenrechten eine immer größere Bedeutung. Der Grund liegt darin, daß neben Staaten eine immer größere Zahl von wirtschaftlich, politisch und kulturell bedeutsamen Akteuren ohne Souveränität und ohne Territorium an der politischen Gestaltung der transnationalen Beziehungen teilnimmt. Diese pflegen durchaus nicht nur freundliche Beziehungen untereinander. Das Beispiel des Terrorismus des Al-Qaida-Netzwerkes ist nur ein besonders extremer Fall des Auftauchens feindseliger und gewalttätiger Kräfte in der Sphäre der internationalen Politik. Um ein anderes, typischeres Beispiel zu nennen: Wie man hört, wird die in Syrien und im Libanon verwurzelte *Hisbollah*, die im israelisch-palästinensischen Konflikt eine so unheilvolle Rolle spielt, in Berlin ihre europäische Repräsentanz mit verbundener Moschee errichten. Dies dürfte nicht gerade zur Entspannung im Zusammenleben der verschiedenen ethnischen, nationalen und religiösen Gruppen in Deutschland beitragen, zweifellos aber die Beziehungen Deutschlands zum Nahen Osten erheblich komplizieren. Ein Phänomen wie dieses ist nicht länger nur eine exotische Randerscheinung im Grenzbereich zwischen klassischer Innen- und klassischer Außenpolitik. Es steht geradezu modellhaft für das Ineinander von innen und außen im immer verwirrender werdenden Geflecht der internationalen Beziehungen. In ihm spielen Staaten nach wie vor eine dominierende Rolle. Dank der Durchlässigkeit ihrer Grenzen, der Offenheit ihrer Volkswirtschaften gegenüber den globalen Märkten und infolge ihrer Angewiesenheit auf das Zusammenwirken mit einer Vielzahl transnationaler Akteure in fast allen Lebensbereichen haben sie jedoch ihr völkerrechtliches Repräsentationsmonopol verloren.

Diese Situation erfordert neue Regeln des internationalen Zusammenlebens. Die erwähnten Prinzipien der Staatlichkeit – gleiche Souveränität der Staaten, Immunität ihrer inneren Angelegenheiten gegen Einmischung von außen – machten die Tugend der Toleranz gegenüber fremden Lebensformen weitgehend entbehrlich. Heute sind die Staaten nicht nur in ihrem Inneren mit Gemeinschaften aus fremden Kulturen konfrontiert, sondern begegnen ihnen auch in der Sphäre der internationalen Politik, ohne sich mit ihrem Souveränitätspanzer gegen sie abgrenzen zu können. In einer internationalen Ordnung von Staaten konnten diese unbehelligt voneinander existieren, so lange sie sich an das wechselseitige Gewalt- und Interventionsverbot hielten. Im Grunde funktionierte so auch noch die Ordnung des Kalten Krieges in der zweiten Hälfte des 20. Jahrhunderts. In der neuen Ordnung der internationalen Gemeinschaft mit ihrer großen Zahl nichtstaatlicher Akteure ist dagegen ein buntes Neben- und Ineinander von wirtschaftlich, kulturell und religiös höchst unterschiedlichen Gemeinschaften entstanden, für deren Koexistenz allgemein anerkannte Regeln noch nicht existieren. Sie müssen erst noch entwickelt werden.

Eines allerdings dürfte bereits heute feststehen: Das negative Recht einer Gemeinschaft auf Nichteinmischung in ihre eigenen Angelegenheiten wird es in dieser neuen Ordnung nicht geben können. Dazu ist das Maß der wechselseitigen Durchdringung und unvermeidbaren Offenheit füreinander bereits zu groß. Es gibt keine »eigenen« Angelegenheiten von Akteuren, die ihre Ziele in der internationalen Sphäre verfolgen, seien dies nun Staaten, Nichtregierungsorganisationen, Religionsgemeinschaften, Interessengruppen, Sportverbände, Bürgerinitiativen oder transnationale Unternehmen.

Daraus folgt ein Weiteres: Da die Mauern der Souveränität die Staaten und die anderen Akteure nicht mehr vor der Nähe der anderen schützen, müssen sie die Tugend der sozialen Geduld erlernen, die es ihnen möglich macht, auch das ganz Fremde in ihrer unmittelbaren Nachbarschaft zu ertragen. Es liegt nahe, das Fremde als Bedrohung wahrzunehmen und sich ständig bereitzuhalten und zu rüsten, um einen jederzeit von ihm zu gewärtigenden Angriff abwehren zu können. Dies ist im wesentlichen die Position, die die USA nach dem 11. September gegenüber der islamischen Welt einnehmen. Angesichts der Bedeutung der muslimischen Gemeinschaften in den USA dürfte sich diese Haltung des Mißtrauens allerdings kaum durchhalten lassen. Sie wäre auch unklug. Nicht nur verstellt sie dem mächtigsten Land der Welt den Weg zum Verständnis der kulturellen Vielgestaltigkeit der menschlichen Verbände; sie untergräbt auch den reflexiven Charakter der eigenen Kultur, in deren Namen eine andere unter einen Generalverdacht gestellt wird. Denn die liberale Demokratie lebt von der Notwendigkeit der dauernden Selbst-Infragestellung, die letztlich nur durch die Spiegelung des Eigenen im anderen möglich ist. Hierin liegt im übrigen die tiefere Ursache der oben bereits erwähnten, mittlerweile zu einem Gemeinplatz gewordenen Erkenntnis, daß Demokratien keine Kriege gegeneinander führen. Ihre gesellschaftlichen Institutionen beruhen auf dem Prinzip der Gegenseitigkeit – Folge der Anerkennung der gleichen Würde und Freiheit jedes Menschen – und bilden daher die Fähigkeit der Menschen aus, im Spiegel des anderen das eigene Selbst zu erkennen und sich in Gedanken und Gefühlen an die Stelle des anderen zu setzen. Ordnungen der Gegenseitigkeit sind Garanten der Sicherheit, da sie Verbindlichkeiten unter potentiellen Feinden herstellen.

Toleranz gegenüber einem befremdlichen Nachbarn ist also nicht nur ein Gebot der sozialen Tugend, sondern auch eine Frage der klugen Berechnung. Es geht natürlich nicht um Toleranz gegenüber dem Terrorismus. Diese Ausgeburt politischer Verworfenheit – zuweilen, gegen alle Evidenz des darin zutage tretenden teuflischen Kalküls, sehr zu Unrecht als Ausdruck tiefster Verzweiflung der Terroristen entschuldigt – ist eine Geißel der menschlichen Gesellschaft, die mit den Zwangsmitteln der zivilisierten Menschheit bekämpft werden muß. Es geht um die Toleranz gegenüber einem in vielen Ländern dieser Welt hegemonialen Islam, der wenig tut, seine Gläubigen mit der Moderne und ihren unzähligen Vieldeutigkeiten und Zumutungen so vertraut zu machen und sie mit kognitiven und moralischen Fähigkeiten derart auszustatten, daß sie ihrem Glauben anhängen und dennoch Bürger von Gemeinwesen sein können, die nur für das diesseitige Wohl ihrer Mitglieder, nicht für das jenseitige Heil verantwortlich sind. Erst dann wäre der hegemoniale Islam auf der Höhe unserer Zeit.

Seine Zwangsmodernisierung scheidet aus – darüber ist kein Wort zu verlieren. Andererseits kann es heute niemandem mehr gleichgültig sein, welche Art von Weltwahrnehmung und -orientierung die muslimischen Massen in den Ländern erhalten, in denen der Islam politisch und kulturell hegemonial ist. Die kulturellen und politischen Wirkungen durchdringen mehr oder weniger intensiv alle über den gesamten Globus verstreuten muslimischen Gemeinschaften und stellen damit auch eine Herausforderung an das Selbstverständnis der westlich geprägten Gesellschaften dar.

Wenn wir uns vergegenwärtigen, welches Maß an Demütigung und Geringschätzung die islamische Welt in den vergangenen drei bis vier Jahrhunderten durch die westlichen, insbesondere die europäischen Mächte erfahren hat und wie sehr diese Erfahrung der Mißachtung noch heute fortwirkt, dann muß gewiß auch die Frage gestellt werden, welchen Anteil die ehemaligen Kolonialmächte an der Misere des politisch hegemonialen Islam gehabt haben. Die Antworten dürften wohl sehr verschieden ausfallen, je nachdem, ob wir uns *political correctness* oder wissenschaftliche Redlichkeit zum Maßstab nehmen.

Jenseits von *political correctness* und wissenschaftlicher Redlichkeit aber ist es ein Gebot sowohl des aufgeklärten Selbstinteresses, der Vernunft und der moralischen Wiedergutmachung, die soziale Tugend der Toleranz gegenüber dem Islam auch in seinen – aus unserer Sicht – rückständigen Varianten nicht in dem passiven Sinne des mißmutigen Erduldens oder der abweisenden und besserwisserischen Indifferenz, sondern der aktiven Anteilnahme und Anerkennung zu üben.

Man sage nicht, daß uns, dem aufgeklärten und fortgeschrittenen Westen, der Islam nichts zu geben habe. Er ist eine bedeutende Religion, und die Anerkennung der Religion enthält immer die Möglichkeit der Begegnung mit dem Heiligen. Das ist eine Möglichkeit der Erfahrung, die sich die säkularen Verfassungsstaaten des Westens willentlich oder unwillentlich versperrt haben. Der Islam erinnert uns Bewohner der säkularen Verfassungsstaaten an die Möglichkeit, daß die Religion mehr sein könnte als nur eine Privatangelegenheit; diese Erinnerung ist eine Herausforderung an unser Selbstverständnis, auch wenn wir dem islamischen Vorbild nicht zu folgen vermögen. Eine Beziehung aktiver Toleranz wäre mithin der Weg in eine Beziehung der Gegenseitigkeit. Sie ist die Voraussetzung dafür, daß selbst einander fremde Kulturen durch ihre gleichberechtigt-wechselseitige Spiegelung etwas über sich selbst lernen und sich fortentwickeln können. Man kann nicht erwarten, daß sie direkt voneinander lernen; daran hindern sie ihre tiefen Unterschiede. Doch wie reich könnte die Menschheit werden, wenn der säkulare Westen im Islam dessen unerschütterlich-frommen Sinn für das Heilige begreift und daraufhin nochmals sich selbst befragte, und wenn die islamischen Völker die ernste Leidenschaft des Westens für die Freiheit und die Unveräußerlichkeit der Rechte des Individuums erkennen und ihrerseits neue Fragen an sich selbst stellen würden?

Eine Toleranz der aktiven Anteilnahme ebnet die Unterschiede zwischen den Kulturen nicht ein; sie wird auch die zuweilen schmerzhafte Gleichzeitigkeit des Ungleichzeitigen in der globalen Nachbarschaft nicht aufheben. Aber sie weist den Weg in eine Beziehung der Gegenseitigkeit zwischen grundlegend verschiedenen Weltwahrnehmungen und Welterfahrungen. Gegenseitigkeit schafft Vertrauen, und dies bedeutet mehr Sicherheit für die Welt. Darin läge der erste Schritt in eine wirklich neue Weltordnung.

Nachwort

Und Irak: Krieg auf Verdacht oder ein imperialer Gründungskrieg?

Am 24. August 1814 besetzten englische Truppen unter der Führung des Generals Robert Ross und des Admirals Sir George Cockburn Washington die Hauptstadt der noch jungen und fragilen Vereinigten Staaten von Amerika und brannten gezielt alle öffentlichen Gebäude nieder, allen voran das Weiße Haus und das Kapitol. General Ross überwachte persönlich, wie die Möbel des Weißen Hauses aufgeschichtet und danach den Flammen übergeben wurden. Die in Disziplin geübten Truppen waren angewiesen worden, alles private Eigentum unangetastet zu lassen. Unter den öffentlichen Gebäuden wurde nur das Patentamt geschont, weil es dessen listigem Direktor gelungen war, Ross davon zu überzeugen, daß die dort gelagerten Patente das Privateigentum kreativer Erfinder waren.

Präsident James Madison hatte sich mit seiner Regierung ins benachbarte Virginia retten müssen. Von dieser Schmach sollte er sich zu Lebzeiten nicht mehr erholen. Vor allem aber der Nation hat sich dieses Ereignis tief in das kollektive Gedächtnis eingeprägt. Das brennende Washington wurde zum sinnlich greifbaren Beweisstück dafür, daß selbst der Segen der geographischen Distanz zu Europa und seinen vielfältigen Streitereien und Kriegen der amerikanischen Republik keinen vollständigen Schutz geboten hatte. Denn daß man sich von diesem Europa fernhielt, gehörte zu den Gründungsprinzipien der jungen Republik. »Warum« fragte George Washington in seiner Abschiedsbotschaft vom 17. September 1796, »warum unser Schicksal mit dem irgendeines Teiles von

Europa verflechten und unser Glück in die Plackereien europäischen Ehrgeizes, europäischer Feindschaften, Interessen, Launen und Grillen verwickeln?« Und gab sogleich die Antwort auf diese rhetorische Frage: »Die richtige Politik für uns ist, an dauernden Bündnissen mit irgendeinem Teil der übrigen Welt glücklich vorbeizukommen.« Als Realist fügte er einschränkend hinzu, daß dies natürlich nur gelten könne, soweit man die Freiheit dazu habe.

Hier finden wir den Kern einer seit Anbeginn in den USA mächtigen, meist sogar dominierenden außenpolitischen Grundhaltung, die die amerikanischen Autoren James Chace und Caleb Carr in einer Ende der achtziger Jahre des vorigen Jahrhunderts veröffentlichten Studie zur Geschichte der US-amerikanischen Außenpolitik als das Streben nach »absoluter Sicherheit« charakterisiert haben. Absolute Sicherheit meint: Unabhängigkeit von jedweder anderen, auch befreundeten Macht oder Allianz in Fragen der nationalen Sicherheit. Das abschreckende und verachtete Gegenbild war das europäische Prinzip relativer Sicherheit. Dies war das aus der Logik der westfälischen Ordnung hervorgegangene System des Mächtegleichgewichts, in dem die äußere Sicherheit der Staaten von dem gegenseitigen Ausbalancieren ihrer Macht, von wechselnden Allianzen und dem geschickten Lavieren, diplomatischen Finassieren, listenreichen Intrigen, Verrätereien und kaltblütigen Interessenkalkülen der verschiedenen Akteure eines ränkereichen Spiels abhing. Wie abstoßend und zynisch uns dieses System heute auch erscheinen mag, so können wir doch darin bereits insofern eine frühe Form kollektiver Sicherheit erkennen, als nationale Sicherheit stets nur mit Bezug auf und im Zusammenwirken mit anderen Staaten gedacht wurde.

Kein Wunder, daß bei diesem Hintergrund die amerikanischen Vertreter des Konzepts der absoluten Sicherheit den Gegensatz zum europäischen Modell relativer Sicherheit nicht nur als einen politisch-strategischen, sondern vor allem auch als einen moralischen verstanden und wohl auch heute noch verstehen. Amerika war die Verkörperung der universellen Republik, gegründet auf Vernunft, ewigen Wahrheiten und unveräußerlichen Menschenrechten. Dagegen repräsentierte das Europa der Dynastien mit seiner höfischen Etikette, seinen Rankünen und diplomatischen Haarspaltereien eine dunkle und rückständige Vergangenheit, vor der die Pilgrim Fathers und nach ihnen viele andere aufrechte und gradlinige Männer und Frauen in die Neue Welt geflohen waren. Der geographischen Distanz der Vereinigten Staaten zu Europa entsprach eine moralische Überlegenheit über den alten Kontinent. Letztlich gründete diese in der tiefen religiösen Überzeugung, das neue von Gott auserwählte Volk zu sein.

Auf den ersten Blick mutet es erstaunlich an, daß Amerika trotz dieser in Geographie und Geschichte begründeten Philosophie der außenpolitischen Selbstgenügsamkeit dennoch zunehmend in die Konflikte nicht nur Europas, sondern auch anderer entfernter Weltgegenden verstrickt worden ist. Gewiß kommt hier auch der oben zitierte Vorbehalt George Washingtons zur Geltung, daß es immer auch weltpolitische Konstellationen gibt, in denen die USA sich nicht von engen politischen Beziehungen mit fremden Nationen fernhalten können – die Zeit des kalten Krieges zwischen dem Zweiten Weltkrieg und dem Fall der Mauer gehört sicherlich dazu. Dennoch, genau besehen erfolgten die weltweiten Engagements der USA nicht trotz, sondern wegen jener Philosophie. Absolute Sicherheit verlangt ja nichts weniger als die Kontrolle über alle Kräfte, die in irgendeiner Weise die territoriale Integrität oder politische Unabhängigkeit der Nation beeinträchtigen können, und dies können in einer sich zunehmend verflechtenden Welt auch fernliegende Länder sein. Die Wahrung vollständiger Unabhängigkeit schließt es aus, die nationale Sicherheit zum Gegenstand von Vertrauens-, ja selbst Freundschaftsbeziehungen mit anderen Staaten zu machen, und so tendiert, in den Worten von Chace und Carr, das Streben nach absoluter Sicherheit dazu, »auf jede wahrgenommene Bedrohung militärisch zu reagieren«. Niemals hätten die Amerikaner sich daher gescheut, auch in fremden Regionen, die sie für lebenswichtig erachteten, »einsam und unilateral« Gewalt als ein Mittel der Wahrung ihrer nationalen Sicherheit anzuwenden. Die Intervention in Afghanistan ist nur das letzte Beispiel für die amerikanische Weigerung, ihre Sicherheitsinteressen in die Hände eines Bündnisses zu legen.

Dieser Unilateralismus ist die Kehrseite des uramerikanischen Prinzips, bei der Bewältigung von Problemen zunächst einmal auf die eigenen Kräfte zu vertrauen. Aber der Imperativ der absoluten Sicherheit hat die beunruhigende Eigenschaft der inneren Grenzenlosigkeit. Wer danach strebt, aus eigener Kraft unverletzlich zu sein, muß den Bereich seiner Kontrolle immer weiter ausdehnen und wird sich dennoch niemals vollkommen sicher fühlen können. Absolute Sicherheit kann es erst geben, wenn nichts sich mehr verändert und wir an das Ende der Geschichte gekommen sind. Vielleicht ist dies der Grund, warum Francis Fukuyamas »Ende der Geschichte« in Amerika so populär werden konnte. Das Versprechen des Buchtitels hätte auch lauten können: »Absolute Sicherheit«.

Nicht zufällig begründete übrigens Fukuyama seine These von dem Ende der Geschichte damit, daß die liberale Demokratie den endgültigen Sieg über alle konkurrierenden Herrschaftssysteme errungen habe. Tatsächlich wäre die Welt wohl sicherer, wenn in allen Staaten dieser Erde zumindest elementare Formen von Selbstbestimmung, Rechtsstaat und menschenrechtlichem Schutz existierten. Doch so perfekt ist die Welt nicht. Wer in einer unperfekten Welt perfekte Sicherheit beansprucht, hat Probleme. Vor allem aber ist er auch ein Problem für andere. Eine demokratische Nation, die für sich das Privileg der absoluten Sicherheit beansprucht, wird dazu neigen, von Fall zu Fall despotische Regime als Bedrohung ihrer nationalen Sicherheit anzusehen und es daher als ihr gutes Recht zu betrachten, ein solches Regime mit militärischen Mitteln zu beseitigen. Die USA können dies um so unbefangener tun, als sie – anders als Europa – durchaus keinen Gegensatz zwischen nationaler Souveränität und Menschenrechten sehen. Erklärten die Gründerväter der amerikanischen Republik nicht das Recht des Volkes auf politische Selbstbestimmung zu einem der fundamentalen Menschenrechte? Wie kann also eine Verletzung der nationalen Souveränität darin liegen, einem unterdrückten Volk die Freiheit notfalls auch mit militärischer Gewalt zu schenken? So kann denn der Interventionsgrund der nationalen Sicherheit auch noch die Sanktion durch das universalistische Rechtsprinzip erhalten.

Robert Kagan hat recht mit seiner Behauptung, daß Amerikaner und Europäer nicht dieselbe Weltsicht teilen. Die Redeweise vom »alten Europa«, der sich der US-amerikanische Verteidigungsminister befleißigte, ist die polemische Zuspitzung eines im Kern zutreffenden Sachverhalts. Die Vorstellungen des heutigen Europa über internationale Sicherheit sind tatsächlich eine – gewiß demokratiegemäße, aber eben doch eine – Fortschreibung des im dynastisch-absolutistischen Zeitalter entwickelten Prinzips des Machtgleichgewichts unter gleichberechtigten souveränen Staaten. Seine heutige, zeitgemäße Gestalt ist das völkerrechtliche System der UNO. Es ist ein System gegenseitiger kollektiver Sicherheit, das einen potentiellen Angreifer in gemeinsame rechtliche Verpflichtungen, Institutionen und Verfahren einbezieht, dadurch Vertrauen herstellt und den internationalen Naturzustand in einen Rechtszustand überführt. Philosophisch geht dieses Konzept bekanntlich auf Kants »Föderalismus freier Staaten« zurück; doch politisch hat den ersten Völker- und Friedensbund der Geschichte paradoxerweise ein amerikanischer Präsident geschaffen, Woodrow Wilson. Wilson genießt in den USA keinen allzu guten Ruf. Seine Völkerbundsidee war nie wirklich populär. Es gehört zu den bitteren Ironien der Weltgeschichte, daß die Nation, deren Präsident den Völkerbund schuf, niemals dessen Mitglied wurde. Doch eine innere Folgerichtigkeit kann man dem nicht absprechen. Der Grund ist, daß der amerikanische Senat, dem Puls des amerikanischen Volkes näher als ein idealistischer Präsident, dem Vertrag von Versailles, dessen erste 26 Artikel zugleich das Statut des Völkerbundes bildeten, die Zustimmung versagte. George Washington siegte posthum über Woodrow Wilson.

Die unterschiedlichen Sichtweisen Amerikas und Europas auf die Ordnung der internationalen Beziehungen haben also tiefe Wurzeln in einer langen Geschichte. Kein Wunder, daß sie in der Irak-Krise mit aller Deutlichkeit aufbrechen, denn hier stoßen die beiden Sicherheitskonzepte – dort das der absoluten, hier das der relativen Sicherheit, dort das Prinzip der einsamen und einseitigen Verteidigung der nationalen Sicherheit, hier das UNO-System der gegenseitigen kollektiven Sicherheit – unvermittelt aufeinander. In der Afghanistan-Intervention nach dem 11. September 2001 ließen sich beide Ansätze noch, wenn auch mühselig, zur Deckung bringen. Die Europäer konnten sich damit beruhigen, daß die dortigen amerikanischen Militäreinsätze auf der Grundlage zweier Resolutionen des Sicherheitsrates als Ausübung des in Artikel 51 der UNO-Satzung anerkannten natürlichen Rechts auf Selbstverteidigung angesehen werden konnten. Die Amerikaner ihrerseits nahmen dankbar die Ausrufung des Bündnisfalles des Artikels 5 des NATO-Vertrages an, lehnten indessen bei den militärischen Operationen jede Hilfe ihrer NATO-Verbündeten unter Hinweis auf ihre eigenen Fähigkeiten höflich, aber bestimmt ab. Jede Seite wahrte ihr Gesicht und konnte mit guten Gründen behaupten, ihren jeweiligen Prinzipien treu geblieben und mit der anderen vollkommen einig gewesen zu sein.

Im Falle des Irak haben sich die im Falle Afghanistan bereits erkennbaren feinen Haarrisse zwischen den USA und dem »alten« Europa in unübersehbare Spaltungen vertieft. Dabei geht es nur bei oberflächlicher Betrachtung um die Alternative Krieg oder Frieden. Die wirkliche Alternative, welche erst die Härte der transatlantischen Auseinandersetzungen erklärt, lautet vielmehr: Krieg nach den Kriterien der USA oder Krieg nach der Legalität der UNO. Wie ist das zu verstehen?

Sieht man einmal von dem in Artikel 51 der UNO-Satzung anerkannten natürlichen Recht der Staaten auf Selbstverteidigung ab, das als Grundlage für eine Intervention in den Irak nicht in Betracht kommt, so bleiben als zulässige militärische Eingriffe nur noch die vom Sicherheitsrat der UN autorisierten »militärischen Sanktionsmaßnahmen« in den Fällen, in denen friedliche Mittel der Streitbeilegung versagen. Es handelt sich dabei um Zwangsmaßnahmen, die die Völkerrechtsgemeinschaft gegen einzelne ihrer Mitglieder ergreifen kann, die den Frieden oder die internationale Sicherheit brechen oder bedrohen. Da die UN bekanntlich über keine eigenen Streitkräfte verfügen, werden diese Zwangsmaßnahmen stets von Streitkräften einzelner Staaten durchgeführt, die dann im Auftrag des Sicherheitsrats handeln. Ihrem äußeren Erscheinungsbild nach wiesen diese »Maßnahmen« alle Merkmale eines Krieges auf, denn die unterschiedslose Zerstörungskraft militärischer Gewalt wird natürlich auch in ihnen wirksam. Dennoch gibt es einen guten Grund, daß die UN-Satzung hier die Semantik des Krieges vermeidet. Denn strenggenommen handelt es sich bei jenen »militärischen Sanktionsmaßnahmen« schon gar nicht mehr um einen Krieg im klassischen Sinne, worunter wir verstehen: ein Gewaltverhältnis zwischen Staaten, die mangels eines ihnen gemeinsamen Rechts und einer ihnen übergeordneten Gerichtsbarkeit ihren Streit über Rechtsansprüche oder rechtlich geschützte Interessen mit militärischer Gewalt austragen.

Militärische Maßnahmen auf der Grundlage von Beschlüssen des Sicherheitsrates sind nach diesem Maßstab keine Kriege, weil die UN-Charta eine für alle Staaten verbindliche internationale Rechtsordnung darstellt, die rechtlich geordnete Verfahren der Streitbeilegung vorsieht – als äußerstes Mittel des Rechtszwanges eben jene »militärischen Maßnahmen«, die eine embryonale Form polizeilicher Ordnungsmaßnahmen darstellen, wie sie üblicherweise eine Gemeinschaft gegen ihre pflichtvergessenen Mitglieder ergreift. Diese Gewalt ist Mittel zur Wiederherstellung einer gestörten Rechtsordnung. Vermutlich ist das der Grund, warum solche vom Sicherheitsrat sanktionierten »militärischen Maßnahmen« von vielen Menschen nicht als ebensolche moralische Katastrophe angesehen werden wie »richtige Kriege«. Jedenfalls gibt es – wie auch jetzt in bezug auf den Irak – dagegen viel weniger Widerstand als gegen einen reinen Staatenkrieg. Betrachtet man die Leiden der Opfer, so ist diese Differenzierung nicht sehr überzeugend. Denn mögen solche unter der Autorität des Sicherheitsrats durchgeführten militärischen Sanktionen in ihrer Funktion auch polizeilich sein, so ist doch der Charakter ihrer Gewalt und ihrer Gewaltmittel militärisch. Polizeiliche Gewalt dient der Gefahrenabwehr und ist in ihren Mitteln strikt auf diese Aufgabe begrenzt. Sie zielt daher darauf, individuelle Urheber einer Störung der öffentlichen Sicherheit angriffsunfähig zu machen. Militärische Gewalt dagegen betrifft ein ganzes Land und seine Bevölkerung, und selbst wenn sie dabei nach geltendem internationalem Recht nur auf militärische Ziele gerichtet sein darf, so ist diese Eingrenzung im Angesicht der komplexen Vernetzung von militärischer und ziviler Infrastruktur eines Landes heute wenig effektiv. Die sogenannten Kollateralschäden in zivilen Bereichen sind, wie wir zuletzt im Kosovo-Krieg sehen konnten, nicht selten höher als die Schäden an militärischen Zielen.

Diese Mischung aus polizeilicher Funktion und militärischem Charakter, die die vom Sicherheitsrat der UN sanktionierten »militärischen Maßnahmen« auszeichnet, führt nun gerade im Falle der Irak-Krise zu schwer auflösbaren inneren Widersprüchen.

Dieses Land, beherrscht von einem verabscheuungswürdigen Regime mit einem brutalen Autokraten an der Spitze, soll zur Beseitigung der mit guten Gründen bei ihm vermuteten Massenvernichtungswaffen gezwungen werden, in letzter Konsequenz auch mit militärischen Mitteln. Man weiß aber nicht genau, ob und gegebenenfalls wie viele dieser Waffen dieses Regime besitzt. Wüßte man definitiv, daß es davon eine bedrohliche Menge besitzt, dann wären militärische Maßnahmen nicht ratsam. Denn sie würden den Einsatz dieser Waffen durch das an Skrupellosigkeit kaum zu überbietende Regime erst provozieren. Jedenfalls würde sich eine Invasion des Landes mit Bodentruppen verbieten. So lautet das nicht unplausible Argument jener, die uns erklären, daß die US-Regierung zwar Kriegsvorbereitungen gegen den Irak treffe, von dem man gar nicht wisse, ob er über Massenvernichtungsmittel verfüge, jedoch mit Nordkorea verhandle, obwohl hier Gewißheit besteht, daß dieses – ebenfalls zur »Achse des Bösen« gehörende – Regime über Atomwaffen verfügt. Andererseits wären militärische Maßnahmen gegen den Irak aber sicher auch dann auszuschließen, wenn man die Gewißheit hätte, daß er diese Waffen nicht besitzt. Denn dann gäbe es nicht die Gefahr, daß dieses zu allem fähige Regime Massenvernichtungsmittel selbst anwenden oder an terroristische Gruppen weitergeben könnte. Um die bestehende Ungewißheit zu beseitigen, untersuchen bekanntlich die Inspekteure der UN das Land. Finden sie keine Waffen, so gibt es natürlich keinen

Kriegsgrund. Finden sie Waffen, so spricht auch diese Tatsache eher gegen als für einen Krieg; denn dann kann man die Gefahr dadurch beseitigen, daß man das Land zu deren Vernichtung zwingt beziehungsweise dies unter Umständen sogar selber tut; erst wenn es sich dem mit Gewalt widersetzen sollte, wäre die Erzwingung der Abrüstung auch mit militärischen Mitteln geboten. Dieser Fall ist bis jetzt aber nicht eingetreten, und es ist ja ganz ungewiß, ob er denn eintritt.

Bleibt also nur die Möglichkeit, das Regime zur vollständigen Offenlegung seiner Waffenbestände militärisch zu zwingen, damit die Welt endlich Gewißheit erhält. Im innerstaatlichen Recht der Gefahrenabwehr gibt es tatsächlich die Befugnis zu polizeilichem Zwang bei einem Gefahrenverdacht. Läßt sich etwa der Verdacht, ob sämtliche Tiere einer Rinderherde von BSE befallen sind, nicht aufklären, so kann die Behörde zum Schutz von Leben und Gesundheit der Konsumenten die gesamte Herde töten lassen. Aber kann man einen Krieg führen, ohne gewiß zu sein, daß es einen Kriegsgrund gibt? Kann man sich einen »Verdachtskrieg« vorstellen?

In dieser Situation der Ungewißheit gibt allerdings auch das Verhalten einiger Regierungen Rätsel auf. Die deutsche Bundesregierung, genauer: der Bundeskanzler und, etwas gewundener und undeutlicher auch der Außenminister, haben sich bekanntlich selbst noch nach der Einigung der EU-Mitglieder auf eine gemeinsame Haltung am 17. Februar 2003 auf eine strikte Ablehnung militärischer Gewalt gegen den Irak festgelegt, unabhängig von dem Ergebnis der Untersuchungen der vom Sicherheitsrat der UN beauftragten Inspektoren. Gleichzeitig befürworten Kanzler und Außenminister den von den Amerikanern ausgeübten militärischen Druck auf das irakische Regime als Unterstützung der Arbeit der Inspektoren. Bisher hat indes noch keiner von ihnen zu erklären vermocht, wie man ein Regime durch militärischen Druck zur Kooperation nötigen will, dem man erklärt, daß die Drohung mit Gewalt unter keinen Umständen, also auch nicht im Falle einer beharrlichen Kooperationsverweigerung, in die Anwendung der Gewalt umschlagen wird. Umgekehrt stellt sich die Frage, warum die USA zum einen den allergrößten Wert darauf legen, dem Irak den Besitz von Massenvernichtungsmitteln nachzuweisen und Saddam Hussein zur Offenlegung zu zwingen, andererseits aber unmißverständlich deutlich machen, daß auch sie, unabhängig davon, was die Inspektoren noch herausfinden mögen, in jedem Falle den Krieg gegen den Irak führen werden – welche Motive sollte der Diktator unter diesen Umständen haben, mit der UNO zu kooperieren, wenn er doch seine Entmachtung ohnehin nicht abwenden kann?

Offenbar ist ein Krieg mit dem Ziel der Entwaffnung eines Staates, von dem man lediglich vermutet, daß er diese Waffen besitzt – und von denen man noch weniger weiß, ob sie seit ihrem letztmaligen Nachweis vor fünf Jahren überhaupt noch einsetzbar sind –, offenbar ist ein solcher Krieg nicht zu rechtfertigen. Man muß wahrlich kein Pazifist sein, um Krieg zu verabscheuen. Krieg ist, wie es in der Präambel der Charta der Vereinten Nationen ebenso pathetisch wie richtig heißt, eine Geißel, die unsagbares Leid über die Menschheit gebracht hat. Krieg bedeutet einen Zivilisationsbruch, er verkörpert die Verneinung grundlegender Prinzipien einer wohlgeordneten Gesellschaft. Seine Logik der unterschiedslosen Vernichtung und Zerstörung von Menschen, natürlicher Umwelt, Infrastruktur, Lebensmitteln und Kulturgütern vollstreckt den Grundsatz der Kollektivhaftung, den die moderne Welt in ihrer rechtsmoralischen Entwicklung bereits seit langer Zeit überwunden hat. Der Krieg ist hier nur noch in seiner elementaren Gestalt als ein natürliches Recht zur Verteidigung gegen einen bewaffneten Angriff anerkannt; keineswegs etwa darf er als »Fortsetzung des politischen Verkehrs mit Einschluß anderer Mittel« betrieben werden, wie ihn Clausewitz noch in aller Unschuld zu Beginn des 19. Jahrhunderts definieren konnte.

Auch wer in gerechtem Zorn oder mit wohlbedachtem und wohlmeinendem Kalkül ein abscheuliches Regime mit Waffengewalt beseitigen will, verstrickt sich daher in den moralischen Widerspruch, daß er mit dem Krieg – in seiner unterschiedslosen Wirkung von einer Kollektivstrafe kaum zu unterscheiden – notwendigerweise auch Unschuldige vernichtet und verletzt, bei empirischer Betrachtung: sogar mehr Unschuldige als Schuldige. Welche Moral könnte rechtfertigen, daß viele Unschuldige sterben müssen, damit wenige Schuldige entmachtet und bestraft werden?

Umgekehrt aber: Ist es moralisch zu rechtfertigen, den Krieg als eine Sanktion gegen den Irak unter allen Umständen auszuschließen, unabhängig von dem Ergebnis der Untersuchung der Vernichtungsfähigkeiten dieses Regimes durch neutrale Inspektoren? Ein wie hohes Risiko will und darf Amerika, will und darf Europa eingehen, daß das irakische Regime, dem man jede Skrupellosigkeit zutrauen darf, die gesamte Golfregion einschließlich Israels zur Geisel nimmt und der übrigen Welt seinen Willen aufzwingt? Schreckt nicht das Beispiel Nordkoreas? Bei diesem finsteren Regime, das seine Bevölkerung an den Rand des Hungertodes getrieben hat, sind wir, im Gegensatz zum Irak, auf Vermutungen nicht angewiesen. Es konnte offenbar auch durch ein Inspektorenregime der UNO nicht daran gehindert werden, die Verfügung über Atombomben zu erlangen und damit Südkorea, Japan, ja sogar die USA zu bedrohen. Und wenn auch weder der Irak noch Nordkorea über die Trägersysteme verfügen, die in der Lage wären, Massenvernichtungswaffen über ihren jeweiligen regionalen Wirkungskreis hinauszutragen – können wir gewiß sein, daß die in vielen Teilen der Welt bereitstehenden Netzwerke von Selbstmordattentätern sich nicht in menschliche Trägersysteme und Abschußrampen verwandeln? Ist das nach dem 11. September nur noch *Science Fiction*?

Ein Krieg ohne Ansehen der Gründe, die gegen ihn sprechen, ist moralisch nicht zu begründen. Aber ein Frieden ohne Ansehen der Gründe, die gegen ihn sprechen, ist ebenfalls unmoralisch.

Worüber man einzig streiten kann und muß, ist die Frage, welches Risiko die Welt hinzunehmen bereit ist, sich in der Zwangslage wiederzufinden, in der das irakische Regime mit der Drohung des Einsatzes von Massenvernichtungsmitteln der Völkerrechtsgemeinschaft seinen Willen aufzwingen kann. Gefordert ist die gefaßte Nüchternheit einer weltpolizeilichen Gefahren- und Risikoabwehr: Je größer der Schaden ist, der durch Massenvernichtungsmittel in den Händen des irakischen Regimes angerichtet werden kann, desto geringer darf die Wahrscheinlichkeit sein, daß dieser Fall eintritt. Wie es bei derartigen Abschätzungen nun einmal ist, gilt das auch hier: Nicht nur das Tun, sondern auch das Unterlassen hat Konsequenzen; nicht nur der Krieg, sondern auch der Frieden birgt Risiken. Das Risiko des Krieges: die Zerstörung eines Landes, seiner Infrastruktur, seiner Ölquellen und seiner Umwelt, hunderttausendfaches Leid über die Zivilbevölkerung, dazu möglicherweise die politische Explosion einer ohnehin krisengeschüttelten Region mit dem von seinen Nachbarn nach wie vor von Auslöschung bedrohten Israel. Das Risiko des Friedens: ein Anschlag noch verheerender als der vom 11. September, die dauernde Drohung weiterer solcher, in ihrer bösartigen Zerstörungswut womöglich noch gesteigerter Angriffe, die ständige Angst vor der Vernichtung Tausender Menschen irgendwo in der Welt durch die nun weltweit leicht verfügbar gewordenen »kleinen« Massenvernichtungswaffen, die zunehmende Erpreßbarkeit und Beugsamkeit von Regierungen gegenüber den Wünschen und Zumutungen verbrecherischer Regimes und ihrer im Dunkeln agierenden terroristischen Hilfstruppen.

Um einen Entwaffnungskrieg gegen den Irak zu rechtfertigen, wird man daher die berühmte *smoking gun*, also die für eine strafrechtliche Verurteilung erforderliche zweifellose Gewißheit des Vorhandenseins funktionsfähiger Massenvernichtungswaffen in den Händen des irakischen Regimes, nicht verlangen dürfen. Auf der anderen Seite kann die bloß abstrakte Gefahr, daß das Regime diese Waffen besitzt und sie selbst einsetzen oder an terroristischen Gruppen weitergeben könnte, nicht genügen, einen so schwerwiegenden und folgenreichen Akt wie einen Krieg zu rechtfertigen.

Wenn aber unabhängig von solchen Ungewißheits- und Risikoabwägungen die Amerikaner in jedem Fall zum Krieg, die Deutschen unter allen Umständen zum Frieden entschlossen sind, dann darf man annehmen, daß sich unter diesen Inkonsistenzen Handlungsantriebe verbergen, die einer anderen Logik als der der weltpolizeilichen Gefahrenabwehr folgen. Da die deutsche Position den Lauf der Dinge nicht beeinflussen wird, betrachten wir hier nur die Entschlossenheit der Amerikaner zum Krieg gegen den Irak. Warum wollen sie nicht einsehen, daß die Welt sich in einem zivilisierteren Zustand befände, wenn die USA ihre überlegenen militärischen Fähigkeiten in den Dienst der Vereinten Nationen stellten und, als eine Art internationale Polizei, militärische Maßnahmen nur nach Maßgabe der Gefahreneinschätzungen des UNO-Sicherheitsrates ergriffen?

Die Antwort ist ebenso einfach wie vor allem für die Europäer schmerzlich: Weil das amerikanische Militär und die dafür von der amerikanischen Gesellschaft bereitgestellten immensen Ressourcen in erster Linie, wenn nicht gar ausschließlich, dem Ziel ihrer nationalen Sicherheit dienen, und weil die Amerikaner, wie wir gesehen haben, traditionell ihre nationale Sicherheit nicht von den Entscheidungen anderer Staaten abhängig machen, geschweige denn in die Hände internationaler Organe legen.

Die »Hyper-Macht« USA handelt nun, da sie keinen ernsthaften weltpolitischen Rivalen hat, nicht in der Vorstellung und der Absicht, die Integrität einer durch das irakische Regime gestörten Weltrechtsordnung wiederherzustellen und damit gewissermaßen als Treuhänder der rechtlich verfaßten Weltgemeinschaft zu agieren. Die USA sehen sich vielmehr vor die Notwendigkeit gestellt, eine neue Weltordnung überhaupt erst errichten zu müssen. In ihrer Sicht hat ihnen diese Notwendigkeit der 11. September mit brutaler Deutlichkeit vor Augen geführt. Dieser Tag wurde für die Welt, vor allem aber für Amerika, zu einem *international constitutional moment*, wie es jüngst ein amerikanischer Jurist ausdrückte – ein Moment blitzartig-plötzlichen, außeralltäglichen und dramatischen Umsturzes der überkommenen Ordnung, auf deren Trümmern etwas Neues entstehen muß. Langsam begreifen wir, was da an Neuem entsteht.

Ohne viel Sentimentalität sieht Amerika erstmals seit jenem demütigenden 24. August 1814, als Washington brannte, der Tatsache ins Auge, daß es im eigenen Land seiner Bevölkerung keine verläßliche Sicherheit garantieren kann, und dies in einer geschichtlichen Epoche seiner höchsten militärischen Machtentfaltung, der kein anderer Staat auch nur annähernd nahekommt. (Nur ein Beispiel: Die zweitgrößte Luftstreitkraft der Welt nach der US Air Force ist die US Marine.) Konsequenter und systematischer als je zuvor verfolgt die US-Regierung das Ziel, Sicherheit zu Hause durch Macht und Kontrolle in vielen entfernten Regionen des Globus auszuüben, während ihr gleichzeitig in vielen Teilen der Welt abgrundtiefer Haß entgegenschlägt. Amerika findet sich in der Rolle einer globalen Ordnungsmacht wieder, an der letztlich die Verantwortung für die Sicherheit einer durch Fragmentierung, Staatszerfall und globalen Terrorismus gelähmten Weltzivilisation hängt.

Nicht zufällig wird gerade in den nachdenklicheren amerikanischen Diskursen immer häufiger die Frage gestellt, ob Amerika auf dem Weg zu einem Empire sei – zu einer nationenübergreifenden, weltumspannenden universalen Oberherrschaft mit all den damit verbundenen Verantwortlichkeiten und Lasten. Folgte man dieser Sicht, dann wäre Amerika jedenfalls ein Imperium wider Willen, angetrieben durch die innere Logik eines immer weiter ausgreifenden, nimmersatten expansiven Strebens nach absoluter Sicherheit, dem die Fähigkeit des Vertrauens in andere fremd ist. Louis Begley schrieb, daß er vor allem auf eine Qualität des amerikanischen Imperiums des 21. Jahrhunderts stolz sei, nämlich die, daß es sich – im Gegensatz zum zerfallenen Sowjetimperium – auf Länder stütze, »die Verbündete, die Teil des Imperiums sein wollen«. Während er den Unterschied zwischen dem sowjetischen und dem amerikanischen Imperium richtig kennzeichnet, stellt sich aber doch die Frage, ob nicht ein Imperium von Verbündeten ein Ding der Unmöglichkeit ist: Verbündete befinden sich untereinander in einer Beziehung der Gleichheit und Gleichberechtigung, des wechselseitigen Respekts, der freiwilligen Kooperation und, vor allem, des gegenseitigen Vertrauens – wie verträgt sich dies mit der einseitig – hoheitlichen Macht eines Imperiums?

Versteht man Amerika als ein Imperium, so findet das Rätsel, warum die Amerikaner unbeirrt um die Ergebnisse der Inspektionen im Irak offenbar unter allen Umständen zum Krieg entschlossen sind, eine plausible Lösung. Weder eine den Amerikanern vorzüglich von vielen Europäern gerne zugeschriebene Cowboy-Mentalität noch ungeklärte Vater-Sohn-Beziehungen der Familie Bush, noch auch das Interesse am Öl – Lieblingsthema aller sich besonders realistisch gebenden Weltstrategen würden dann jene hartnäckige Kriegsbereitschaft der USA erklären, sondern die amerikanische Entschlossenheit, der Welt eine neue Ordnung zu geben. Und dies ist nicht die Ordnung einer mit polizeilichen Befugnissen ausgestatteten Rechtsgemeinschaft der Vereinten Nationen. Es ist die Ordnung eines höchst merkwürdigen und singulären Imperiums. Dieses Imperium verknüpft die universellen Ideen der Menschenrechte und der Demokratie mit sehr partikularen religiösen Vorstellungen von der Auserwähltheit der amerikanischen Nation und ihrer historischen Mission, der Welt die Demokratie zu schenken. Vielleicht ist ja dieses Gefühl der Auserwähltheit der tiefste Grund für das Vermächtnis der amerikanischen Gründergeneration, die nationale Sicherheit wie ein Sanctuarium selbst vor der Mitbestimmung durch demokratische Verbündete zu schützen.

So ist denn das amerikanische Imperium eine fast zwangsläufige Konsequenz des amerikanischen Unilateralismus, ja des diffusen Gefühls der historischen Auserwähltheit der amerikanischen Nation. Wir Europäer haben mehr als ein halbes Jahrhundert recht bequem im Genusse unserer von Amerika erkämpften und garantierten Freiheit gelebt. Für uns war es ein freundliches Imperium. Aber Imperien haben ihre eigene politische Logik. Sie sind, anders als Louis Begley annimmt, keine Bündnisse von Gleichberechtigten. Nach den Gesetzen des Imperiums ist die Erzwingung eines Regimewechsels durch Krieg eine vollkommen legitime Option. Nach der Satzung der UNO ist sie kategorisch ausgeschlossen. Nach der Logik des Imperiums haben daher die Legalitätserfordernisse der UN für die USA keinen besonderen Stellenwert. Michael Ignatieff, gewiß kein Freund der Politik der gegenwärtigen Bush-Administration, bringt vermutlich eine verbreitete Stimmung zum Ausdruck, wenn er schreibt, daß Amerika sich wie Gulliver vorkomme: ein imperialer Riese, dem vor allem europäische Zwerge voller Eifer mit legalistischen Zwirnsfäden Fesseln anzulegen und den sie dadurch an der Erfüllung seiner Mission zu hindern suchen.

Diese Sicht hat ihre innere Logik, die Logik des Thomas Hobbes: Bevor das Recht gilt, muß die Ordnung geschaffen werden, die dem Recht Geltung verschafft. Dann wäre Amerikas Krieg gegen den Irak ein Krieg, der eine neue Weltordnung errichtet, deren Recht noch nicht erkennbar ist. Zu dieser Logik gehört indessen auch, daß auch diese, wie jede rein machtgestützte Ordnung, keine Neigung hat, sich durch Recht beschränken zu lassen. Aber Recht beschränkt nicht nur. Recht erzeugt Vertrauen, Berechenbarkeit, Sicherheit; Recht ermöglicht auch. Die Macht, die das Recht als Bedingung ihrer Wirksamkeit ausschlägt und sich allein auf ihre zwingenden Ressourcen verläßt, begibt sich der durch Wechselseitigkeit eröffneten Erweiterung ihrer Möglichkeiten. Hannah Arendt, der wir die Unterscheidung zwischen kommunikativer Macht und Gewalt verdanken, könnte mit ihrem durch die europäischen Katastrophen geschärften Blick ihre Landsleute lehren, daß mit innerer Zwangsläufigkeit die unilaterale Macht des einsamen Herrschers letztlich nur noch in der stummen und kommunikationslosen Gewalt des Militärs besteht. Vielleicht ist es also gar nicht so paradox, wie die Amerikaner es erleben, daß sie ausgerechnet auf dem Höhepunkt ihrer Macht auf ihrem eigenen Territorium verletzlich geworden sind. Vielleicht liegt es ja daran, daß ihre riesige Macht ihre Fähigkeit eingeschränkt hat, mit der Welt zu kommunizieren.

Macht ist nicht nur eine Wohltat. Wird sie zur Übermacht, so kann sie sogar für den Mächtigen gefährlich sein. Von dem amerikanischen Politikwissenschaftler K.W. Deutsch stammt der berühmt gewordene Satz: »Macht hat, wer es sich leisten kann, nicht lernen zu müssen.« Was für ein Danaergeschenk kann Macht in unserer heutigen Welt sein! Der kluge Machthaber fesselt daher seine Macht und zwingt sich dadurch, die auf ihn einstürmenden Herausforderungen mit Intelligenz, Phantasie, Kreativität, Ausdauer und anderen ›zivilen‹ Eigenschaften zu bewältigen. Eine Ordnung, die sich nicht selbst unter den Zwang zum Lernen setzt, verspielt ihre Zukunft. Das hatten die Amerikaner ebenso wie die Europäer am Ende des 18. Jahrhunderts begriffen, als sie den Schritt vom Prinzip der alles durchdringenden kontrollierenden Macht eines hegemonial-absolutistischen Herrschers zum demokratischen Verfassungsstaat vollzogen. Dieser erst ermöglichte den geistigen und politischen Streit und den gesellschaftlichen Konflikt – Grundlage des euro-atlantischen Zivilisationsmodells. Er verzichtete bekanntlich keineswegs auf Macht und Zwangsgewalt, aber er zähmte sie und machte sie zu einem Instrument des Rechts.

Denken wir an Imperien, so stellt sich sofort die Erinnerung an die Ursache ein, an der bislang noch alle Imperien der Weltgeschichte zugrunde gegangen sind: die Überanstrengung ihrer Herrschaft. Die bis heute gültige Formel dafür fand Rousseau: »Auch der Stärkste ist nie stark genug, um immer Herr zu bleiben, außer er verwandelt seine Macht in Recht und den Gehorsam in Pflicht.« Viel spricht dafür, daß auch in Zukunft Rousseau gegen Hobbes Recht behalten wird. Das »alte« und weise gewordene Europa sollte nicht müde werden, seinen amerikanischen Freunden diese Einsicht immer wieder vor Augen zu führen.

Erster Teil: Vom Krieg zum Verbrechen

1 Tocqueville, Bd. 1, Zweiter Teil, Neuntes Kapitel, S. 338
2 Vgl. Max Lerner, *America as a Civilization.*
3 Bd. 2, Vierter Teil, Sechstes Kapitel, S. 341
4 Angaben bei Holsti, S. 22
5 Zahlen bei Kaldor, S. 160 f.

Zweiter Teil: Blasphemie

1 Zit. nach Reinhard, S. 275
2 Freud, S. 574
3 von Glasenapp, S. 400
4 Hartmann, S. 140
5 Smith/Haddad, S. 164
6 Brandon, S. 249
7 v. Glasenapp, S. 396
8 Aslan, S. 40/41

Al-Azm, Sadik J. (1993) Unbehagen in der Moderne. Aufklärung im Islam. Frankfurt/M.: Fischer Taschenbuch Verlag.

Aslan, Adnan (2001) Sündenfall und Überwindung des Bösen und des Leidens im Islam. In: Peter Koslowski (ed.), Ursprung und Überwindung des Bösen und des Leidens in den Weltreligionen. München: Wilhelm Fink Verlag.

Aslan, Adnan (2001) Die Aussagen in den Weltreligionen über den Ursprung sowie die Überwindung des Bösen und des Leidens. Versuch einer Synthese aus islamischer Sicht. In: Peter Koslowski (ed.), Ursprung und Überwindung des Bösen und des Leidens in den Weltreligionen. München: Wilhelm Fink Verlag.

Baudrillard, Jean (2001) Der Geist des Terrorismus, Lettre International, 55, 11–14.

Beck, Ulrich (2000) Über den postnationalen Krieg. In: Reinhard Merkel (ed.), Der Kosovo-Krieg und das Völkerrecht. Frankfurt am Main: Suhrkamp.

Begley, Louis (2003) Das Washington-Imperium. Kaugummikauende Raubtiere: Eine kurze Geschichte des Antiamerikanismus. Frankfurter Allgemeine Zeitung v. 20. Febr. 2003, S. 33.

Berman, Harold J. (1993) Faith and Order. The Reconciliation of Law and Religion. Atlanta, Georgia: Scholars Press.

Berman, Harold J. (1995) Recht und Revolution. Die Bildung der westlichen Rechtstradition. Frankfurt am Main: Suhrkamp.

Bobzin, Hartmut (ed.) (1996) Der Koran. Würzburg: Ergon Verlag.

Bowker, John (ed.) (1999) Das Oxford-Lexikon der Weltreligionen. Darmstadt: Wissenschaftliche Buchgesellschaft.

Brandon, Samuel George Frederick (1962) Man and his Destiny in the Great Religions. A Historical and Comparative Study. Manchester: Manchester University Press.

Broder, Henryk M. (2002) Kein Krieg, nirgends: die Deutschen und der Terror. Berlin: Berlin Verlag.

Brown, Peter (1998) Autorität und Heiligkeit. Aspekte der Christianisierung des Römischen Reiches. Stuttgart: Philipp Reclam jun.

Caporaso, James A. (2000) Changes in the Westphalian Order: Territory, Public Authority, and Sovereignty, International Studies Review, 2, 2, 1–28.

Chace, James and Caleb Carr (1988) America Invulnerable. The Quest for Absolute Security From 1812 to Star Wars. New York, London etc.: Summit Books (Simon & Schuster).

Chace, James (1992) The Consequences of the Peace. The New Internationalism and American Foreign Policy. New York-Oxford: Oxford University Press.

Chojnacki, Sven (2000) Die Kultur der Prävention. Ein Ansatz zur Zivilisierung internationaler Politik? Berlin: Wissenschaftszentrum Berlin (WZB).

Clausewitz, Carl von (2001) Vom Kriege. Reinbek: Rowohlt.

Creveld, M. van (2001) Die Zukunft des Krieges. The transformation of war. München: Gerling Akademie Verlag.

Cronin, J. S. Barkin/B. (1994) The state and the nation: changing norms and the rules of sovereignty in international relations, International Organisation, Vol. 48, 1, 107–30.

Deng, F. M. et al. (1996) Sovereignty as Responsibility. Conflict Management in Africa. Washington, D.C.: The Brookings Institution.

Duffy, Christopher (1995) The Civilian in Eighteenth-Century Combat. In: Erwin A. Schmidl (ed.), Freund oder Feind? Kombattanten, Nichtkombattanten und Zivilisten in Krieg und Bürgerkrieg seit dem 18. Jahrhundert. Frankfurt/M./Berlin/Bern u.a.: Peter Lang.

Duke, Simon (1994) The State and Human Rights: Sovereignty Versus Humanitarian Intervention, International Relations, XII, 2, 25–48.

Elger, Ralf (ed.) (2001) Kleines Islam-Lexikon: Geschichte, Alltag, Kultur. München: C. H. Beck.

Elwert, Georg (2002) Weder irrational noch traditionalistisch. Charismatische Mobilisierung und Gewaltmärkte als Basis der Attentäter des 11. September. In: B. Hauser-Schäublin (ed.), Verhandlungen der Tagung der Deutschen Gesellschaft für Völkerkunde 2001.

Enzensberger, Hans Magnus (1991) Die Leere im Zentrum des Terrors. In: ders. (ed.), Mittelmaß und Wahn. Gesammelte Zerstreuungen. Frankfurt am Main: Suhrkamp.

Faruqi, Isma'il Raji al (ed.) (1986) Judentum, Christentum, Islam. Trialog der Abrahamitischen Religionen. Frankfurt/M.: Dagyeli.

Ferguson, Niall (2002) Zusammenprall der Zivilisationen oder »verrückte Mullahs«. Die Vereinigten Staaten als imperiale Macht. In Strobe Talbott and Nayan Chanda (eds.), Das Zeitalter des Terrors. Amerika und die Welt nach dem 11. September, S. 114–138. München-Berlin: Propyläen.

Freud, Siegmund (1974) Der Mann Moses und die monotheistische Religion: Drei Abhandlungen. In: ders. (ed.), Werke. Studienausgabe Bd. IX. Frankfurt/M.: S. Fischer.

Fukuyama, Francis (1992) The end of history and the last man. London: Penguin Books.

Funke, Hajo (2003) Der Amerikanische Weg. Hegemonialer Nationalismus in der US-Administration. Berlin: Verlag Hans Schiler.

Gasser, Hans-Peter (1986) Genfer Abkommen und Terrorismusverbot. In: Yvo Hangartner/Stefan Trechsel (ed.), Völkerrecht im Dienste des Menschen. Festschrift für Hans Haug. Bern/Stuttgart: Paul Haupt.

Geertz, Clifford (1991) Religiöse Entwicklungen im Islam. Beobachtet in Marokko und Indonesien. Frankfurt/M.: Suhrkamp.

Gillhoff, Nikola (1999) Die Errichtung eines ständigen Internationalen Gerichtshofes. Beginn einer neuen Ära? Berlin: Wissenschaftszentrum Berlin (WZB).

Glasenapp, Helmuth von (2001) Die fünf Weltreligionen. Hinduismus, Buddhismus, Chinesischer Universalismus, Christentum, Islam. Kreuzlingen/München: Diederichs.

Habermas, Jürgen (2000) Bestialität und Humanität. Ein Krieg an der Grenze zwischen Recht und Moral. In Reinhard Merkel (ed.), Der Kosovo-Krieg und das Völkerrecht. Frankfurt am Main: Suhrkamp.

Haffner, Sebastian (1966) Der neue Krieg. Einleitender Essay. In: Mao Tse-Tung (ed.) Theorie des Guerillakrieges oder Strategie der Dritten Welt. Reinbek bei Hamburg: Rowohlt.

Hallaq, W. B. (2001) Authority, Continuity and Change in Islam Law. Cambridge: Cambridge Universtiy Press.

Hartmann, Richard (1992. Nachdruck d. Ausg. v. 1944.) Die Religion des Islam. Darmstadt: Wissenschaftliche Buchgesellschaft.

Hartmann, Thomas/Krannich, Margret (ed.) (2001) Muslime im säkularen Rechtsstaat. Berlin: Das Arabische Buch.

Hatakoy, Arzu (2001) Der Wandel des Konzepts der humanitären Intervention. Diplomarbeit. Berlin: Fachbereich Politik- und Sozialwissenschaften, Freie Universität Berlin.

Heine, Peter (2002) In Allahs Namen: Religiös motivierter Extremismus und Terrorismus. In Hans Frank/Kai Hirschmann (ed.), Die weltweite Gefahr. Terrorismus als internationale Herausforderung. Berlin: Berlin Verlag.

Herzinger, Richard (2001) Angriff auf das neue Babylon. Das antizivilisatorische Motiv des Terrors. In: Dienstag 11. September 2001. Reinbek: Rowohlt.

Hobbes, Thomas (1984 [1651]) Leviathan oder Stoff, Form und Gewalt eines kirchlichen und bürgerlichen Staates. Herausgegeben und eingeleitet von Iring Fetscher. Frankfurt/M: Suhrkamp.

Hoch, Martin (2001) Krieg und Politik im 21. Jahrhundert, Aus Politik und Zeitgeschichte, 20, 17–25.

Holsti, Kalevi J. (1997) The state, war and the state of war. Cambridge: Cambridge University Press.

Huntington, S. (1996) The clash of civilizations and the remaking of world order. New York u.a.: Simon & Schuster.

Ignatieff, Michael (2003) The American Empire: The Burden, New York Times, Magazine, January 5, 2003.

Ipsen, Knut (2000) Der Kosovo-Einsatz - Illegal? Gerechtfertigt? Entschuldbar? In: Reinhard Merkel (ed.), Der Kosovo-Krieg und das Völkerrecht. Frankfurt am Main: Suhrkamp.

Jackson, Robert H. (1990) Quasi-States: Sovereignty, International Relations and the Third World. Cambridge: Cambridge University Press.

Johnson, John Kelsay/James Turner (ed.) (1991) Just War and Jihad. Historical and Theoretical Perspectives on War and Peace in Western and Islamic Traditions. New York-Westport/Ct.-London: Greenwood Press.

Judt, Tony (2002) Sich selbst der schlimmste Feind. Zum Paradox der amerikanischen Macht, Merkur, November 2002 (643), S. 967-980.

Kagan, Robert (2003) Macht und Ohnmacht. Amerika und Europa in der neuen Weltordnung. Berlin: Siedler.

Kaldor, Mary (2000) Neue und alte Kriege. Organisierte Gewalt im Zeitalter der Globalisierung. Frankfurt/M.: Suhrkamp.

Kant, Immanuel (1977) Zum ewigen Frieden. Ein philosophischer Entwurf. Werkausgabe Bd. XI (hrsgg. v. W. Weischedel). In. Frankfurt/M.: Suhrkamp.

Kennedy, Paul (1989) Aufstieg und Fall der großen Mächte. Ökonomischer Wandel und militärischer Konflikt von 1500 bis 2000. Frankfurt/M.: S. Fischer.

Kennedy, Paul (1993) Preparing for the Twenty-First Century. New York: Ramdom House.

Kersting, Wolfgang (2000) Bewaffnete Intervention als Menschenrechtsschutz. In: Reinhard Merkel (ed.), Der Kosovo-Krieg und das Völkerrecht. Frankfurt am Main: Suhrkamp.

Khadduri, Majid (1955) The Law of War and Peace in Islam. 2. Aufl. London.

Khadduri, Majid (1984) The Islamic Conception of Justice. Baltimore and London: The Johns Hopkins University Press.

Kohlberg, E. (1997) Artikel »Shahid« [Märtyrer], In: The Encyclopedia of Islam. New Edition, Vol. 9, S. 203–7.
Krasner, Stephen D. (1999) Sovereignty. Organized Hypocrisy. Princeton, N.J.: Princeton University Press.
Krämer, Gudrun (1999) Gottes Staat als Republik. Reflexionen zeitgenössischer Muslime zu Islam, Menschenrechten und Demokratie. Baden-Baden: Nomos Verlagsgesellschaft.
Leaman, Oliver (2001) Hiob und Leid: Ursprung des Bösen, Leiden Gottes und Überwindung des Bösen im talmudischen und kabbalistischen Judentum. In: Peter Koslowski (ed.), Ursprung und Überwindung des Bösen und des Leidens in den Weltreligionen. München: Wilhelm Fink Verlag.
Lerner, Max (1987) America as a Civilization. New York.
Lewer, Nick and Oliver Ramsbotham (1993) »Something must be done«. Towards an ethical framework for humanitarian intervention in international social conflict. West Yorkshire: Department of Peace Studies. University of Bradford.
Linklater, Andrew (1998) The Transformation of Political Community. Ethical Foundations of the Post-Westphalian Era. Oxford: Polity Press.
Locke, John (1966) Ein Brief über Toleranz. Hamburg: Felix Meiner.
Makinda, Samuel M. (1996) Sovereignty and International Security: Challenges for the United Nations, Global Governance, 149–68.
Mathiopoulos, Margarita (1987) Amerika: Das Experiment des Fortschritts. Ein Vergleich des politischen Denkens in den USA und Europa. Paderborn/München/Wien/Zürich: Schöningh.
Meddeb, Abdelwahab (2001) Die Krankheit des Islam, Lettre International, 54, 11–5.
Mégret, Frédéric (2002) »Krieg«? – Völkerrechtssemantik und der Kampf gegen den Terrorismus, Kritische Justiz, H. 2/2002, 157–79.

Münkler, Herfried (2000) Menschenrechte und Staatsräson. Einige politikwissenschaftliche Überlegungen zur Praxis von Intervention und Nichtintervention im Übergang vom 20. zum 21. Jahrhundert. In: Gustav Gustenau (ed.), Humanitäre militärische Intervention zwischen Legalität und Legitimität. Baden-Baden: Nomos Verlagsgesellschaft.

Münkler, Herfried (2002) Die neuen Kriege und das gewandelte Aufgabenfeld der Sicherheitspolitik, Kommune, Nr. 4/2002, S. 6–11.

Nagel, Tilman (1994) Geschichte der islamischen Theologie. Von Mohammed bis zur Gegenwart. München: C. H. Beck.

Nagel, Tilman (2001) Das islamische Recht: eine Einführung. Westhofen: WVA-Verlag.

Noth, Albrecht (1966) Heiliger Krieg und Heiliger Kampf in Islam und Christentum. Beiträge zur Vorgeschichte und Geschichte der Kreuzzüge. Bonn: Ludwig Röhrscheid Verlag.

Oeter, Stefan (2000) Internationale Organisation oder Weltföderation? Die organisierte Staatengemeinschaft und das Verlangen nach einer »Verfassung der Freiheit«. In: Hauke Brunkhorst/Matthias Kettner (ed.), Globalisierung und Demokratie. Frankfurt am Main: Suhrkamp.

Offe, Claus (2001) Die Neudefinition der Sicherheit, Blätter für deutsche und internationale Politik, 46, 12, 1442–50.

Paret, Rudi (2001) Der Koran. Kommentar und Konkordanz. Stuttgart: Verlag W. Kohlhammer.

Paret, Rudi (2001) Der Koran. Stuttgart: Verlag W. Kohlhammer.

Piscatori, James P. (1986) Islam in a World of Nation-States. Cambridge/London/New York: Cambridge University Press.

Preuß, Ulrich K. (2000) Der Kosovo-Krieg, das Völkerrecht und die Moral. In: Reinhard Merkel (ed.), Der Kosovo-Krieg und das Völkerrecht. Frankfurt am Main: Suhrkamp.

Raddatz, Hans-Peter (2001) Von Gott zu Allah? Christentum und Islam in der liberalen Fortschrittsgesellschaft. München: Herbig Verlagsbuchhandlung.

Rawls, John (2000) The Law of Peoples. 2nd ed. Cambridge/Mass.-London: Harvard Univ. Press.

Reinhard, Wolfgang (1999) Geschichte der Staatsgewalt. Eine vergleichende Verfassungsgeschichte Europas von den Anfängen bis zur Gegenwart. München: C. H. Beck.

Ritterband, Charles E. (1986) Terrorismus, Menschenrechte und Intervention. In: Yvo Hangartner/Stefan Trechsel (ed.), Völkerrecht im Dienste des Menschen. Festschrift für Hans Haug. Bern/Stuttgart: Paul Haupt.

Rorty, Richard (2002) Wir brauchen einen großen charismatischen Internationalisten, Merkur, November 2002 (643), S. 1034–1041.

Rosas, Allan (1993) The Decline of Sovereignty: Legal Perspectives. In: Jyrki Iivonen (ed.), The Future of the Nation State in Europe. Aldershot: Edward Elgar.

Rosas, Allan (2000) Globaler Konstitutionalismus, Menschenrechte und staatliche Souveränität. Die Meilensteine von 1945 und 1948. In: Hauke Brunkhorst/Matthias Kettner (ed.), Globalisierung und Demokratie. Frankfurt am Main: Suhrkamp.

Ruffert, M. (2002) Terrorismusbekämpfung zwischenSelbstverteidigung und kollektiver Sicherheit, Zeitschrift für Rechtspolitik, Jg. 35, 247–52.

Ruggie, John G. (1993) Territoriality and beyond: problematizing modernity in international relations, International Organization, Vol. 47, 1, 139–74.

Safranski, Rüdiger (1999) Das Böse oder das Drama der Freiheit. Frankfurt/M.: Fischer Taschenbuch Verlag.

Salvatore, A. (1997) Islam and the Political Discourse of Modernity. Reading: Ithaka Press.

Schimmel, Annemarie (1990) Die Religion des Islam. Eine Einführung. Stuttgart: Philipp Reclam jun.

Schimmel, Annemarie (1995) Mystische Dimensionen des Islam. Die Geschichte des Sufismus. Frankfurt am Main; Leipzig: Insel Verlag.

Schimmel, Annemarie (2001) Im Namen Allahs, des Allbarmherzigen. Der Islam. München: Deutscher Taschenbuch Verlag.

Schmidbauer, Wolfgang (2001) Amoklauf ins Paradies. Zum psychohistorischen Hintergrund der Selbstmordattentate. In: Dienstag 11. September 2001. Reinbek: Rowohlt.

Schmitt, Carl (1988) Die Wendung zum diskriminierenden Kriegsbegriff. Berlin: Duncker & Humblot.

Schmitt, Carl (1994) Das internationalrechtliche Verbrechen des Angriffskrieges und der Grundsatz »Nullum crimen, nulla poena sine lege«. Berlin: Duncker und Humblot.

Schneider, Peter (2001) »Verschon mein Haus, zünd andere an«. Nur wer das Böse anerkennt, wird es auch bekämpfen. In: Dienstag 11. September 2001. Reinbek: Rowohlt.

Schreiner, Klaus (1990) Artikel »Toleranz«. In W. Conze O. Brunner, R. Koselleck (ed.), Geschichtliche Grundbegriffe. Historisches Lexikon zur politisch-sozialen Sprache in Deutschland. Stuttgart: Klett-Cotta.

Simma, Bruno (2000) Die NATO, die UN und militärische Gewaltanwendung: Rechtliche Aspekte. In: Reinhard Merkel (ed.), Der Kosovo-Krieg und das Völkerrecht. Frankfurt am Main: Suhrkamp.

Smith, Jane I./Haddad, Yvonne Y. (1981) The Islamic Understanding of Death and Resurrection. Albany: State University of New York Press.

Talbott, Strobe and Nayan Chanda (eds.) (2002) Das Zeitalter des Terrors. Amerika und die Welt nach dem 11. September. München-Berlin: Propyläen.

Taylor, Charles (2002) Die Formen des Religiösen in der Gegenwart. Frankfurt/M.: Suhrkamp.

Tocqueville, Alexis de (1959) Über die Demokratie in Amerika. Stuttgart: Deutsche Verlags-Anstalt.

Tocqueville, Alexis de (1962) Über die Demokratie in Amerika. Stuttgart: Deutsche Verlags-Anstalt.

Tomuschat, Christian (2001) Der 11. September 2001 und seine rechtlichen Konsequenzen, Euopäische Grundrechtezeitschrift, Jg. 28, Heft 21–23, S. 535–45.

Tworuschka, Udo (ed.) (2000) Heilige Schriften. Eine Einführung. Darmstadt: Wissenschaftliche Buchgesellschaft.

Tyan, E. (1965) Art. »Djihad«, In: The Encyclopedia of Islam. New Edition, Vol. II., S. 538–40.
Väyrynen, Raimo (1993) Territory, Nation State and Nationalism. In: Jyrki Iivonen (ed.), The Future of the Nation State in Europe. Aldershot: Edward Elgar.
Virilio, Paul (2001) Vom Terror zur Apokalypse?, Lettre International, 54, 5–7.
Walzer, Michael (1998) Drawing the Line: Religion and Politics, Soziale Welt, 49, 295–308.
Walzer, Michael (1998) Über Toleranz. Von der Zivilisierung der Differenz. Hamburg: Europäische Verlagsanstalt/Rotbuch Verlag.
Watt, W. Montgomery (1988) Der Einfluß des Islam auf das europäische Mittelalter. Berlin: Verlag Klaus Wagenbach.
Watt, W. Montgomery (1988) Islamic Fundamentalism and Modernity. London und New York: Routledge.
Watt, W. Montgomery (1991) Muslim-Christian Encounters. Perceptions and Misperceptions. London/New York: Routledge.
Wehler, Hans-Ulrich (1987): Der Aufstieg des amerikanischen Imperialismus: Studien zur Entwicklung des Imperium Americanum 1865–1900. 2., bibliogr. erg. Aufl. Göttingen: Vandenhoeck & Ruprecht.
Zumbansen, Peer (2001) Die vergangene Zukunft des Völkerrechts, Kritische Justiz, 34, 1, 46–68.